寻找房地产的自然秩序

自然秩序

钟庭军 ◎ 著

中国城市出版社
·北京·

图书在版编目 (CIP) 数据

寻找房地产的自然秩序 / 钟庭军著 . —北京：中
国城市出版社，2015.7 (2017.2重印)

ISBN 978-7-5074-3040-0

Ⅰ.①寻…　Ⅱ.①钟…　Ⅲ.①房地产业—研究—中国

Ⅳ.①F299.233

中国版本图书馆 CIP 数据核字（2015）第 179130 号

责 任 编 辑　宋　凯（booktaste@163.com）
装 帧 设 计　美信书装
责任技术编辑　张建军
出 版 发 行　中国城市出版社
地　　　　址　北京市海淀区三里河路 9 号（邮编　100835）
网　　　　址　www.citypress.cn
发 行 部 电 话　(010) 63454857　63289949
发 行 部 传 真　(010) 63421417
总 编 室 电 话　(010) 58933140
总 编 室 信 箱　citypress@sina.com
经　　　　销　新华书店
印　　　　刷　廊坊市海涛印刷有限公司
字　　　　数　320 千字　　印张　23
开　　　　本　710×1000（毫米）　　1/16
版　　　　次　2015 年 7 月第 1 版
印　　　　次　2017 年 2 月第 2 次印刷
定　　　　价　45.00 元

自　序

　　站在 2014 年年末，回望 1998 年以来房地产制度变革以及房地产宏观调控的历程，不禁觉得感慨万千。房地产改革拉开了帷幕，开启了急剧变革的大门。住房供应品种逐渐从以经济适用房为主体变成以商品房为主体，保障性住房品种也分别经历了以经济适用房、廉租房、限价房、公租房为主体的阶段，现在已提出了"共有产权住房"的概念。不仅仅是产品制度发生着重大变革，就连房地产供应的基本组成要素，如住房公积金制度、商业银行按揭贷款制度、土地招拍挂制度，也是从无到有，逐渐完善起来。同时，房地产制度变迁的历史，也是一部房地产宏观调控的历史。从 2004 年开始，房地产宏观调控几起几落，牵动着无数人的利益。望之兴叹者有之，顿足唾骂者有之。得失成败，各方利益主体各有争议。这种争议仍将持续下去，关键是我们如何总结经验，减少犯错误的概率，让更多的居民在合适的价位上改善住房条件。在房地产制度以及房地产宏观调控之外，外围的宏观环境也不断发生了变化，如人口城镇化进程从 2005 年以来变化最剧烈，2008 年年底实施宽松货币政策引发的后续效应影响深远。从宏观层面上看，房地产市场与宏观环境涉及复杂的互动关系，涉及税制改革、金融改革，这决定了房地产制度改革本身不仅是一个局部改革，牵一发而动全身，应该整体设计，不应囿于房地产本身。从微观层面上看，我国历年来房地产宏观调控的历史，在一定程度上可以说是不断探索的历史，也需要学者不断总结和完善。

有鉴于此，笔者认为，当前房地产研究最重要的问题不是诸如房地产泡沫、房价收入比，而是房地产制度以及房地产宏观调控如何完善的问题。房地产宏观调控问题的解决相对简单一点，用归纳总结慢慢摸索到规律。但是一个制度怎么设计，里面有什么基础的要素，整个制度框架应该怎么设计才能符合国情以及大多数人的利益，都有极其深厚的社会、文化以及政治背景。盲目引入制度，很可能存在水土不服，很容易引起制度之间的摩擦、冲突、变形、变异，最终失去制度引进的初衷，就如笔者在分析经济适用房制度变迁所论述的那样。国外有关学科没有提供如何设计房地产制度的一整套知识。知识精英过于自负，往往陷入精英设计制度的陷阱，而哈耶克认为最优的制度则是自发形成的制度。不同国家的房地产制度，就像不同技术特征的动车组，需要要用不同的刹车装置。房地产制度相当于铁路的两条轨道，房价则为车体，而房地产宏观调控就是刹车装置。制度在社会中的主要作用，是通过建立一个人们互动的稳定（但不一定是有效的）结构来减少不确定性。尤其是最近十多年房地产制度变化得过快，涉及相关人利益不稳定的问题，因此牵动着千千万万人的心。譬如，经济适用房起初门可罗雀，到现在趋之若鹜，就是制度不稳定的典型体现。刹车装置，用脚来感受力度，不断试错。笔者觉得宏观调控分析的方法，就是不断通过归纳总结，总结出适合我国不同地区的房地产宏观调控工具，掌握各种工具的力度，就是不断调整刹车和油门的力度的过程。但是，车下的两条轨道，那就是基本的房地产制度，那是房地产最重要的研究领域，涉及如轨道的衔接是否顺畅（如与财税体制的衔接）、轨道的地基是否坚实（如保障性住房的中长期低息贷款）。这些都涉及多学科的领域。土地财政，那就要进入财政学的范畴；中长期低息贷款，那就要进入金融学的范畴。因此，做好房地产研究，其外延无限宽广，并非建房子那样简单，需要众多学科的学者参与。

除了牵涉学科过宽造成的障碍，还有观察角度造成的障碍。房地产学术中研究方法非常重要，研究方法又是和平台结合在一起。同一学者在不同的平台上可能做出不同类型的学术成果。一个普通的学者在研究房地产的时候，将遇到难以克服的障碍。这些障碍是什么呢？这些障碍的产生是与研究对象的特性相联系的。研究房地产，必须研究地方政府的行为，省级部门是中央部门的文件传达的二传手，真正落地实施的是市县级地方政府。保障性住房数量是多少、如何融资、如何分配等，诸如此类的问题，学者似乎可以通过上网翻查文件得知。但是对文件制定的细节，如何因地制宜，这些潜伏在较为正规、表述生硬的文件之下的思考和思索，是不会轻易浮出水面的。这些都是需要和地方政府有关官员深深接触，才能真正了解其历程与变化。工业经济学以及工业经济问题，可以通过调研工厂、企业、市场而得；农业经济问题，可以调研农民农户而得；但是如何调研作为房地产政策具体实施者的政府，是摆在学者面前的第一大难题。地方政府官员的确有很多睿智者，但是很少有时间以学者的语言来表述问题。正如苏东坡在《石钟山记》中有言"渔翁水师虽知而不能言"。这些官员并非不能言，而是不愿写，或者使用的那套语言和学者们不大搭界。我们通常看到地方住建系统写的汇报材料，大多数表述符合官方文件的色彩，但是缺乏活生生的事实或故事作为支持。如果没有机会和他们深度接触，是很难了解这些活生生的现实的。即使把潜藏的事实用通俗的经济学语言表达出来，也是很有学术价值，也可以为在象牙塔做学问的大量学者提供进一步加工的素材。第二大难题同样也是调研对象的特殊性。很重要的一个调研对象是富有阶层以及投机者购房的问题。他们的行为模式是怎么样的？我们不可想当然认为富有阶层以及投机者的思想及行为和普通人一样，富有阶层和普通人之间像隔着一层无形的玻璃墙似的，我们可以偶尔窥视其一鳞一爪，但是想融入他们的集体，了解他们的想法，必须让自己首先成为富人，这对于绝大多数学者来说是不可能的事情。况且像住房属于隐私，不可能轻易示人。住房和城乡建设部政策研究中心凭借平台优势，不断到各地进行调研，其中一类是和某基金公司深度合作了解富裕阶层购房行为和动机，足迹遍及鄂尔多斯、榆林、温州、山西等民间资本富集地区。不断采集各地先进的经验以及实践者的思考。这些思考有的非常深邃，远非象牙塔中治学的人所能想到的。笔者有些思考仅仅是在采集了他们的思考之后进行升华而成的。

现实迫切需要房地产政策学作为指导，需要严肃的方法论作为指导。如何制定合理合适的房地产政策，国外理论没有告诉我们，国内大量实践提供了丰富养分，等待我们去提炼，用于指导以后的政策制定工作。在缺乏理论灯塔的黑暗中，我们无疑是摸着石头过河。就拿最近沸沸扬扬的共有产权住房问题来说，我们在制定相关政策时，至少要回答若干问题："为什么共有产权住房在全世界范围内占比较少，但是在我国却要成为一种保障性住房品种，在我国真有生存的土壤吗？""英国共有产权住房是在什么情况下出现的，又是如何演变的，为什么会存在这种演变？""住房合作社是不是共有产权住房？"在缺乏深入调研、研究、比较、分析的基础上，如果仓促出台有关政策，有可能导致难以执行的后果。有些政策基础可能是建立在泛化的概念上，如"零产权（廉租房）和完全产权（商品房）都是共有产权住房"，"国外有大量的共有产权住房，如住房合作社、共享权益住房"。可是政府实施的"共有产权住房"，仅仅是"政府和住户共有产权"，属于共有产权房中的一种。此外，我们在论证过程中往往过多论述其优越性的一面，有意无意忽视其弊端的一面。这种政策立论基础无疑是薄弱的，用之指导实践无疑会贻害无穷。

本书是笔者历年来对房地产问题的一些问题思考的结晶，有些是上升到宏观层次，有些是具体调研所得。笔者深受周其仁、张五常等新制度经济学家的影响，希望能探索现实中的经济学。有的思考只是假说，只是为了搭建不同现象之间的联系，如对经济适用房的演变分析、对房地产制度变迁的分析；有的思考只是叙述，只是用经济学的语言把基层智慧呈现出来，如对黄石保障房试验模式、对常州收储社会房源用于住房保障的分析。有的思考只是概括，只是把现存的事实高度概括出来，如对房地产民间资本归类分析。认识房地产现象，需要千千万万的学者、实践者、官员等参与，把房地产真正本质揭示出来，让房地产造福更多百姓。

有感于此，以文记之。

笔　者

北京三里河九号院南配楼

内容导读

　　第一章制度变迁。房地产制度的形成和发展具有一定的规律性,并非杂乱无章。作为学者,就是要探索房地产制度的形成和发展的规律,把一些零碎化的制度痕迹,组成一幅宏观图景,展示制度变迁的内在逻辑。胡适曾经说过"小心假设,大胆想象"。更严格意义上,本章一些观点用"假说"一词更为恰当。作为一个学术研究者来说,对一些常见现象如传统的房地产体制为什么能持久存在,与宏观经济体制有何关联,房地产体制为什么在1978—1998年之间进展缓慢,而在1998年后却突飞猛进。尤其是1998年以来房地产制度经历了激烈的变革过程。这其实为新制度经济学中国化提供丰富的素材和养分。制度变迁一章中的七篇文章,就是笔者利用了一些新制度经济学的基本原理,对房地产制度变迁进行的探索。

　　第二章热点争议。房地产学术界和实业界有很多热点争议的话题,这些话题随着时代变迁而不断变化。如房地产行业的拉动效应、房价地价关系、物业税、小产权房等。这些话题既时髦又过时,在争论时如果没有一个基本经济学理论作为指导,没有达到共识。而到了另一阶段当利益格局发生变化时,这个看似过时的话题又可能重新变成焦点,又可能变成毫无价值的争论。例如,房价和地价的关系在不同时期相继成为关注热点。笔者不揣浅薄,利用一些基本的经济学原理去分析这些命题。譬如,分析房价和地价利用机会成本的概念;分析物业税利用外部性的概念。这些问题都涉及基本的理论问题。对此进行探究非常重要。在此章中,笔者选取了七篇论文，希望从经济学的基本理论出发，能够在一定程度上解释这些热点问题。

第三章宏观调控。自从 2004 年以来我国就进行房地产宏观调控，至今已有 10 余年。房地产宏观调控成效牵涉千家万户的利益。我国房地产宏观调控的基础是正在发育发展的房地产市场，而这个市场运行具有什么样的规律性，需要不断观察分析和判断。我国房地产市场尚不成熟，房地产宏观调控所运用的政策工具在一定程度都是在试验其功能和效应。这些都需要由学者们不断进行总结，有一个后续的评价绩效。这样才能更好地提高房地产宏观调控的绩效。任何房地产宏观调控都脱离不了宏观背景，本章对房地产宏观调控两大背景进行分析，然后对 2003 年以来的房地产宏观调控政策进行反思。对供给管理和需求管理的特性进行比较和分析，然后对两种调控工具限贷限购政策以及交易税的效应进行详尽的分析。房地产市场可以分为二手房市场和增量房市场，笔者再对调控工具在不同市场上的传导机制作了分析，最后归纳出本轮房地产宏观调控基本特色。

第四章住房保障。住房保障是一个复杂的话题，本章第一、第二节都是利用规范经济学方法分析保障性住房（公共住房）应该是什么样的。对各种保障性住房性质进行判断，如限价房、公共租赁住房、个人合资建房等。前五节都是比较抽象的。后两节比较具体，选择常州、黄石的保障性住房作为实证分析。

第五章研究方法。房地产研究选择何种研究方法，应该是最重要的。如果不讲究方法，房地产研究仅仅是自言自语。在此章中，笔者认为西方经济学常用数学模型不合适制度变迁剧烈的国家，在我国更应该采用案例分析法、界定概念法、归纳分析法等基本经济学方法，以求得实用之效。

目　录

第三章　宏观调控

第四章　住房保障

第五章　研究方法

第一章
制度变迁

第一节　传统房地产经济体制形成及变迁[1]

　　经济体制是一个社会一定时期关于资源占有方式与资源配置方式的系统化的制度安排。我国传统房地产经济体制的核心制度安排是土地及住宅的国家所有制，以指令性计划为配置土地和住宅的基本手段。更进一步可以把传统的房地产经济体制划分为四个具体制度安排：①全覆盖低补偿的建设用地征地制度；②无偿无期限的土地使用制度；③低租金实物分配的住房福利制度；④单一的以国家为主体的住宅投资制度。诸多制度是不是具有形成上的历史因果关系和运作上的相互配合、相互依赖的逻辑关系？它们与传统的经济模式具有怎样的牵连呢？

一、全覆盖低补偿的建设用地征地制度的由来及地位

　　新中国成立后，我们面临着如何在缺少外援和贸易条件下迅速实现工业化的历史选择。从当时的客观环境和主观认识出发，我国选择了以优先发展重工业来带动整个经济建设的道路[2]。重工业是资金密集型的产业，这与我国资源禀赋不相匹配，为了使经济剩余源源不断地从农业流向重工业，必然产生一系列的制度安排：①抬高工业品价格、压低农产品价格的

---

[1]　此文与徐成城合作发表于《中国房地产研究》2005 年第 1 期。
[2]　林毅夫，等.中国的奇迹：发展战略与经济改革 [M].上海：上海三联书店，1999.

"剪刀差"制度和垄断的供销系统制度，以便农业剩余源源不断地从农村流向城市；②农民的切身利益受到损害，为了逃避城市和工业的剥削，出于自身利益的考虑，必然大规模涌向城市，以获得"城市人"和"工人"的种种好处。接踵而来的人民公社制度和户籍管理制度，用以固定农民，以避免潜在的"民工潮"。在处理农村和城市，农业和工业之间的用地关系时，一个重要的特点是牺牲农村农户的利益来满足城市工业发展的需要。尤其在向农村征地时倾向更加明显，具体表现在征地范围和土地补偿费上。

（1）关于征地范围。1953 年政务院制定的《国家建设征用土地办法》规定："凡兴建国防公路、厂矿、铁路、交通、水利工程、市政建设及其他经济、文化建设等所需用之土地，均按本办法征用。""私营经济企业和私营文教事业用地，得向省（市）以上人民政府提出申请，获得批准后由当地人民政府援用本办法，代为征用（第十九章）"，征用的对象包括农民所有的土地，农民使用的城市郊区国有土地，公有土地和城市本区土地。从《办法》条文看，可以实行征用的范围极宽，几乎所有建设项目都可以以"国家建设"的名义征用。

（2）关于土地补偿费。1953 年政务院制定的《国家建设征用土地办法》规定，被征用土地的补偿费，"以其最近 3 年至 5 年产量的总值为标准"。1958 年修订的《国家建设征用土地办法》降低土地补偿标准为"以它最近 2 年至 4 年的年产量的总值为标准"。还规定"征用农村生产合作社土地，如果社员大会或社员代表大会认为对社员生活没有影响，不需要补偿，并经当地县级人民委员会同意，可以不发给补偿费"。这等于诱导农民"献地"。

征用土地是世界各国政府取得土地的常用办法。国外征用土地表现为一种强制购买权。主要特点是，只有为了公共目的，方可以征用；非公共目的，不得征用；征用土地必须经过一定的程序，并且按市价予以补偿。与之对比，全覆盖低补偿的土地征用制度的确无限地扩大了中国政府的征地权，反映了在政府的效用函数中，重工业化目标被放在首要的位置，土地征用制度只是为了服从重工业化和赶超战略的附属制度安排。土地征用制度直接和农村土地所有权制度相关，如果农村的土地归农民私人所有，政府征地时要和千千万万的农民个体进行谈判，交易成本是极大的。纵然有意识形态的因素在不断地宣传诫农民要以大局为重，以牺牲小我换来大我，但是总有些农民出于自我利益的考虑，在征地期间不会主动予以合作。

此外，农民土地私有制与剪刀差制度相矛盾，使得无法为城市经济和重工业化建设提供充足的商品粮。中国城市和工业所需要的商品粮，过去一向由地主经济机制来维持。土改将地主经济消灭了，一时又未能建立起新的有规模的生产和流通主体向城市提供商品粮，新中国成立初期建立的农民土地私有制无法有效利用规模经济和生产协作。于是，在土改基本完成时的 1952 年至 1953 年间，中国发生了粮荒。1953 年全国需要商品粮 350 亿公斤，而公粮收入只有 137.5 亿公斤，在政府组织收购农民余粮后，仍差 43.5 亿～58.5 亿公斤才能满足需要[1]。这大大制约了工业化的发展。当时中央提出了以"粮食统购统销"的办法来解决这一问题。统购统销在推行之初不仅难以实行，而且适得其反，问题在于任何政府都不可能对高度分散的 4 亿农民推行统购统销，因为交易对象的大量和分散，必然使交易成本高到无法交易的程度。在这两项因素的推动下，农村的集体所有制成了必然的制度安排。在这种形势下，全国开始了合作化运动，合作化经历了三种形式：互助组、初级社和高级社。从初级社到高级社，土地所有制和分配关系发生了根本性变化。土地所有权由农民所有变为合作社集体所有，并实行集体经营，收入实行按劳分配。通过高级社的全面建立，国家可以直接以政治控制方式占有农业剩余，从农村提取积累的统购统销制度也随之得到全面贯彻。高级社建立仅一年之后，即在全国推行了人民公社。人民公社内的土地制度，只是将高级社时的土地制度又提高了一级，即从大队核算升级为公社核算了。这样，不仅国家很方便从农村获得农业剩余，而且很容易地征得土地，节约了谈判费用。

---

[1] 朱建华，等.中华人民共和国史稿[M].哈尔滨：黑龙江人民出版社，1989：118.

二、住房福利制度和以国家为主体的住宅投资制度形成的逻辑

土地无偿、低偿的全覆盖征用制度只是服从国家从农业获得农业剩余的附属制度安排，它的出现仅仅为了降低国家工业化建设中的初始投资成本。土地低偿的征用制度是提供不了多少经济剩余的，甚至从整体上看，传统农业生产所能提供的剩余也十分有限，整个社会的积累水平很低。因此，发展重工业所要求的高积累难以通过直接的剩余转移实现。如要实现的话，必须很大程度依赖于工业内部自身的积累能力。由于所能实现的积累可取决于利润率的高低，而利润水平又决定于总产出和总投入成本差，因而压低劳动投入成本是重工业实现高积累的重要途径。

以工资水平为例。20 世纪 50 年代初实行统一的工资制度，根据国家下达的工资总额和平均工资计划，对生产采用八级工资制。从 1956 年起，全国实行统一的国家机关、企业单位工资标准，地方和企业无权调整。这种统一规定的工资水平十分低下，直到 1978 年，大多数年份的职工工资平均货币工资都在 600 元以下。低工资就降低了城镇工薪阶层购买生活必需品的支付能力，如果让他们面对由市场决定的生活必需品价格体系，较低的工资水平可能不足以购买其生活必需品和服务，劳动力再生产将会在萎缩的状态下进行，会引起社会的不安定，也影响了重工业的劳动力供给。住宅，如果完全采用市场价和半市场价，那么无人可以购买得起，即使有人买得起，由于其是生活必需品，住宅支出会挤占其他的消费品的支出，造成劳动力供给不足，从而影响整个经济建设的计划。制度环境为人们提供不同空间的制度安排，较为宽松的制度环境提供较多选择的制度集合，反之，较为狭隘的制度环境只能提供可选范围小的制度集合。由于低工资制作为制度环境的一个要素，所能提供制度选择的范围极为狭隘，住宅作为重要生活资料必须采用无偿分配的福利形式，这与其他生活必需品、服务的低价政策一起成为理所当然的衍生制度安排。低工资制度为低偿的住

宅福利制创造了必要的宏观政策环境，但是住宅福利化、低偿化必须有一系列的配套制度，例如，住宅国有化的制度。如果住宅为私人所有和经营，住宅私有制在整个住宅所有制结构中占有相当比重的话，那么在当时普遍短缺的条件下，市场形成的高额租金会提高居民的生活费用，继而妨碍了国家集聚经济剩余用于工业化的目的。据1955年一项统计，城市的私有住宅曾经占有很大的比重，北京、天津均为54%，上海为66%，南京为60%。在济南、无锡、苏州等中等城市中，私有房产甚至占到总建筑面积的78% ~ 86%。就私房的用途而言，首先用于出租，其次才是企业占有，最后为机关团体占用。以上海为例，私有房地产住宅占54.8%；企业占用为41.8%；其余3.4%为机关团体占用[1]。这无疑极大地提高了工人的生活费用。

不言而喻，为了取得剩余的支配权，把握积累方向，使之用于符合国家意图的发展目标上，就必须最大限度地把私人住宅改造为国有住宅，使后者占据住宅所有制结构中的绝对优势地位，并在此基础上建立统一的指令性住宅生产制度和福利分配制度。

事实上，尽管新中国根据当时新民主主义政策的主张，多次申明承认和保护城市私有住宅，私有产权是长期政策。但随着"一五"计划的实施，住宅私有产权的存在与整体经济目标越来越不相适应。因此，党和国家开始改变最初的设想和承诺（也是经济内在协调的要求），城市住宅产权结构向国有化倾斜，私有产权受到种种限制。1964年7月，国家正式宣布资本主义私有房产改造完成，"基本上消灭了房屋租赁中的资本主义经营"。经过10年"文革"浩劫，我国城市住宅结构中，国有产权已稳居绝对优势地位。到20世纪80年代初，全国城市私有住宅总量减至最低点，近2亿平方米，不足住宅存量总数的8%[2]。30多年来住宅产权结构私有为主转化成以国有为主。

---

[1] 汪利娜.以新的产权结构推动城市住宅体制改革的深化[J].经济研究，1993（3）.
[2] 同上。

不容置疑，住宅的国有制度决定了住宅的国家投资制度，这是住宅制度之间内在协调使然。然而，住宅的国家投资制度形成也与当时的企业制度有必然的联系。

三、住宅的国家投资制度与传统企业制度的内在联系

在传统的国有工业企业里，国家的目标取向是最大限度地创造和扩大积累水平，为重工业发展这个目标服务，而企业经理人员和职工则倾向于增加工资和福利性措施，两者之间容易产生矛盾。在可能的情况下，他们便会通过扩大成本开支范围、低报产量等方式减少上缴利润，并将这些所得用于增加工资和福利性的用途。在国家严格控制的八级工资制的约束条件下，这些留利很可能流向建设住房的渠道，造成住房建设的膨胀。按西方经济学的观点，投资支出可分为三个不同的部分：企业用于机械、设备等投资，居民用于住房建筑的住房投资以及由原料、半成品和制成品所组成的存货投资。如果企业留有一定的投资自主权，其结果很可能是国有资产和利润的用途被企业和个人改变，为了应付生产性用途的资金改做非生产性用途。或增建住房，或者提高装修标准，或者不必要提高住房的建筑质量，或者作为生活用品进行实物分配，这样，国家整体工业部署目标可能落空。此外，每年企业经理人员和职工为了自身的利益联合起来，围绕留利的多少而与上级部门讨价还价，由此造成的高额谈判费用令上级部门防不胜防。至于留利的实际用途，由于信息结构不对称，国家对此监督的成本十分高昂，加上经理人员和职工结成"共容利益"集团联合对付国家的监督，更使国家通过监督来管理资金流向的愿望难以实现。在这种条件下，如果企业拥有投资的自主权及留利的自由支配权，国有企业剩余被侵蚀的现象就无法避免。为了防止这种情形，国有企业的自主权就被全面剥夺了。因此，不仅生产资料由国家计划供应，产品由国家报销和调拨，财务统收统支，企业的利润和折旧基金全部上缴，纳入国家预算，而且企业的基本建设投资等全部由国家财政拨款解决。国家这种减少交易费用的措

施，导致了单一的以国家为主体的住房投资制度的产生。

在国家的主次目标确定中，住房等直接满足居民生活需要的消费品并不占主导地位。服从于当时重工业优先发展战略的需要，社会资源向住房配置的份额受到了严格的限制。在这种社会偏好下，住房总量出现严重不足的现象。1952—1978 年的 27 年中，国家用于住房建设的投资为 348.33 亿元，仅相当于同期 GNP 的 0.75%，而联合国推荐的比例是 5%，一般国家也在 3% ～ 6%，这使得中国城镇居民人均居住面积由 20 世纪 50 年代初的 4.5 平方米降至 1978 年的 3.6 平方米。[1]

四、无偿无期限的土地使用制度形成的逻辑

我们看看无偿无期限的土地使用制度是怎样形成的。一是毫无自主权的企业制度和土地无偿无期限的使用制度具有内在一致性。如前所述，企业的生产决策权高度集中于金字塔式的行政机构，企业的财务由政府统收统支，土地和其他物资、资金、劳动力等生产要素和产品统统成为政府计划管制和计划划拨的对象。由于任何非公有制经济成分一律被取缔，而任何一个国有或集体的企业都代表国家全民整体的或部分的利益，他们并不被视为具有更多自身利益的主体。因此，任何一个企业无偿使用国有土地也就成了理所当然的事。也就是说，当时的企业制度决定土地可以无偿使用。二是为了减少交易费用。企业的自主权上交给国家以后，如果坚持土地有价，坚持形成收益的级差地租上缴国家，首先须由企业财务人员经核算出地租额，拨给数额写明收益来源，再由上级部门核实审批下来，这一来一往浪费了许多的人力物力，造成了不必要的交易费用。由于低偿全覆盖的土地征用制度为无偿无期限的土地使用制度做好了准备，加上核算制度本身的特点，所以无偿无期限的土地使用制度自然而然的产生了。1959

[1] 成思危 . 中国城镇住房制度改革——目标、模式与实施难题 [M]. 北京：民主与建设出版社，1999：361.

年 2 月 24 日，国务院财习字 15 号文件和同年 3 月 8 日内务部文件明确规定："国营企业经人民政府批准占用土地，不论是否拨给使用租金。""保证土地合理使用的决定性关键在于政府批准土地使用时严格掌握适用原则，按照企业、学校、机关、部队实际需要与发展情况确定其使用土地的面积，不必要用征用土地使用费或者租金的办法。同时，收取使用费或者租金并非真正增加国家收入，而是不必要的提高了企业的生产成本和扩大了国家预算，并增加了不少事务手续。"以这两个文件为标志，各城市先后形成了无偿无期限的土地使用制度。

从我国的传统房地产经济体制的形成过程，可以比较清晰地看到从选择重工业优先发展战略，到扭曲的制度环境，再到房地产体制具体制度安排，这样一个历史和逻辑的顺序关系，如图 1 所示。

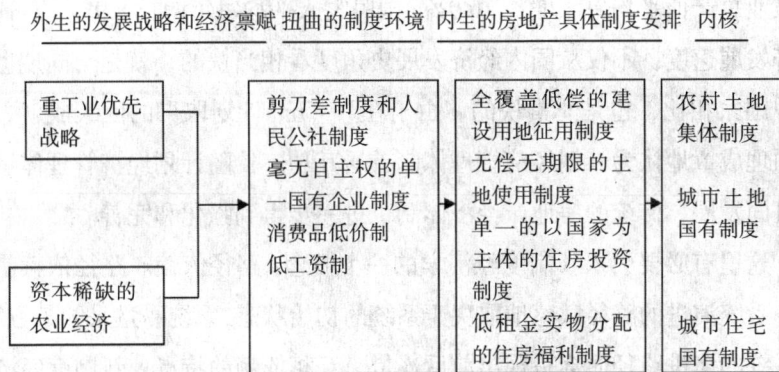

外生的发展战略和经济禀赋 扭曲的制度环境 内生的房地产具体制度安排 内核

| 重工业优先战略 | 剪刀差制度和人民公社制度 毫无自主权的单一国有企业制度 消费品低价制 低工资制 | 全覆盖低偿的建设用地征用制度 无偿无期限的土地使用制度 单一的以国家为主体的住房投资制度 低租金实物分配的住房福利制度 | 农村土地集体制度 城市土地国有制度 城市住宅国有制度 |

图 1　制度环境与房地产制度安排

五、传统房地产体制持久存在的原因分析

众所周知，传统房地产体制有很多的弊端，其制度绩效极差，为什么它能持续很长一段时间而不被其他更好的制度取代呢？这还需要从房地产具体制度安排在制度结构中的地位和作用大小说起。

新制度经济学认为，由于不同的制度在制度结构中的地位和作用的大小不同，制度结构可划分为制度环境和制度安排。制度环境是一系列用来建立生产、交换与分配基础的政治、社会和法律基本规则。一切其他的制度安排都源于它而不能与之相违背。在本文中，制度环境就是剪刀差制度和人民公社制，毫无自主权的企业制度，低工资等制度，这是计划经济管理体制典型的组成部分。制度安排最接近于通常使用的"制度"一词，它是指具有特定职能，用于达到某种目标的"灌输特定行动模型的关系的一套行为规则"。房地产管理体制的四个基本制度便属于具体的制度安排。它调节人们住宅分配关系及企业之间用地关系。制度环境决定了各种具体制度安排的产生和职能。

计划管理体制（制度环境）有其必然性，如前所述，它服从国家工业化的需要，在国民经济时期即"一五"期间，计划管理体制发挥了巨大的作用。例如，在"一五"计划期间，我国社会总产值平均每年增长 11.3%；工农业总产值平均每年增长 10.9%，国民收入平均每年增长 8.9%[1]。这种经济发展速度，不仅从国内经济发展史角度看相当快的，就是与同期世界其他国家相比，也是非常快的。由于在"一五"计划取得的巨大成就，人们顺理成章地认为计划经济管理体制首居其功。伴随计划经济管理体制继续巩固发展，传统的房地产经济体制也进一步得到强化和完善。

这里有必要引入新制度经济学的一个概念：路径依赖。路径依赖是指经济系统演进的路径敏感地取决于系统的初始状态，系统一旦采纳某方案，该系统的演进路径便会呈现出前后连贯、互相依赖的特点。新制度经济学用"路径依赖"的概念描述过去的绩效对现在和未来的巨大影响力[2]。制度给人们带来的规模收益决定了制度变迁的方向。体系一旦形成，其演进中的报酬递增特性所导致的路径依赖就会作用于其后的制度变迁，使制度演进沿着既定的轨迹运行。

前面引用的数据已证明了计划经济管理体制（即本文的制度环境）在新中国成立初期具有制度报酬递增的特点，这直接导致计划经济管理体制

［1］ 董辅礽 . 中华人民共和国经济史上卷 [M]. 北京：经济科学出版社，1999：75.

［2］ 林岗 . 诺斯与马克思关于制度变迁道路理论的阐释 [J]. 中国社会科学，2001（1）.

的内在逻辑关系，即使后者具有较低的制度绩效，亦会从属于前者而产生、发展。然而，事实上初期传统的房地产经济体制确实能很好地调节用地者及用房者之间的关系，也就是具有较好的制度绩效。

以传统土地使用制度为例，计划经济体制在资源配置上能否取得良好的效果，主要取决于两个条件。一是能否迅速进行较为全面的信息收集和恰当的信息处理，并及时就此做出正确的决策。二是做出正确决策能否迅速而准确地贯彻执行。在新中国成立不久开始的大规模工业建设和城市建设中，在土地资源的配置方面这两个条件都基本具备。一是在土地资源配置所需的信息收集和处理上没有过多的困难。因为当时的中国尚属于"一穷二白"，工业建设和城市建设主要是外延型扩大再生产，尚处于初始布局阶段。内涵式扩大再生产中经常提出的生产要素重组问题在当时处于次要的地位。所选定的项目都是国民经济和城市建设最为急需的，而城市土地在城市经济活动中的利用方向有限，这使得它比别的生产要素更需要也更容易处于计划的控制下，例如，我们在"一五"时期进行的156项重点工业建设，就是利用计划方式，采用国有土地无偿划拨使用制度，准确地配置土地资源的成功例证。二是当时人们保持着一股旺盛的政治热情和战争年代形成的组织纪律性。这种政治热情和组织纪律性在当时冲没了人们自身的利益产生的矛盾和冲突，上级的决策和意图一般能较好地得到贯彻执行。这种政治热情在新制度经济学被称为"意识形态"，属于非正式制度安排的范畴。所谓"意识形态"是一种行为方式，它能够降低制度执行的若干交易费用，例如，多余住房的住户会主动让房。用地单位也会提高用地效率，做到"地尽其用"。这样一来，初期的房地产经济体制便能发挥较高的效率。

只要伦理价值小在个人偏好函数中占有百分之百的权重，人们对意识形态的追求就可以看作是一种爱好，那么像主动让房和节约用地这种道德与其他物品（有形或无形的）存在某种替代弹性，如主动让房和节约用地能够获得精神上的奖励，某些住户和用地单位会让出一部分多余的住宅和用地以获得精神上的收益。主动让房者和节约用地单位领导甚至可以得到升迁的机会,用其他方面的利得来弥补住宅面积和用地面积的损失。再者,住宅面积相对住户人口数是否适当,用地面积相对用地单位实际需求量是否适当,这两者都是容易监督和核查的,多余住宅拥有者和多余用地拥有者可能让出部分住宅和用地以换取其他方面难以监督的利得。尤其那些国有企业的领导都是某个级别的行政干部,可能更愿意用让地的方式作为个人升迁的基石。

综上所述,不仅计划经济管理体制具有较高的效率,而且初期的传统房地产经济体制也具有较高的效率,依据路径依赖的原理,两者必然互相作用、巩固和发展,不断反馈强化。此外,传统的房地产经济体制又会导致大量作为其延伸的非正式制度的形成,非正式制度在这里指居民对住房供给的预期和用地单位对土地供给的预期。譬如,居民不会自己购房,而且习惯于无产权、无责任、低房租的福利住房;用地单位随便可以征得土地,且不需要支付多大的成本。

计划经济管理体制、传统房地产经济体制、非正式制度产生了巨大的协作效应,三者形成难以打破的制度集合。随后,经济形势发生变化,传统房地产经济体制赖以发挥高效率的条件不存在,如革命热情、互相谦让等意识形态不能持久,计划配置在土地利用日益复杂化的情况下难以发挥作用。然而,由于计划经济管理体制强大,传统房地产经济体制即使在低效率的状态下也能长久地维持运行。

第二节　房地产制度变迁与供求关系演变[1]

近年来，学术界针对房地产价格日益走高、供给结构不合理的现象产生许多争论和困惑，本来稳定房地产价格的政策工具为什么成了刺激房地产价格上升的媒介？房地产价格究竟在房地产市场供求关系中扮演什么样的角色？房地产市场化程度究竟和供求关系有什么联系？房地产市场供求失衡究竟是价格现象还是其他原因导致的？本文拟从宏观环境变迁的角度看待房地产供求关系，把房地产供求关系放在房地产体制改革的背景下，从历史的角度、制度变迁的纬度来分析房地产供需的生成和性质。

一、制度变迁下的房地产需求特征

制度作为调节人与人之间社会经济利益关系的规则，经由对社会经济利益关系的影响，势必会对价格运动产生作用。我国房地产市场化的过程就是制度不断变迁的过程。我国住房体制所经历的计划体制、"双轨制"、取消福利房等改革，不断调整着人们在住宅经济活动中的利益关系，对房价的变动态势有着深远的影响。

---

[1]　此文发表于《中国房地产研究》2008 年第 2 期。

1. 计划体制下房地产潜在需求集聚

在传统的计划经济体制下，计划者，作为公有权主体，以社会福利为行为目标，对社会经济活动进行"计划调控"。由于收入分配由计划者严格控制，因此，收入分配和使用过程中存在的这种计划者偏好（高的积累意向）与居民个人偏好（高的消费意向）之间的差别和矛盾只是潜在地存在着，而不能实际发挥作用。在"固定计划价格"体制下，价格长期不变，住房相对价格的差异也只是潜在地存在着，现实中表现出来的是住房短缺（计划者偏好决定的住房供给量低于居民个人偏好决定的住房需求量而出现的差额）。如图 1 所示。

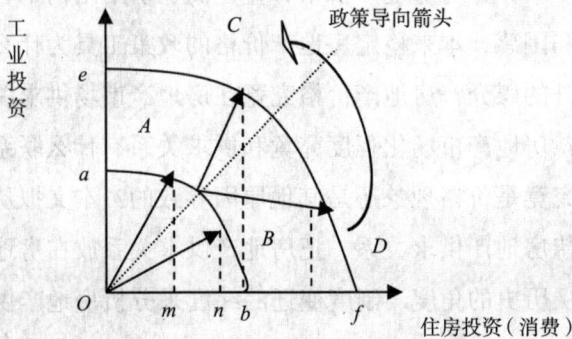

图 1　住房短缺的累积效应

横轴为住房投资（消费），纵轴为工业投资。我们也可以把横轴看作消费，把纵轴看作投资。ef、ab 均是生产可能性曲线。在第一阶段，在工业投资和住房投资比例上，计划者的选择意愿为 OA，居民的选择意愿为 OB，在住房投资（消费）的差距上，存在着 Om 与 On（mn）之间的需求缺口。在第二阶段上，由于居民住房消费的呼声很大，计划者被迫在第二阶段内调整工业投资和住房投资之间的比例关系，适当增加住房投资比例，现在的需求缺口为 bf。结果两阶段的住房投资缺口不是 bf，而是 $bf+mn$。如果居民的住房消费的呼声不大，计划者将更大压缩住房的投资。因此，虽然我们观察到计划者在整个计划经济阶段不断地调整生产投资的比例结构，但住房需求缺口的累积效应经过若干年已经变得非常强大。到 1979

年左右在住房生产表现为：租金太低（全国住房平均月租最低仅为 0.13 元／平方米），租不能养房，住房资金只有投入没有产出，连住房简单再生产都难以维持。全国城市住宅中 50% 失修失养，危房增多，且无力维修。城市人均居住面积 3.6 平方米，比 1949 年的 4.5 平方米还要低，存在严重的住房困难问题[1]。

可见，分析计划体制下房价运动的初始状态已经可以看出，房价存在上涨的可能性，之所以在计划机制下没有现实地表现出来，主要是由于实行固定价格机制，价格调节难以起到作用，但是通过数量调节以"短缺"形式表现出来了。伴随着体制变革的深化，价格逐步放开，收入分配比例的变化，势必会引起社会生产结构调整，从而导致重工业品与消费品之间的比价关系发生相应的改变，住宅的相对价格上升也将趋于公开化和明朗化。

2. 双轨制下房地产需求缓步释放

传统体制下房地产价格（包含租金）是由政府确定的，交换是被限制和禁止的，价格只反映政府的政策意图，并不反映供给，也基本不具备配置资源的功能。传统体制下经济运行的常态是普遍短缺，供求存在巨大缺口，如果按照西方价格自由化的方案放开价格，就意味着缺口由抑制而释放，结果是房价的大幅上涨。因此，改革的方式只能是渐进的，以增大供给量为突破口，逐步满足居民的住房需求，在新体制内实行市场价格，在旧体制内仍然维护传统的住房福利分配制度，逐步引导走向新体制。具体而言，在旧体制存量（福利房）暂时不变或不做大的调整的情况下，在增量部分首先实行新体制（商品房），然后随着新体制部分（商品房）在总量所占比重的不断加大，逐步改革旧体制（福利房），最终完成向新体制（商品房）的全面过渡。住房需求的满足方式并不是放开价格，刺激供给进而满足消费的需要。因为没有市场经济运行的微观基础，也没有相应的购买

---

[1] 谢家瑾. 全面推进住宅与房地产发展 [J]. 中国房地信息，2002（6）.

力。只有首先利用政策、确认私有产权的形式鼓励个人积极开发住房，在体制外增加住房的供给，同时也在体制内实施提租补贴、合作建房等形式促进存量改革，这样既不损害两者的利益，避免新旧体制交接的动荡，达到帕累托改进，又满足了日益增长的住房需求。

图2纵轴表示转轨成本，横轴表示转轨收益，O为转轨起始点，A为预期转轨目标点，OA表示等成本—收益线，从长期看存在OBA与ODA等不同的转轨路径选择。由较劣路径OBA与OA之间围成的区域为效益损失X，这意味着放开价格，让市场供给满足需求。由较优ODA与OA之间围成的区域为效益增加Y，是指首先创造新供给，用边际新供给满足体制外的住房需求，创造成一个自我满足的新体制系统，然后逐步实现新旧体制的转轨。显然，路径选择ODA优于路径选择OBA。

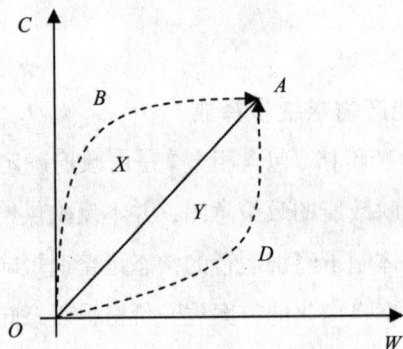

图2　转轨路径与需求释放方

我们观察到：从整体上看，20世纪80年代的前期、中期是建立和健全城市私房管理法律制度时期，规范城镇私有房屋的产权管理及建立、买卖和租赁行为，立法重点是加强私有房屋的权属管理，保护房屋所有人和使用人的合法权益。私有产权的确认、界定和保护极大地刺激了个人建房的积极性，拓宽了融资渠道，个人住房需求也得到了很大的满足。据统计，我国的城镇住宅投资中的个人投资规模，由1979年的1.5亿元上升到1985年的25.50亿元，占同期住宅建设投资的比重，由2%上升到8.8%；个人自建住宅竣工面积，由250万平方米上升到2840万平方米，部分县城的个人建房量，已达到了城镇建房总量的 60% 以上。

这些私人住房的开发逐步训练了住房建造者，住房建造者以前仅仅是建造者或者施工队，后来逐步升级到房地产开发商。另外，这些多余的私人住房逐步富余形成了一个商品房的市场，成了新体制的生长点。非国有经济部门的迅速发展及由此带来的较高的国民收入分配比例，在很大程度上为形成、维持商品房市场高房价提供了所需的需求条件。由于体制转轨的动态过程就是非国有经济比重不断提高和经济的所有制结构不断转变的过程，这本身将为商品房市场提出源源不断的需求，从而支撑并促进着商品房市场的不断发展。

体制内的住房需求一直被单位所消化。体制内单位供房制是社会主义福利体系赖以运行的最主要的制度性安排之一。单位始终在住房供给上扮演着重要角色，它承担着提租的最终责任，一度是公共住房建设的主导力量。第一，通过自建房满足职工需求。这是传统的计划经济延续，其好处在于维护一个稳定的满足住房需求的机制。这些需求被自我生产满足，而不被释放到商品房市场上。第二，从市场购买商品房供职工居住。事实上，在货币化改革之前，商品房市场仅仅是城市居民获得住房的一个较为次要的渠道。

简而言之，在双轨体制下，以单位自建房为主要特征的福利分房制度吸纳了大部分住房需求，商品房市场在发育在成熟，但是提供的住房面积仅占一小部分，它的意义在于给传统住房福利分配制度提供了一个参考，并提供了一个重要的住房供给渠道。我们认为房地产需求逐步得到了释放，一部分释放到正在形成的商品房市场，大部分需求仍由传统住房福利制度承当，价格上升并不剧烈。

3. 全面市场化房地产需求的复杂多样性

房地产需要的复杂多样性，是由于两方面的因素造成的。一方面，由于 1998 年一系列重大的改革，导致住房需求在商品房市场的集中。至少包括 1998 年确定经济适用房为主要供给渠道的阶段以及 2003 年确定商品房为主要供给渠道的阶段[1]。另一方面由于我国社会所处的特殊阶段社会自然特征所带来的住房需求复杂性。

首先，取消住房福利性分房的过程就是赎买新体制的过程。要保持改革的稳定，必须要兼顾各方的利益，尤其要照顾既得利益，所谓"老人老办法，新人新办法"。取消福利分房制度，并把福利用房低价出售给单位职工，其实就是用钱买出一个新体制的过程。用工龄、职称等各种衡量标准对单位的住房进行出售，是将既得利益固定下来的过程，再对"新人"发放住房补贴。从收入来看，老职工的收入高于新职工，廉价出售公房是给老职工一定的固定资产，进而拉大老人新人之间的资产差距。老职工拥有自己产权的住房既可以出售也可以出租，利用资金杠杆撬动了大量的投资和投机性需求。实践证明，住房市场上产生了大量的投资性需求，往往是这些参加"房改"的老职工。更急切需要住房的可能是"新人"。这种"新人""老人"的住房需求在同一阶段爆发。此外，在市场改革过程中存在无房单位和无房户，在收入差距日益加大的背景下贫困的人群需要解决最基本的住房需求。这些都增加了住房需求的复杂性，增加了政策制定的难度。

其次，社会的自然特征带来了住房需求多样性。社会的自然特征是指在特定的历史时期社会所具有关于人口方面、增长阶段等方面的特征，它本身并不属于房地产制度方面，但却对房地产供求关系带来深远的影响。第一是当前城镇整体水平正处于住房需求收入弹性，住房需求和家庭收入比例较高的发展阶段。2005年我国城镇居民家庭恩格尔系数已降为36.7%，城镇居民消费结构升级的态势十分明显，住房需求收入弹性较大，对住房的需求快速提高。第二，家庭结构小型化趋势明显。家庭结构越小，人均住房面积的实际占有越大，因此，小家庭结构的大量出现会引起住房需求的增加。第三，婚房需求量骤增。未来15年是我国经济社会发展的"人口红利期"，婚龄人口对于住房的刚性需求将会持续增加。第四，外来务工人员的住房需求。国家统计局《2013年全国农民工监测调查报告》显示，

---

[1] 具体分析可见本书第三章第一节关于住房制度不稳定的讨论。

2013 年农村劳动力外出务工数量为 1.66 亿。随着大量外来务工人员的增加，相应地对住房产生需求。

二、制度变迁下的房地产供给特征

当前，以房地产开发商为主体的商品住宅供给和以各种基本建设单位为主体的住房建设是提供城镇住宅增量最主要的两种方式。城镇住房制度改革以前，以各种基本建设单位为主体的住房建设是提供居民住房的主要形式。1998 年以后随着房地产市场的发展，以房地产开发商为主体的商品住宅供给迅速替代了各种基本建设单位的住房建设，代表着以市场化方式"替代"非市场化方式来配置资源，在改善城镇居民住房条件方面做出了重要贡献。2005 年，城镇新建住房面积为 6.61 亿平方米，其中房地产开发住宅竣工面积为 4.37 亿平方米，占城镇新建住宅 66.11% 的份额，比 1998 年的 29.62% 的份额提高了 36.49 个百分点。

不可否认，以房地产开发商为主体的商品住宅供给的确是在很多方面胜过以单位为主体的住房建设。从目的来看，房地产开发商以营利为目的，因此，它生产的住宅必须符合市场的需要，必须在质和量上都得到改进，才能在房地产市场站稳脚跟。但是从效率方面来看，不能断言以房地产开发商为主体的供给效率比以单位为主体的供给效率高。

我们所说的"供给效率"可以分为供给的生产效率和供给的配置效率。供给的生产效率又包含着两层含义：生产的速度和生产的结构。第一，生产的速度。不可否认，房地产开发商为了营利的目的，既可能加快生产速度，也可能减缓生产速度。房地产开发商只服从自己追求巨额利润的需要，而不顾社会上的住房需要。当房价上涨过快，土地或住宅囤积所获的预期利润超过现实实现的利润时，房地产商选择囤积。这样，短缺并非仅仅是需求造成的，而是房地产开发商有意地遏制供给的生产速度起到了推波助澜的效果，客观上造成了房地产市场的波动。第二，生产的结构。房地产开发商针对市场需求开发不同类型住房，当房地产市场的供给竞争并不十分剧烈时，房地产的需求速度超过房地产供给速度，房地产市场是卖方市场时，房地产开发商选择开发利润较高的住房，这样造成结构的失衡。在政府眼里认为的"结构失衡"其实是市场力量形成的"自然结构"。与之对比，以单位为主体的供给方式虽然在生产的速度上可能不及房地产开发商生产模式，但是它具有均匀的生产速度，不以营利为目的，生产什么生产多少，都是以单位职工的缺房户数为准则，根本也不存在结构失衡问题。从这个意义上看，以单位为主体的住房供给模式平滑了房地产市场波动。

从配置效率来看。房地产商的住房供给是为了满足利润最大化的需要，因此，所开发的住房是为了卖给出价最高的买者。供给的生产结构，可以看作是房地产开发商对需求层次的"预期"，供给的配置效率，可以视作房地产开发商生产的结构的"实现"。从这个意义上看，配置效率其实就是生产结构衍生的问题。虽然房地产商创新很多促销方法以及组织分化用于提高配置效率，实质上，生产结构很大程度上已经事先决定了"配置效率"。我们常常看到报纸上"政府如何要消化空置房"等，其实是政府越位帮助房地产开发商分内之事。以单位为主体的供给模式则不存在这个问题，虽然配置方法有很多种，无非按照职务、年龄、学历等综合计分，最快地实现配置。即使在配置的过程中，可能存在不均的现象，但是还算具有"比较优势"的配置方法。

笔者并非为单位建房摇旗呐喊，这样做并不合时宜。笔者只是认为，单位建房有其存在的历史价值，只要房地产市场尚未发育成熟，各种房地产制度尚待完善，单位建房便有存在的价值，它起到了房地产市场稳定的平滑器的作用，是一支辅助性的供给力量。针对某些行为的政策可以有很多种，譬如我们可以回收囤积的土地，也可以逼迫房地产商加快流通速度等。这种方法在理论上是行得通的，但在实际上却很少有回收土地的现象。适当允许单位建房的存在就是在客观上制造出与房地产开发商相竞争的各个主体，创造了一种竞争的气氛。房地产开发商便自动地加快土地开发、加快流通速度，被迫的行为转为一种自觉的行为。当房地产商的规模效应足以降低成本，使得单位职工不再愿意购买单位自建房时，单位自建房将自动从历史舞台上退出。

三、要素市场改革下的房地产供求关系

要素市场与房地产供给需求之间的关系其实就是要素和产成品之间的关系。要素价格的变动影响到产成品的价格变动。这里的要素市场是指狭义的要素市场，如房地产金融、土地市场。这些市场都具有垄断性质，对房地产市场事关重大，因此，这些要素市场改革深深地影响到房地产供需关系。

1. 二元土地供给方式相对挤压了房地产供给量

为促进地方经济发展，各级政府都有对工业用地实施成本价，对房地产用地采取"价高者得"的政策。也正是由于基础设施用地、工业用地、行政办公用地的非市场化，使得许多工业园的用地利用效率低下，地毯式的厂房占用了大量耕地和有限的土地资源。一方面是大量的土地廉价划拨、出让，另一面，对与百姓生活密切相关的居住用地实行了"招挂拍"制度。在这种市场格局下，拍出天价的土地就成了常态。地价上涨不仅从供给方面影响房价，而且也影响着住房的需求，因为预期对房地产价格上涨起着不可低估的作用。综上所述，在需求高速增长之下，房地产开发项目用地供应的相对不足，导致了商品房供应相对不足，这是导致房价急剧上涨的主要因素。一方面，房价上涨的预期提高了开发商对土地价格的承受能力，促使开发商在土地招标、拍卖中，用更高的土地价格去获得稀缺的土地资源；另一方面，土地价格上涨也强化了人们对于房价上涨的预期，甚至引发了投资性买家更大的炒作热情。

2. 金融改革相对放大了房地产需求

1）金融改革放大了一般消费需求

房地产价格是由供给和需求决定的，但是，在供给是刚性的前提下，

房地产价格就是由需求决定的，其主要由两种因素决定需求：一个是收入的高低，收入越高，越有需求能力；二是房地产不同于其他产品，银行参与了支持对房地产的需求，也就是说央行的支持越大，对房地产的需求能力越高。如果收入在短期内不会明显提高，那么最终决定房地产价格的因素，就是银行的支持力度。

我国的公积金制度以及住房信贷业务其实就是把未来的住房需求集聚在当前释放。特别是1998年以来，房地产信贷得到快速发展，对商业银行调整信贷结构，支持城镇居民购房。银行的信贷资金从两个方面对房地产业进行支持：一是直接支持企业的房地产开发投资，二是通过个人住房信贷扩大房地产需求。1998年各金融机构对房地产的贷款由过去对企业开发贷款支持转向对开发和消费两方面支持。中国人民银行《2002年第三季度货币政策执行报告》指出我国各家商业银行发放的个人住房贷款远远大于房地产开发贷款，且差额逐年增大，个人住房贷款的本质在于放大房地产需求。

如图3所示，当期住房需求为点 O，点 a、b、c 均为未来时期住房需求某点。个人住房贷款把未来的住房需求集聚到当期，增加了当期房地产供给的压力。特别是在房地产价格上升幅度较快时，会有更多的未来需求集聚到当期。同时，商业银行认为个人住房信贷具有信贷质量好等优点，在房地产价格上升的背景下，便会积极扩大个人住房信贷规模，其中房地产投资需求和投机需求也获得了商业银行的支持。未来的住房消费需求、

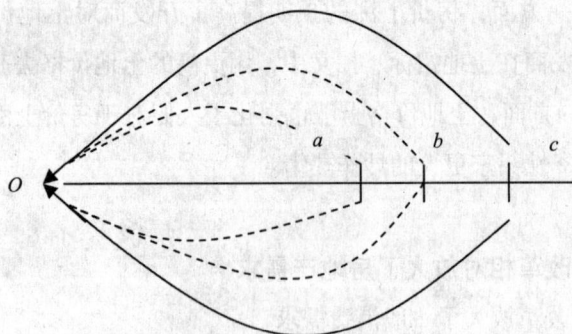

图3　住房信贷造成的需求集聚效应

投资需求和投机需求叠加在当期，便进一步刺激房价的上升，房地产泡沫也孕育得越来越大。

2）金融改革刺激了房地产投资投机需求

对于个人来说，凡是参加房改获得一定优惠的公有住房，一般为中年人。房改的过程也是利益重新分配的过程，参加房改者同时也是资金实力较强者，是银行个人住房信贷的优质客户。房改既得利益者和资金实力较强者身份的叠加，很容易刺激房地产投资投机需求。

随着年龄的增长，收入会不断地增加。但是，由于贷款是有年龄限制的，随着年龄的增加，可贷款的年限不断缩短，可贷款的额度也在降低，也就是说随着年龄的增加，可贷款的能力在下降。一般在40岁左右的时候，收入已经达到了一个比较高的水平，而可贷款的时限还比较长，可达20年。虽然随着年龄的增长，收入还会增加，但是贷款的时间会减少很多。所以我们可以得出这样一个结论：在40岁左右的时候，是对房地产购买能力最高的时候，也就是说，这时期是人的一生中所能支付的房价最高的时期。居民的购房能力随着年龄增加，呈现出倒"U"曲线变化。从现状来看，购买房地产的群体也是以中年人为主，这部分人群也正是房改利益获得者。由于银行的支持提高了购房者的购买能力，实际上是加大了需求，特别是投资投机需求，就可引致房地产价格上涨。

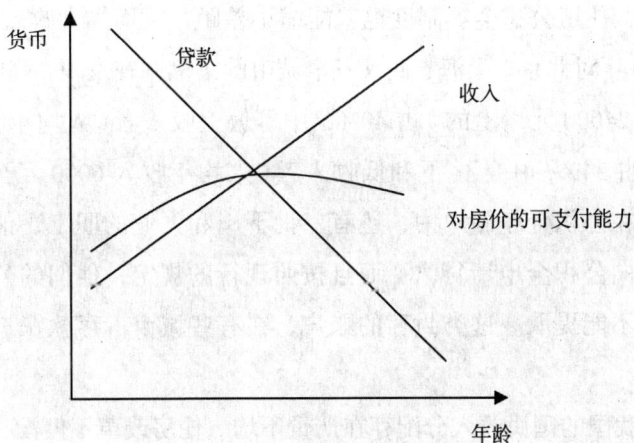

图4　年龄与银行支持下的居民对房价的可支付能力示意图

四、收入分配结构变化与供给需求之间的关系

本文所指的收入分配结构有两层含义：第一是城镇住房制度改革本身具有一定的收入分配效应，例如出售公房、公积金制度等都造成了一定收入分配差距，这种差距又进而对住房需求的类型和供给结构产生影响；第二是指国民经济收入分配结构。

1. 住房改革收入分配效应对供求的影响

我国城镇住房制度改革，既涉及财富分配问题，也涉及收入分配问题。其财富分配表现在经过出售公房的改革举措之后，许多城镇居民拥有了属于自己的住房，但他们之间所获得的住房无论是在面积上还是在价值上，都存在着很大的差距，而且在价值上的差距比在面积上的差距更大。其收入分配表现在，经过住房分配货币化和开放存量住房市场的改革举措之后，不同的职工从住房方面得到的收入存在着差距，包括：①工资中已有的住房消费含量上的差距；②以单位支付的形式给予职工的住房公积金上的差距；③住房补贴上的差距；④作为住房所有者或占有者出售或出租住房的收入上的差距。

此外，住房公积金等制度也未能缩小差距，反而加大收入分配差距。根据 2000 年对北京、上海、武汉三个城市的案例调查发现，高收入者（人年均收入 24000 元以上的）占 40%，中等偏上收入者（人均年收入 12000 元以上）占 34%，中等偏下和低收入者（人均年收入 6000 元至 8000 元）占 22%。在公积金净储户中，还有一批下岗和失业的职工，他们不仅根本不可能向公积金申请贷款，而且按照现行的规定，他们的公积金账户只能封存不能提取。这类封存的账户，在有些城市占存款账户的比重还相当高。

本来我国的国民收入分配存在严重不均。住房改革不但没有缩小收入分配差距，反而可能加大了收入分配差距，如上面分析的公房出售和公积

金制度等。一方面抑制了正常的消费需求,另一方面刺激了投资投机需求。此外,还造成一端是高端住宅供给过剩,出现结构性失衡,另一端是广大的普通居民的住房水平得不到提高。

2. 国民经济收入分配对房地产供求的影响

1)需求结构和供给结构不匹配问题

国民收入分配格局直接影响到了供给类型和比例。在一个国民收入分配差距较大的城市,开发商出于理性的经济人角度考虑,宁愿选择供给盈利高的高档住宅,宁愿付出时间成本和销售成本去开发高档住宅。如果在国民收入分配格局中位于中高层收入的阶层的比重和购买力恰好能满足开发商所开发的高档住宅的数量时,结构问题就产生了。这就是我们通常所说的"供给结构不合理"的问题,一方面高档住宅比例增加,大户型和别墅比比皆是,另一方面一般居民所需的普通商品房和经济适用房供应比例却极少。从这个角度上看,供给结构的问题实质上是一个国民收入分配结构和调节机制不合理的问题。

这种房地产市场形成的"自然市场结构"与政府所期望的理想的"供给结构"有较大的差距。政府往往希望利用规划手段和行政手段一劳永逸地解决"供给结构"问题,实践证明,这种方法往往收效不大。譬如开发商通过改变户型的布局,两套起卖或者增加层高的手段逃避"九零七零"政策。自然市场结构应该由市场实现调节,政府通过税收等手段来调节这些高收入人群的住房分配问题,并利用转移支付来维护住房市场的公平。企图通过规划手段,规定户型的面积来压低住房的总价,让一般居民都拥有住房,其实是一种逃避主义,逃避政府福利政策,让市场代行政府的职责。因此,又出现一个新的问题:政府和市场的边界在哪里?

2)政府保障性住房供给的边界问题

国民经济收入分配对于房地产市场来说是一个客观存在的宏观环境。国民经济的收入分配格局深深地影响了房地产市场的供求关系。首先,从静态上看,收入分配格局影响了供给的类型。一方面,基尼系数较高的城市或国家，富裕阶层对别墅、高档住宅等要求很高，形成了对高档住宅的生产、消费等一系列的高要求；另一方面，广大的居民居住条件得不到改善，政府承担的保障性住房的任务较重。其次，从动态上看，随着国民收入分配的差距增大，政府提供的保障性住房的比重日益增加，这对政府财政承受能力提出新的挑战。

如图5是洛伦兹曲线与政府保障性住房的边界描述。横轴为当事人的人数比例，纵轴为当事人收入占总收入的比重，OM 是平均分配主义，意味着所有的当事人获得的收入都相等，这在现实中是不可能的，也难以提高当事人的工作积极性，ODM 比 OCM 的收入分配差距更甚，表示比例较少的当事人占有更多的社会财富。如果收入均匀分配，政府就无须承担住房保障责任或者承担完全的住房保障责任，见 OBM。我们如果把 OM 和圆弧围成的部分看作政府提供保障性住房的行动边界的话，我们会发现随着收入分配差距的扩大，政府承担保障性住房的范围和深度都会扩大，由 $OBMC$ 扩大到了 $OBMD$。

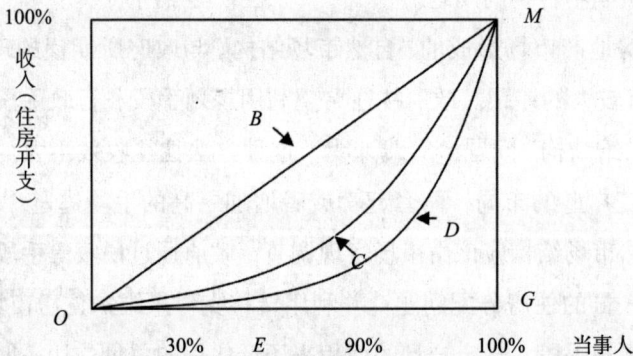

图5　洛伦兹曲线与政府保障性住房的边界

五、小结

本文不能解释某个城市房价忽升忽落的现象，这要考虑每个城市房地产市场的特殊性和差异性，但是本文却基本上给出了我国房地产市场在一段很长时间处于上升趋势的理论解释,分析了在制度变迁过程中重要制度,尤其是房地产体制变革的特点、要素市场改革的各项制度给房地产供求带来的影响,进而影响了房价。

本文把"供给效率"分为供给的生产效率和供给的配置效率,认为开发商的供给效率未必比以单位为主体的供给效率更高。单位建房有其存在的历史价值,只要房地产市场尚未发育成熟,各种房地产制度尚待完善,单位建房便有存在的价值,它起到了房地产市场稳定的平滑器的作用。

本文力图把房地产各种现象放在宏观背景下解释,因此,不可避免地部分揭示了房地产市场结构、房地产市场波动、政府保障住房边界等相关问题,希望给其他研究者以启发。

第三节　经济适用房形成与发展的逻辑[1]

一直以来，经济适用房制度由于实施过程中出现购买对象与建筑标准失控、腐败问题较严重而广受诟病。为什么会出现这些问题，未来经济适用房又将何去何从。这些问题是其本身的问题还是与制度环境摩擦的产物？这一切都需要追溯历史，探明经济适用房的产生背景，厘清经济适用房发展脉络，并结合中国国情，方能明确未来经济适用房走向。

一、经济适用房制度引进背景

经济适用房在 1998 年被规定为我国住房的主要供给渠道，是有特殊历史背景的。我国住房制度改革从 20 世纪 80 年代乃至 90 年代一直推而不动。虽然试验过无数的房改方案，但是由于没有触动传统房地产福利分配的根基而无疾而终。1998 年我国经受亚洲金融危机才使得决策层下决心把房地产作为国民经济的新增长点，从而最终推动房地产制度全面改革。当时的改革目的并非完全市场化，也非商品房为主流。而是规定经济适用房占主导地位，通过社会化建设，收回住房投资，进行滚动开发，既达到满足居民住房水平，又达到拉动国民经济增长的双重目的。当然就拉动经济而言，"售"比"租"更有动力。国际上通行的经验是，公共住房出租是一个必经的历史过程，原因在于只有租赁才能使公共住房在内部循环，特

---

[1]　此文发表于《住宅与房地产》2012 年第 5 期（下）。

别是在供求矛盾尖锐的时期更快解决低收入人群住房问题，但其缺点在于不能及时回收投资。当时经济适用房是售还是租，我国决策层争论比较激烈。由于当时亚洲金融危机的影响，由决策层定位成"以售代租"[1]。当时思路是经济适用房出售能够快速回笼资金，能积极拉动国民经济。可以说我国的房地产制度改革服从于国民经济宏观调控的需要，由此改变了我国房地产制度改革的走向。

经济适用房和公积金是借鉴新加坡公共组屋和中央公积金的制度组合，不能脱离公积金而单纯研究经济适用房，也不能脱离经济适用房而单独研究公积金。判断经济适用房借鉴新加坡公共组屋有两大原因：其一，产权属性相同。世界各国以租赁保障为主，产权保障为辅。为数不多的产权性保障住房只有日本的公团住宅，中国香港的居屋以及新加坡的公共组屋等。我国的经济适用房，个人拥有产权和新加坡的公共组屋产权类型一样。其二，对象相同。公团住宅、香港的居屋等产权类保障住房都是针对少数群体，而新加坡的公共组屋对象则是针对大多数居民。我国经济适用房保障对象也是如此，历数我国经济适用房的早期重要文件，无论1994年《关于深化城镇住房制度改革的决定》、还是1998年《关于进一步深化城镇住房制度改革加快住房建设的通知》，以及2002年的《关于加强房地产宏观调控促进房地产健康发展的若干意见》，都一以贯之提出"以中低收入家庭为对象的经济适用房是主要的住房供应渠道"。显而易见，当时经济适用房针对的是大多数居民，占全部城镇人口约70%左右的中低收入家庭均可以购买经济适用住房。这就是我国的经济适用房迥乎其他国家产权性保障的差别所在（新加坡除外）。我国公积金也是学习新加坡中央公积金制度的产物。尤其值得注意的是全国性统一公积金管理格局的形成是1999年国务院颁布的《公积金管理条例》[2]，这与确定经济适用房的主导地位在时间上是相当吻合的。这说明当时住房制度改革打上了新加坡住

［1］谢家瑾. 房地产这十年 [M]. 北京：中国市场出版社，2009.

［2］刘洪玉. 推进和完善住房公积金制度研究 [M]. 北京：科学出版社，2011.

房制度的烙印，也说明当时决策层是有很深考虑的。

显然，我国经济适用房制度并非是一个孤立的制度个体，而是与公积金作为一个制度组合，借鉴新加坡住房制度引进的。但是，这项制度引进却忽视了这两个核心制度背后的支撑：①资金。新加坡中央公积金在居民购房融资方面的流程是：居民通过公积金获得10%的首期付款和90%的银行贷款—向建屋发展局购买住房—居民获得住房所有权—资金流向住宅发展局—住宅发展局交还政府—政府用其偿还债券本息—中央公积金收回资金—继续为住房建设和购买者提供资金，这样新加坡的公积金既是购房信贷的主要来源，也是建屋发展局住房建设投资的主要来源。新加坡用公积金支援建设，根据居民购买力确定房价，造成较大亏损，这都是靠政府补贴和低息贷款维持。如2004—2005年度补贴9.19亿新元，2005—2006年度补贴7.55亿新元[1]，占2006年财政支出305亿新元的2.5%。我国中央层面对经济适用房是不做补贴，认为地方政府能实现自我平衡。但是实际上，经济适用房无偿划拨土地与高价商品房用地、经济适用房减免税费与商品房税费构成了巨大的机会成本。这个机会成本随着商品房价攀升而越发明显，并为经济适用房制度变异埋下了伏笔。②土地。新加坡的土地都是通过强制性拆迁获得的，拆迁成本很低，为公共组屋低价奠定基础。而我国的住宅用地在2004年以后主要通过招拍挂的形式，土地价值彰显出来，拆迁成本过高，造成地方政府不愿意为经济适用房提供更多的用地。值得注意的是，新加坡是没有土地财政的。资金不足造成了我国地方政府没有多大的积极性，推力小。土地财政同样造成我国地方政府没有多大的积极性，拉力小。

新加坡采取产权性保障是有经济实力作为保障。新加坡政府运作和发展的财政开支大部分来自于税收，而税收的主要来源包括企业所得税和个人所得税，占到政府运作财政收入的40%。商品和服务税作为第二大

[1] 毛大庆.关于全面借鉴香港、新加坡经验加快住房保障制度建设的建议[J].住宅产业，2011(9).

来源在 2003 年占到政府运作财政收入的 11%。这两项之和占到每年运作财政收入的一半以上[1]。但是我国的地方政府对土地财政依赖却越来越重。这种土地财政表现在两个方面：一是土地出让金依赖；一是房地产税费依赖。譬如 2009 年全国城镇土地使用税、土地增值税、房产税、契税、房地产营业税、房地产企业所得税、房屋转让个人所得税合计 6943 亿元，占全国税收收入的 11%，全国土地出让收入达到 1.5 万亿元，是地方政府非税收入的主要来源。此外，新加坡是给补贴的，但是我国中央政府在经济适用房是不会给地方政府补贴。不断变迁且迥异的制度环境必然使得经济适用房产生变异。

二、经济适用房制度的首次变异

我国引进的制度体系是不完全的，不断自行演化。用制度经济学的术语来说就是"制度非均衡状态"。就像一根电线杆栽种不牢固，它在地球引力以及自身重量之下，自动寻找新的平衡点。

其一，审核变异。1998 年恰逢政府机构改革，人员变少。政府把审核环节后置到开发商，也有政府自己审核的。在审核方面，政府则负责为开发商提供优惠政策，同时限定利润（价格）并且对申购家庭的资格进行审核，其依据来自于社会团体（如企业）为申购者出具的证明。但是这些社会团体提供的收入证明往往是虚假的。当有的地方政府把审核权下放到开发商，开发商更没有动力进行认真审核。具有讽刺意味的是，不符合条件的，往往大多数是较为富裕的群体。只要经济适用房能销售出去，开发商对资格问题可以网开一面。对于开发商而言，逐利性使其更为关注自身利润得失，没有动力对申购家庭进行严格的审核和监管。

其二，户型变异。在现实中我们观察到有的经济适用房户型面积非常

---

[1] 张祚，刘艳中，陈彪，朱清.新加坡公共住房发展研究：从"广厦"到"恒产"的智慧 [J].建筑经济，2011（3）.

大，譬如北京天通苑、回龙观等地动辄 200 平方米经济适用房比比皆是。这是什么原因造成的呢？一方面是销售的需要。由于当时经济适用房销售对象是整个中低收入群体。地方政府和开发商既可以挑选低收入群体又可以选择中等收入群体。为了销售容易，开发商宁愿选择开发大户型吸引居民。户型一经变异后，审核必然同时会发生变异。因为户型大，仅有中产阶级能够购买，低收入群体根本买不起。另一方面是与商品房竞争的需要。由于这些经济适用房的地段都比较偏远，如果户型较小，与商品房相比，产权又受到限制，根本难以吸引到足够的人群，开发商难以有丰厚利润。因此，开发商有意把大户型作为一种亮点。甚至与商品房相比，经济适用房的户型面积毫不逊色。与之相比，新加坡组屋政策的前期，主要建设每套 40 ～ 70 平方米的小户型，近 20 年来才改为建设 85 ～ 125 平方米的组屋[1]。而我国有的地方为了顺利实现销售，直接就修建大户型的经济适用房，超越了新加坡公共组屋发展的必经阶段。

不可否认，中央层面采用了一些补救措施，如 2004 年的《经济适用房管理办法》明确规定：经济适用住房中套住房面积控制在 80 平方米左右，小套住房面积控制在 60 平方米左右，客观上起到一定的遏制效果。

三、经济适用房制度的第二次变异

第二次变异是与商品房制度体系竞争之下产生的。如果把制度引进理解为生态竞争的过程，我们就能很好理解各类制度的现存状态。就像自然界中的高大乔木之下必然是低小的灌木林。强制度与弱制度竞争，必然更加弱化乃至消灭弱制度。

其一，数量萎缩。第二次变异也是发生了"非典"背景下，为了进一步刺激经济，商品房成了主要的供给渠道。2003 年国务院出台了《国务院关于促进房地产市场持续健康发展的通知》(国发〔2003〕18 号)，要求调

---

[1] 朱天华.经济适用房制度运行中的问题与对策 [J]. 社会科学研究，2011(5).

整住房供应结构，逐步实现多数家庭购买或承租普通商品住房。在这一阶段，城镇住房供给体系的主体转变为普通商品住房。既然已经确定了商品住房的主体地位，那么商品住房的要素供给制度也需要发生改变。与之相适应，2004 年 8·31[1] 土地招拍挂大限规定了土地出让必须以招拍挂为主要形式。土地招拍挂制度为地方政府的土地财政扫清了道路，地方政府从土地中获益多，越是要把商品房作为主要的支柱产业，越是不重视经济适用房。自然而然，经济适用房被迫退居二线，因此，在 2004 年《经济适用房管理办法》中被定位为"具有保障性质的政策性商品住房"。既然法律已经降低了经济适用房的地位，地方政府可以名正言顺地减少经济适用房的开工量。显然，以商品房为核心的制度体系的竞争已经战胜了以经济适用房为核心的制度体系。因此，我们观察到：从经济适用房开工量占住宅开工量比例看，经济适用房建设处于不断萎缩状态中，从 1998 年的 20.83% 一直下降到 2010 年的 3.80%。从经济适用房新开工量看，1998—2005 年经济适用房开工量先增后减，2000—2001 年达到最高，之后逐步下降到 2005 年 3513 万平方米，相当于 1998 年的开工量。2006 年以来经济适用房开工量逐步增加，到 2009 年是顶点，为 5354.65 万平方米，然而 2010 年又回落到 4909 万平方米。由于 2004 年 8 月 31 日是土地招拍挂大限，两者叠加起来，我们可以推断出，可能是由于实行土地招拍挂制度，地方政府逐渐形成土地财政，对经济适用房建设的动力弱化了，才导致经济适用房比例的萎缩。地方政府不仅有内在的利益动机而且有外在的压力，其压缩保障性住房建设的行为也就顺理成章了。

[1] 2004 年 3 月，国土资源部、监察部联合下发了《关于继续开展经营性土地使用权招标拍卖挂牌出让情况执法监察工作的通知》（即"71 号令"），要求从 2004 年 8 月 31 日起，所有经营性的土地一律都要公开竞价出让。也就是说，在 2004 年 8 月 31 日之前，各省区市不得再以历史遗留问题为由采用协议方式出让经营性国有土地使用权，以前盛行的以协议出让经营性土地的做法被正式叫停。该文件还规定，2004 年 8 月 31 日以后，发展商必须及时缴纳土地出让金，而且如果在两年内不开发，政府可把该土地收回。所谓"8·31 大限"就是指这一天新的全国土地政策将正式实施。

其二，制度断裂。新加坡独特的定价制度和组屋与公积金的配合，是组屋制度的思想结晶。因此，在政府的统筹设计下，组屋和公积金形成了一个互为补充的系统：只有组屋没有公积金，"居者有其屋计划"推行不下去；只有公积金没有组屋，单靠起伏跌宕的私人市场难以解决普遍住房问题。公积金实质是一项强制与鼓励相结合的制度，是一项帮助普通工薪阶层弥补购买力不足，能够较早、较快实现购房目标的互助性保障制度。其特点是公积金账户中的钱是缴存人个人所有的钱，通过大家缴存、有购房需求的人借贷的方式实现互助。公积金需要房价受到限制的公共组屋作配套。支持一个人的购房需求，如果住房价格越低，需要支持此人购房的人数越少；如果住房价格越高，则为支持此人购房的人数越多。显然住房价格足够高，就会破坏公积金的互助原则，使得公积金不能很好发挥作用。我国在 1998 年全面市场化的时候提出要形成以经济适用房和公积金制度相配套的制度体系。但是，2003 年国务院的 18 号文中提出"逐步实现多数家庭购买或承租普通商品住房"[1]，偏离原先设计的轨道。我国个人交纳的公积金以及住房补贴却要购买商品房，使得个人购房暴露于市场房价风险之下，与高昂房价相比，公积金以及住房补贴只是杯水车薪，失去了制度引进的初衷。譬如北京动辄 200 万元、300 万元的商品房，公积金贷款最高额仅在 100 万元左右。从某种意义上说，2003 年 18 号文规定商品房成为主要的供给渠道彻底撕碎了这一制度组合。

四、经济适用房制度的第三次变异

其一，尴尬定位。经济适用房脱离了公积金，独自开始演化，演变成类似香港的居屋。既然经济适用房已经退出主导地位，不再是针对大多数居民，其定位必然是低收入群体。2007 年 8 月，国务院发布《关于解决城市低收入家庭住房困难的若干意见》，明确了"经济适用房供应对象为城

---

[1] 谢家瑾. 房地产这十年 [M]. 北京：中国市场出版社，2009.

市低收入困难家庭，并与廉租房保障对象相衔接"，建筑面积控制在 60 平方米以内，属于有限产权。这一定位完全背离了最初的定位，本身也存在逻辑矛盾。何谓逻辑矛盾呢？在国家设计的保障性住房框架中，经济适用房和廉租房的保障对象均是低收入家庭，而公租房、限价房保障对象都是中低收入（实质是中等收入群体）。但是低收入者反而有产权保障（经济适用房），而收入高一点的（如公租房），反而仅有租赁性保障。由于产权的财富效应，无疑刺激了"懒人行为"，收入较高者宁愿收入低一点，也要获得产权房（经济适用房），使得经济适用房定位极为尴尬。

其二，特殊新宠。2011 年国务院加大了保障性住房投资力度，新开工 1000 万套保障性住房。与以前相比，保障性住房建设的任务大为增加，并规定了住房保障地方政府行政一把手总负责制，地方政府不得不完成保障性住房任务。于是单位自建房实物分配假借"经济适用住房"现象死灰复燃。俗话说"经济适用房是个筐，什么都往里装"。单位集资建房、拆迁用房、棚户区改造都参照经济适用房，享受政策优惠。甚至有的地方政府鼓励有权有钱的单位自建房。这与 2006 年前某些单位违规集资合作建房在本质是一样的。这是传统体制的复归，也是房地产市场经济体制的倒退。像某些高校纷纷兴建经济适用房分配给职工，已经激起了较强烈的社会反响。一些地方政府在实施政策过程中表面上与原政策一致，事实上背离原政策精神的内容。

其三，投资黑洞。经济适用房实质是政府将土地出让金和部分税费作为补助发放给中低收入家庭，资助中低收入家庭购房。每个家庭享受的这种补贴的多少取决于他们购买经济适用房的面积和地理条件。面积越大，地理位置越好，享受的补助越多。这就无形中促进购房人追求面积大、位置佳的住宅。房价上涨导致产权类保障性住房如经济适用房成为投资黑洞。其原因在于并未建立和完善经济适用房与商品房市场之间的防火墙。经济适用房制度建立之初，购买经济适用房以后还可以购买商品房，经济适用房并没有回购制度。即使 2007 年 11 月建设部规定了 5 年以内不得上市交易，但是并未规定类似公共组屋内循环制度。经济适用房通常在购买满一定年限后，按照当地政府规定，补缴相应的综合地价款项，即可获得"完全产权"上市交易。由于补缴额度的标准划定能否与土地增值收益等同存在不确定性，从而导致经济适用房的再上市交易产生了较大的牟利空间。只要经济适用房持有者等上一定年限后，转手即可获得巨额收益。因此，由于产权性住房巨大的财富效应，使得权力阶层不断侵入经济适用住房。这种问题至今仍然存在。

五、小结

本文粗略勾勒出经济适用房的发展路径。显而易见，在 1998 年全面改革时，我国也是有房地产顶层制度设计的。只不过在经济适用房发展过程中，不同的相关利益群体，包括地方政府、房地产企业、特殊利益集团等，都在不同历史阶段从经济适用房制度上部分截取有利于己的解释，导致了严重的异化现象。虽然中央针对不同问题，分别发文予以纠正。但是在支离破碎的经济适用房制度上打补丁，犹如马赛克一样，已经失去原有的含义。因此，部分学者提出"取消经济适用房"制度有其深刻的背景。

在我们看来，我国地区区情迥乎不同，像上海、深圳等地，即使照搬新加坡的公共组屋和公积金制度，也完全能够实现居者有其屋的梦想。因为现在某些大城市的经济实力比 20 世纪 60 年代新加坡经济实力强得多，如果它们不打算依赖于土地财政，并且真正想要解决老百姓的住房问题，一切皆有可能。我们认为经济适用房还是可以继续下去的。对于经济落后而且土地财政依赖严重的城市和地区，建设更多的经济适用房显然不可能，只能实现以公租房和廉租房为主的保障性制度，防止其变成少数特权阶层谋一己之私利的蔽薮。

第四节　住宅合作社失踪之谜[1]

我国住房合作社曾经在 20 世纪 90 年代风行一时，各地纷纷成立住房合作社。但是伴随着 1998 年住房货币化、市场化的全面开展，住房合作社逐渐悄无声息。实际上，住房合作社作为一种制度安排，逐渐被后来经济适用房、商品房所取代。在本文中，我们将还原和分析这种取代的历程。

一、我国保障性住房中心更类似于"影子政府"

非营利组织由两个词组成的：非营利和组织，一般人容易想到只要具备这两个特征就是非营利组织，其实大谬不然。政府既是个组织，又在住房保障上体现了非营利的特征，难道政府就是一个非营利组织？非营利组织按照国际通行的概念来看就是第三部门，满足第三部门的所有特征。英国住房协会是不是第三部门，也得按照概念进行判断。笔者认为，英国住房协会与国内的保障性住房中心相比，至少有以下差别：

第一，竞争成分多寡。首先英国住房协会数量多，造成竞争的态势，而我国保障性住房中心却具有唯一性和垄断性。到 2004 年英国住房协会

[1] 本文出自住建部政策研究中心张锋副主任负责的住房改革与发展司课题《非营利组织参与住房建设研究》，本节是张锋、袁利平与笔者共同合作的成果。在此一用，感谢他们的支持。

已经登记的数量为 2000 家，包括许多所拥有的住房数量少于 250 套，职业数量极少的小型协会。不像国内保障性住房中心，地方政府必然提供财政援助，而且是唯一的、垄断的。地方政府不可能同时成立两个保障性住房中心，使其产生竞争，而英国住房协会之间就会产生竞争关系。根据住房和城乡建设部保障司的数据，全国现有地级单位 354 个（包括省会城市、计划单列市、地级市、地州盟 333 个及同层级开发区和产业园区 21 个），建立住房保障实施机构 211 个（即保障性住房中心），占 59.6%；尚未建立实施机构的 143 个，占 40.4%。全国现有区县 3043 个（包括市辖区 855 个、县和特区 2003 个、同层级开发区和产业园区 185 个），建立住房保障实施机构 1636 个，占 53.8%；尚未建立实施机构的 1407 个，占 46.2%。说明了保障性住房中心的唯一性和垄断性。其次，经费是竞争性。英国住房协会每年都得向住房协会委员会申请补贴。补贴是批还是不批取决于该协会运行绩效。譬如英国 2005 年初政府启动了 2 亿英镑的试验计划。为了实现可持续社区计划所要求的增加住房供应目标，试验计划规定登记或未登记的住房协会都可参与融资竞标。共有 60 个项目，有 22 个项目由开发商竞得，其余部分则由住房协会和联合组织中标。我国保障性住房中心由政府财政注资，即使表面是自主经营、自负盈亏，但是实际上保障性住房中心的主要资金通过财政补贴，而且政府在保障性住房中心贷款时起到隐性担保的作用。

第二，破产的可能性。如果仅仅是竞争，但是政府在其组织经营不善、面临破产边缘时假以援手，我们认为这样的组织不具备独立性。所谓独立性，就是自主经营、自负盈亏。如果政府在关键时候托底，那么该组织并非具有独立性。20 世纪 80 年代以来，英国老的住房协会与大规模新登记住房新转让协会合并，超大型住房协会住房占行业住房的比例大幅增加。每年都有 1% 的住房协会宣布结业（或转让它们的住房合约）。我国保障性住房中心是事业单位，这种事业单位是我国预算法和财务制度规定，不允许地方政府贷款。那么，地方政府只有单独成立保障性住房中心，给土地，给部分财政资金，然后让其按市场规则运行。但是，政府最终还是起到隐性担保作用。保障性中心不过是代行政府职责,起到了"影子政府"的作用。假设保障性住房中心运行不善,负债累累,地方政府也不会使其破产,正是由于唯一性、垄断性,政府想着各种办法让其生存下去。这其实混淆了市场运行不善的低效率和政策亏损之间的界限。但是英国住房协会如果管理不善,地方政府是可以让其破产,并使得其他住房协会兼并它。这就迫使住房协会改善经营管理,提高经营绩效。

二、我国的住房合作社在住房建设中的发展脉络

根据以上所述,我国参与住房建设的非营利组织主要是住房合作社(而非政府保障性中心),其实质是合作集资建房,其发展经历了 20 世纪 50 年代提出组织房屋合作社,到改革开放后的迅猛发展,直到目前的停滞状态,都由其特定的历史背景、经济形势与政策环境决定。

1. 20 世纪 50 年代合作建房试行效果明显,提出组织房屋合作社

20 世纪 50 年代我国实行住房实物分配制和低租金住房制,城镇的住房建设基本由政府机关、事业团体、各企业等包揽,直接分配给本单位的职工免费居住或收取少量租金,住房成为国家福利体制的重要内容。由于当时政府和单位的经济实力较弱,单纯靠他们出资建房,很难解决好广大居民的住房难问题。于是,人们就开始寻求一些其他的办法。因为合作集资建房拥有较多的优越性,自然成为人们的首选。

1955 年,铁路和煤矿两个行业试行了带有合作集资建房性质的"住房自建公助"办法,当年就解决了 35000 户职工的住房问题,收到了很好的效果。[1]1956 年 6 月 26 日,《人民日报》在《解决职工住房问题》的社论中,肯定了住房自建公助的办法。接着,中央领导同志进一步提出了"组织房屋合作社,由职工自己集资、公家帮助,解决职工住房问题"的要求。这

---

[1] 包宗华. 合作集资建房 50 年的风雨历程 [J]. 城乡建设,2005(7):55–56.

一要求，鲜明地提出了要组织固定性质的房屋合作社，并把自建公助明确地纳入了合作集资建房的范畴。从此，合作集资、自建公助建房的办法，就在一些工矿企业陆续推开。因受到当时大形势的影响，合作集资建房的进度不快。在随后发生的"十年动乱"中，合作集资建房基本上停了下来。

2. 1980—1997年住宅合作社制度的建立与发展时期

1）历史背景

党的十一届三中全会后，中央政府提出在住房建设方面要发挥中央、地方、单位和个人的积极性。

虽然"房改"在逐步推进，如以成本价出售公房、提高房租、向职工发放住房补贴等，但住房的福利分配体制并未发生根本动摇，由政府和单位所承担的住房供应责任仍然占据着绝对统治地位，直到20世纪90年代下半段，实行公房低租金制度仍然占着主要地位。在这一体制下，政府财政背负着沉重的负担，民众的住房质量和维修养护水平普遍较低，再者由于住房的福利性质、供给的计划性且缺乏对供给的激励机制，造成了住房数量的严重短缺，群众的住房难问题长期存在。为了解决当时突出的"住房难"问题，尤其是对那些"分房无份，购房无力，建房无方"的职工，发展集资建房是解决住房问题的一个有效办法。因此，许多地方政府对合作集资建房采取了支持的态度，使得合作集资建房犹如雨后春笋般地得到较快的发展。

2）发展规模

20世纪70年代末，各省市陆续出现了民建公助、公建民助、民建互助等形式，南阳、长春及邮电系统在民建公助、公建民助、民建互助方面进行了一些初步尝试，取得了一定成效。但这一阶段，合作建房的影响还较小。[1]

国家主导的合作建房始于1986年住房制度改革之际，是专门针对当

[1] 沈宏超. 我国发展社会型住房合作社的难点及对策 [J]. 山东科技大学学报（社会科学版），2006，8（2）：97—100.

时住房紧张、经济困难的群众产生的，最早出现在上海，后来在北京、武汉、昆明等地兴起。合作建房解决了当时许多困难群众的住房问题。到 20 世纪 80 年代末至 20 世纪 90 年代初，我国合作集资建房出现了高潮。据 90 年代初的统计，全国绝大多数省、自治区、直辖市都建立了一定数量的住房合作社，全国住房合作社总数超过 5000 个。[1]据北京、天津、武汉三市统计，每市集资约 4 亿多元，合作建房面积 100 万平方米，解决了 1.3 万住宅困难户的住房问题。而上海、山东、温州、福州、南京、天津等省市 7 家住宅合作社共集资 11 亿元，建成住宅面积达 149 万多平方米，共解决 26132 个住宅困难户的住房问题[2]。有的城市住房合作社年完成的住房面积，占全市年完成住房面积总量的 5% 以上。由于住房合作社主要是面向住房困难户，因而获得了很好的口碑，并通过实践取得了在住房问题上"扶危解困"的实效。

3）政策支持

1983 年全国城镇住房建设和房地管理改革座谈会上提出发展住房合作社的议题，此后学术理论也探讨过，为住房合作社的发展作了理论准备。1988 年国务院颁发《关于分期分批实行住房制度改革》文件中，将住房合作社列为住房制度改革的重要组成部分。

1991 年 12 月 31 日，国务院住房制度改革领导小组颁发的《关于全面推进城镇住房制度改革的意见》第 6 条规定："各地政府应大力支持单位或个人的集资、合作建房，特别是结合'解危'、'解困'进行的集资、合作建房。计划、金融、财政、税收、城建、规划、土地等有关部门应该积极配合、支持，通过减免税费等扶持政策，努力降低建房造价……除指令性计划安排外的住房建设外，对个人集资与合作建房的部分可以不受规模的控制，实行指导性计划。"该意见明确肯定和鼓励单位或个人的集资、合作建房。

1992 年 2 月 14 日，国务院住房制度改革领导小组、建设部、国家税

［1］　包宗华.合作集资建房 50 年的风雨历程 [J].城乡建设，2005（7）：55-56.

［2］　陈舜田.住房合作社怎样启动 [J].房改纵横，1999：39-40.

务局联合颁布了《城镇住宅合作社管理暂行办法》(以下简称《办法》),详细规范了住宅合作社的设立、类型、管理以及合作住宅的建设、产权登记、维修、管理等。该《办法》的颁布标志着我国住宅合作社制度的正式建立,这是我国首部也是目前为止唯一的关于住宅合作社制度的规范性文件。

1994 年 7 月 18 日,国务院发布《国务院关于深化城镇住房制度改革的决定》,再一次明确了国家对合作建房和住宅合作社的鼓励与支持态度:鼓励集资合作建房,继续发展住宅合作社,在统一规划的前提下,充分发挥各方面积极性,加快城镇危旧住房改造。《城镇住宅合作社管理暂行办法》和相关政策的实施,极大地推动了我国住宅合作社的发展。

1997 年 7 月在天津召开了全国首次合作住宅管理培训班[1]。1998 年 7 月 23 日,国务院颁布了《国务院关于进一步深化城镇住房制度改革,加快住房建设的通知》(国发〔1998〕23 号文件)提出,在符合城市规划和坚持节约用地的前提下,可以继续发展集资建房和合作住宅,多渠道加快经济适用住房建设。可以看出,我国的合作建房是政府认可的解决中低收入家庭住房问题的途径之一,是完善住房保障体系的一种有效形式。这个文件,把集资和合作建房纳入了经济适用住房供应渠道。

3. 1998—2002 年住房合作社衰落时期

从 1998 年开始,国发〔1998〕23 号文件提出了"停止住房实物分配,逐步实行住房分配货币化,建立和完善以经济适用房为主的多层次城镇住房供应体系"。从此,我国的住房分配制度逐渐由福利分房走向市场化供应。稳步推进住房商品化、社会化,逐步建立适应社会主义市场经济体制和我国国情的城镇住房新制度成为当时住房体制改革的指导思想。随着我国住房建设和住房市场经济的快速发展,特别是商品住房供给的大量增加和我国住房制度改革重点的转移,各地住宅合作社的发展出现了逐步下滑的趋势,到 2002 年,其数量已不及 20 世纪 90 年代初的一半,住宅合作社的发展事业

---

[1] 陈舜田. 住房合作社怎样启动 [J]. 房改纵横,1999:39-40.

趋于衰落。这时期的住房政策对集资建房和合作建房的做法仍是肯定的。

4. 2003—2010 年住宅合作社制度的停滞时期

自 2003 年开始，国家相关政策文件中几乎没有关于"住宅合作社"制度的任何正面表述和规定，而是对集资、合作建房逐步进行限制。2003年 8 月 12 日，国务院（国发〔2003〕18 号）文件规定：集资、合作建房是经济适用住房建设的组成部分，其建设标准、参加对象和优惠政策，按照经济适用住房的有关规定执行。任何单位不得以集资、合作建房名义，变相搞实物分房或房地产开发经营。2006 年，国务院办公厅（国办发〔2006〕37 号）文件进一步规定：严格规范集资合作建房，制止部分单位利用职权以集资合作建房名义，变相进行住房实物福利分配的违规行为。同年 8 月14 日，建设部、监察部、国土资源部联合发布（建住房〔2006〕196 号）文件规定：一律停止审批党政机关集资合作建房项目。严禁党政机关利用职权或其影响，以任何名义、任何方式搞集资合作建房，超标准为本单位职工牟取住房利益。2007 年国务院（国发〔2007〕24 号）文件对集资合作建房有所放松：单位集资合作建房只能由距离城区较远的独立工矿企业和住房困难户较多的企业，在符合城市规划前提下，经城市人民政府批准，并利用自用土地组织实施。但同时又规定，各级国家机关一律不得搞单位集资合作建房，任何单位不得新征用或新购买土地搞集资合作建房，单位集资合作建房不得向非经济适用住房供应对象出售。

从以上政策文件来看，2003—2007 年，国家对集资、合作建房基本上采取的是严格限制的态度。住宅合作社的数量也在迅速减少。以北京为例，截至 2005 年，住宅合作社的数量已经锐减至 10 家，而且全为单位型住宅合作社。[1]

单位集资合作建房按经济适用住房政策管理。《国务院关于解决城市

---

[1] 王思锋，金俭. 中国住宅合作社的发展变迁与现实思考——以当前住房保障为背景 [J]. 理论导刊，2011（9）：73–75.

低收入家庭住房困难的若干意见》(国发〔2007〕24号)文件中，对单位的集资合作建房做出一些规定，单位的集资合作建房是纳入经济适用住房政策的范畴进行管理。按照经济适用住房政策范畴管理主要体现在两条：一是要纳入经济适用住房的计划；二是它的建筑标准、供应对象和产权关系等，都要按照经济适用住房政策和有关规定来执行。从建设标准看，经济适用住房面积很明确是60平方米左右，供应对象就是城市低收入家庭，实行有限产权管理。对申请单位集资合作建房的企业也有规定：企业必须是远离城区的独立工矿企业，或者是住房困难户较多的企业，并且必须经人民政府批准，必须符合城市的规划，企业必须拥有自己的土地，而且这个土地是必须符合城市规划，可以用于建设住房的，不是工业性质的土地。

个人合作建房的呼声高但成功少。当前，由于高房价使得购房者不堪重负，社会上也出现了一些个人合作建房的呼声。2004年初，温州市个人集资合作建房组织委托房地产开发商以1.0458亿元成功拿地，被视为我国个人集资建房的破冰之举，而后，各地的合作建房力量因受到鼓舞再次活跃起来。但我国几乎没有个人发起的住宅合作社集资建房的成功范例。广州、南京、青岛等地由个人发起的合作社集资建房终因审核不通过，或者被以非法集资名义叫停，或者因拿不到土地而搁浅，或者由于其他原因最后偃旗息鼓。

三、评价

1. 我国传统的住宅合作社与国际通行的住宅合作社有偏差

1995年国际合作社联盟通过的《关于合作社特征的宣言》指出，合作社是自愿组织起来的人们通过共同拥有与民主控制的企业来满足他们共同的经济、社会与文化的需求和抱负的自治团体。也就是说，在本质属性上，合作社是利用其服务的人们所拥有和控制的，是用以满足人们共同经济、社会与文化需要的非营利组织；合作社的经营宗旨是为社员提供服务，不追求自身的营利，与社员交易即使有盈余，也要返还给社员。对此，住宅合作社也不例外。

产生于特殊时期的中国住宅合作社，并非是真正意义上的住宅合作社。住宅合作社是以 20 世纪 80 年代开始的住房商品化改革为背景的，所提出的"住宅合作社"是在政府和单位的扶持下，坚持国家、单位和个人三者合理负担的原则，依靠职工的力量，采取互助的办法来解决城镇中低收入者住房问题的一种合作形式。中国的住宅合作社，在成立之时，因设置了一系列行政控制，没有体现自愿原则；在管理上，因为政府直接参与合作社事务的管理，没有体现自治的原则；在性质上，因为政策要求政府和单位直接资助住宅合作社，没有体现互助的性质。《城镇住宅合作社管理暂行办法》第九条规定在当地房地产行政主管部门指导下，可以兴办以下类型的住宅合作社：由当地人民政府的有关机构，组织本行政区域内城镇居民参加的社会型住宅合作社；由本系统或本单位组织所属职工参加的系统或单位的职工住宅合作社；当地人民政府房地产行政主管部门批准的其他类型的住宅合作社。

2. 诸多因素导致了住宅合作社的衰落

其一，地方政府的土地财政依赖。如上所述，我国的住宅合作社本身就是由政府导向为主的，尤其是以地方政府导向为主的。当房地产基本制度改革导致地方政府利益偏差时，会导致住宅合作社的衰落。2003 年出台了《国务院关于促进房地产市场持续健康发展的通知》(国发〔2003〕18号)，要求调整住房供应结构，逐步实现多数家庭购买或承租普通商品住房。在这一阶段，城镇住房供给体系的主体由经济适用房转变为普通商品住房。既然已经确定了商品化房的主体地位，那么商品住房的要素供给制度也需要发生改变。与之相适应，2004 年 8·31 大限规定了经营性土地出让必须以招拍挂为主要形式。土地招拍挂制度为地方政府的土地财政扫清了道路。地方政府从土地中获益越多，越是要把商品房作为主要的支柱产业，越是不重视经济适用房。自然而然，经济适用房被迫退居二线。当时住房合作社和单位自建房是经济适用房的一部分，当经济适用房都衰落时，住房合作社无疑也会衰落了。

其二，住房合作社难以塞入经济适用房框架。住房合作社应该是和经济适用房并行的两种住房品种，由于两者的责任主体、分配方式等有着较大的差异。我国1992年出台《城镇住房合作社管理暂行办法》规定了住房合作社的重要地位。但是1998年国发〔1998〕23号文规定了经济适用房的主体地位，把住房合作社纳入经济适用房的管理框架中，其后的文件也是延续这样的思路。23号文规定"在符合城市总体规划和坚持节约用地的前提下，可以继续发展集资建房和合作建房，多渠道加快经济适用住房建设"。国务院(国发〔2003〕18号)文件规定："集资、合作建房是经济适用住房建设的组成部分，其建设标准、参加对象和优惠政策，按照经济适用住房的有关规定执行"。但是住房合作社实质上难以完全被经济适用房所涵盖。因为住房合作社除了单位集资建房的形式之外，更主要的是社会性住房合作社。经济适用房可以包括单位集资建房的形式，这勉强可以说得过去，但是难以容纳社会型住房合作社。

其三，增量土地难以供给住房合作社。任何一种具备活力的住房生产的组织形式，必须获得增量土地。《城镇住房合作社管理暂行办法》规定，住宅合作社用地由土地管理部门及时划拨，也就是说从理论上住房合作社可以获得增量土地。但是在随后的重要文件中，无论是1998年国发〔1998〕23号，还是国务院办公厅(国办发〔2006〕37号)文件以及建住房〔2006〕196号，都规定只能利用存量土地。也就是说，诸多政策把增量土地的源头堵住了，只能导致住房合作社尤其是社会性住房合作社这种制度的消亡。

如图1所示，近十多年我国的住房制度发生了重大的变迁，1998年国发〔1998〕23号文确定经济适用房为主要住房供给渠道。2003年国发〔2003〕18号要求调整住房供应结构，逐步实现多数家庭购买或承租普通商品住房，由此产生了种种维护商品房的有关利益群体的制度设计。地方政府受益于商品房的土地带来的收益，对供给经济适用房土地积极性不高，

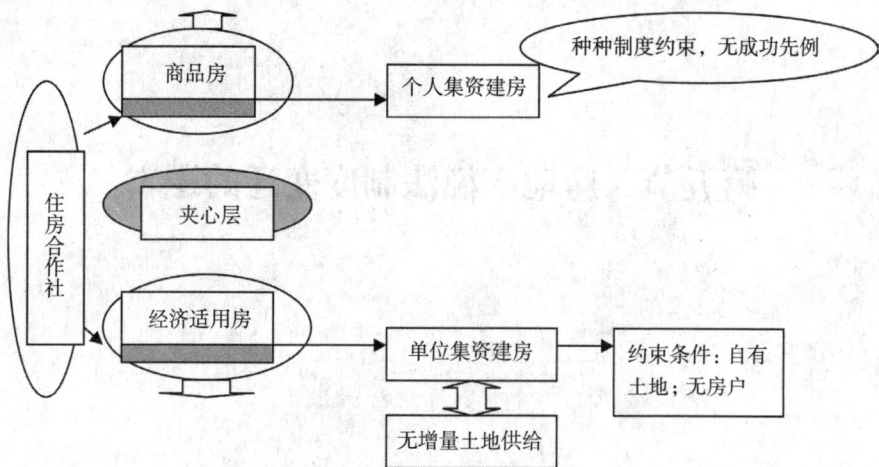

商品房

个人集资建房

种种制度约束，无成功先例

住房合作社

夹心层

经济适用房

单位集资建房

约束条件：自有土地；无房户

无增量土地供给

图1　我国的住房合作社与商品房、经济适用房的关系

造成了经济适用房的建设规模持续下滑；而银行系统受益于商品房的开发贷款以及按揭贷款，对经济适用房建设支持力度不够。商品房的房价趋向上升，而经济适用房规模趋向下降，由此造成巨大的夹心层。这种巨大的夹心层其实是没有合适的制度设计予以保障的（这也是住房合作社未来活动的空间）。

此外，住房的供给渠道发生了重大的转变，也深深影响到了住房合作社的发展。在1998年23号文中规定单位自建房为经济适用房的一种形式（仅仅是企业住房合作社），但是社会性住房合作社难以纳入经济适用房的范畴，因此，1998年23号文规定经济适用房为主导地位，其实是肢解了住房合作社，仅仅把单位自建房纳入管理范畴，而把社会性住房合作社给抛弃了（难以获得土地和资金）。2003年18号文规定，商品房为住房的主要供给渠道，其土地获得、建设程序、税费缴纳、开发贷款、按揭贷款等制度有异于经济适用房。在经济适用房框架中无法存身的社会性住房合作社希望走商品房的建设程序，由此产生了个人集资建房。但是，商品房的一系列制度设计都是围绕商品房进行的，因此，个人集资建房即使在理论上可行，但是在实践中受到各方面利益掣肘，至今仍无成功先例。

第五节　房地产税法制度变迁的逻辑

　　经过几十年的发展，中国的房地产税法体系已基本形成。尽管立法中存在着这样或那样的问题，中国的房地产税法体系已初具规模，并日益完善。法律本质上是界定人与人之间利益关系的规定，减少交易费用，并且在交易过程中使得当事人形成正确的预期。特别是税法，更集中反映了当事人的得失关系。改革开放以来，既定的利益格局已经打破，新的利益格局调整变化，并逐步定型，房地产税法如何反映利益的变化，国家意志如何体现在税法中，考查房地产税法制度的变迁，有利于把握房地产改革的脉络与走向。

　　制度变迁方式的选择，主要受制于一个社会的利益集团之间的权力结构和社会的偏好结构。制度变迁大致上可区分为需求诱致型与供给主导型方式，不论是房地产制度的改革，还是其他方面的改革，我国所选择的都是一种政府主导型制度变迁方式。在供给主导型制度变迁方式下，由于政府在政治力量的对比及资源配置权上处于优势地位，它的制度供给能力和意愿，支配着具体的制度安排。政府通过制度创新要实现的目标是双重的：一是经济目标，即通过降低交易费用，使社会总产出最大化；二是政治目标，通过形成产权结构的竞争与合作的基本规则，使权力中心及由其代表的利益集团的收益最大化，以赢得最大化的政治支持。在房地产领域里，其改革的经济目标显得格外突出，关于争取政治支持，在既有的政治秩序和意识形态约束下，政府行为具体表现为采取渐进的改革方式。渐进的特征有：一是增量改革，即着眼于在新增房屋上引入市场机制；二是试验推广，即每项房改方案先在一定范围内试验，然后再推广，以减少改革的实施成本和摩擦成本。下面就政府在经济利益和争取政治支持率的驱使下，如何安排各种税收制度做一分析。

一、房产税——对国家界定私有产权的报酬

改革之初，住房分配体制的典型特征，是国家包住房、低租金、实物行政分配。这种体制的弊端，在住房生产上表现为：租金太低（全国住房平均月租最低仅为 0.13 元 / 平方米），租不能养房，住房资金只有投入没有产出，连住房简单再生产也难以维持，全国城市住宅中 50% 失修失养，危房增多，且无力维修。总之，投资不能形成良性循环，财政负担日益沉重。

国家出于财政上的考虑，1980 年改革伊始，对城镇土地征收使用费已经列入了全国城市规划工作会议的议事日程，在实践中，深圳特区率先在全国开征土地使用费，规定土地使用年限，这种做法在全国起到了很好的示范效应，其他一些城镇纷纷仿而效之，极大地补足了日益枯竭的财政。就制度变迁而言，如果统治者的预期收益大于其强制推行制度变迁的预期成本，他将采取行动和措施消除制度不均衡。然而，《土地管理法》作为一个基本法，涉及土地的利用和保护、国家建设用地、乡镇建设用地等方面的利益关系。这种利益调整过程是艰难且又复杂的过程，因此，《土地管理法》在 1986 年才得以出台，随后又作了修改。

国家若要在房地产市场的开发、经营、交易活动中获得收益，首先必须确定产权，产权亦是新制度经济学分析的逻辑起点。产权其实是"谁人受益谁人受损"的权利[1]，产权制度从法律上规定了人与物的关系、权与利的关系，以及由此而产生的人与人之间的关系。新制度经济学认为，

---

[1] 巴泽尔.产权的经济分析 [M].上海：上海人民出版社，1997.

市场在资源配置中发挥有效作用的必要条件有三：其一，社会必须对产权给予完全明确的规定，使得人们对每项物品的权利，得到法律的约束和保障；其二，产权必须是可以实施和转让的。因为权利只有在实施中才能表现出它们的存在，其价值也只有在转让中才能确定并实现；其三，产权应当是分散和多元化的，以促进市场竞争并促使价格合理化。住宅商品由于自身的特性，更需要产权制度的保护，它具有空间的固定性、使用的持久性和价值的巨大性，所以，房产住宅买卖实际上是而且也只能是附属于其上的各种权利的买卖。同时，房地产市场的机会主义十分严重，信息不对称导致了不确定性，追求"确定性"就会产生成本。减少"不确定性"成本就是降低交易费用。人类所能做的努力，就是最大限度地降低"不确定性"，降低交易成本，建立有效的产权制度。因此，如果不对房地产各种权利，特别是私有产权，做出严密的界定，住宅买卖是不可想象的。动员非政府资源来进行住宅投资更是如此，如果没有一个能够保障投资者权益的住宅产权制度，人们对住宅投资也不可能有积极性，政府想从住宅投资中获得收益亦不可能。从整体上看，20 世纪 80 年代的前期和中期是建立和健全城市私房管理法律制度时期，规范城镇私有房屋的产权管理及建立、买卖和租赁行为，立法重点是加强私有房屋的权属管理，保护房屋所有人和使用人的合法权益。

巴泽尔认为，权利的确定、转让、保护、获取所需要的成本叫作"交易成本"，任何个人的任何一项权利的有效性都要依赖于：①这个人为保护该项权利的努力；②他人企图分享这项权利的努力；③任何"第三方"所做的保护这项权利的努力。国家作为第三方制定了关于交易活动的规则，规则通过界定和限制交易主体的选择集合减少交易活动的不确定性，从而降低交易成本，降低个人的努力程度，使来源于交易活动的潜在收益成为现实。作为通过有效的制度变迁，提高经济绩效的回报，中央政府理应通过有效的利益再分配实现自身的目的。简言之，税收既是政府提供服务的报酬，也是个人购买政府服务的价格。税赋的高低主要取决于政府提供服务的数量和质量。政府提供的"基本服务"是博弈的基本规则，其中主要是指定形成产权结构的竞争与合作的基本规则，以及对产权的保护。

私有产权的确认、界定和保护极大地刺激了个人建房的积极性，拓宽了融资渠道，个人从私人住房亦得到很大的效用。据统计，1975—1985年间，我国城镇住宅投资中的个人投资规模，由1979年的1.5亿元上升到1985年的25.50亿元；占同期住宅建设投资的比重，由2%上升到8.8%；个人自建住宅竣工面积，由250万平方米上升到2840万平方米，部分县城个人建房量，已达到城镇建房总量的60%以上。对私有产权界定的报酬，可以推导出房产税的必然性，这部分征收对象占人口的小部分，有能力建房，亦有能力支付税金，他们对私有产权所得远远大于所失的税金。因此，对税金的征收均有经济上的、心理上的承受能力。从这个意义上看，这项改革是近于帕累托最优的改革，国家、个人、单位均能从改革中得到好处，而且国家实现了经济目的。

房产税的另一征收对象，是公房经营管理单位。虽然公有住房出售的试点，也紧锣密鼓地在进行，公有住宅补贴出售，但职工经济承受能力有限，加之租售比不合理，出售住房难以全面展开。因此，住房绝大部分属于公有，旧的住房体制仍然存在，单位向上级部门索取住房资金，房产税的征收行为不过是钱从一个口袋转入到另一个口袋，也不能引起震动或者职工之间利益格局的改变。

二、土地使用税——国家实行土地有偿的尝试

在一个制度结构中，由于各个制度安排之间存在着某种"共生关系"，部分制度安排的变迁，就会影响到其他的制度安排。房产税开发以后，国家努力寻找新的潜在利润，通过制度变迁，将其变为现实利润。实际情况是，土地使用税随后开征，由于制度是一种"公共物品"，政府垄断了国家的"暴力潜能"，政府能够强制地实施制度变迁，各项制度安排必然体现出政府的意图，同时，也反映出一定的客观规律。随后开征土地使用税的理由有三：

其一，有关住房方面的税金已经征完，旧的利润已经圈入，发现新的利润并占有它是国家的本能反应。诺思制度变迁模型的基本假定是：制度变迁的诱致因素在于主体期望获取最大的潜在利润。所谓"潜在利润"就是"外部利润"。通常地讲，主体在 A 制度中是无法获得这种利润的，除非把 A 制度变为 B 制度。外部利润内在化的过程，实质上就是一个制度变迁和制度创新的过程。A 制度包括了房产税收体系，即各种各样的房产税收，在 1988 年前已经建立，如 1983 年的建筑税、1984 年的营业税、1985 年的城市建设税暂行条例；契税的历史更悠久，在 20 世纪 50 年代就已开设。A 制度中没有新的利润来源，因此，国家另设土地税收体系，以纳入新的利润，征收土地使用税是一个信号。

其二，参照国际经验，旨在合理而有效地利用土地的需要。对土地课税是随着私有财产的确立而发展起来的，它是历史上最为古老的一种税收制度。时至今日，对土地的占有、开发、使用和转让等活动课税构成的土地税收课征制度，仍是当今世界各国税收制度的重要内容。现行大多数国家和地区，对土地课税分别按土地用途或土地占有、使用等流转不同环节，设置了多个税种。如日本直接涉及土地课税的有不动产取得税、固定资产税、特别土地保有税、继承与赠与税、经营场地税和土地转让所得税等 8 个税种。各国政府企图以相当复杂的税制，实现对土地的特殊调控作用，即保护土地资源，调节土地使用结构和土地级差收益，强化土地法律管理，抑制土地投机，而当时我国土地征税几乎是个空白，土地浪费严重，而且无偿使用。从税收的角度规范土地使用的行为，也许也是土地使用税设计的出发点，是制度移植的典型范例。

其三，避免土地收益流失的需要。改革以来，房地产市场逐渐复苏、兴起，商品房交易日益活跃，以 1987 年为例，全国商品房竣工面积为3462 万平方米，实际销售 2697.75 万平方米，实现销售收入 110 亿元。由于房地产的不可分性，区位带来的土地级差地租，必然随着高涨的房产价格而流失到房地产开发商口袋里。房产买卖必然包括了土地收益，国家通过设计土地使用税，体现国家将尽力把这部分利润划归己有的尝试。

土地使用税征收是具有实效的。使用税暂行条例颁布执行以后，仅1989年、1990年，征收土地税就高达55亿元。

三、土地出让金、转让金——增量改革偏重于积累经验

很明显，土地使用税是对存量土地的改革，促使现有用地单位有效地利用土地，而土地出让金、转让金是对增量土地的改革。我国的体制改革往往是增量改革带动存量改革，如放松制度约束让乡镇企业发展起来，引入乡镇企业的经营机制到国有企业中，这样有利于降低摩擦成本，降低改革的风险。土地使用制度的改革是否违背这一规律呢？换句话说，土地使用税在土地出让金、转让金之前是否具有必然性呢？有必要考察一下土地出让金产生的过程。

1987年，土地出让金由深圳市首创，1988年在上海获得突破。上海以虹桥26号C地块向国际上批租，出让土地12900平方米，地价为2170美元/平方米，总地价1.04亿元，这引起了轰动。1988年底《土地管理法》进行了修改，明确了可以出让转让国有土地的使用权。对于国家，实现全面改革是需要花钱的。新利润的发现，为改革的顺利进行提供了物质基础，可以对利益受损者予以弥补；对于地方政府，地方财政日益匮乏，城市建设缺少资金，土地出让金创造了新的收入来源；对于用地单位，可以转让土地融通资金。中央政府在采用有偿利用土地模式中不得不谨慎地考虑其步骤策略，以免全国出现"卖地"的混乱现象。

以协议、指标、拍卖的形式出让国有土地，毕竟属于增量改革，其改革面较小。据统计，全国出让土地数量：1988年为389公顷，1989年为625公顷，1990年为948公顷，仅占全国现存土地的极小部分，出让的对象一般是跨国公司，港、台、澳企业，不会因高额出让金而危及现有用地单位的利益。与此同时，对出让、转让方式进行了探索，积累丰富的制度知识，为以后全部存量土地的有偿使用打下基础。国家允许土地出让、转让，其侧重点是通过实践而掌握新的游戏规则。

土地使用税属于存量改革，虽然征收面较宽，但征收额较小，大城市 $0.5 \sim 10$ 元/年·m^2；中等城市为 $0.4 \sim 8$ 元/年·m^2；小城市 $0.3 \sim 6$ 元/年·m^2，土地使用税打破了无偿使用国有土地的习惯，自然会引起用地单位的抵触情绪，但不会结成新的政治反对集团。依奥尔森的利益集团理论解释，对于原用地单位来说，新增加的损失均匀分布在整个国民经济中，按用地面积的大小，由各用地单位分别承担。我们不妨把他们看成一个个独立的利益集团，他们缺乏选择性刺激手段和组织基础，虽然有着共同的利益，但无法凝聚成强大的共同的利益集团，单个利益集团单独行动的成本极大。假如成功，增加的收益均匀分布在每个用地单位，譬如取消土地使用税，则大家普遍受益，那个努力的利益集团收入不抵成本，其他的利益集团搭了便车，假如失败，努力付之东流，完全没有收益。收益如此之小，成本如此之大，出于经济人的角度，土地使用税的承担者不能盲目采取抵制此税的行为。

国家的有偿利用土地模式改革是这样的：第一步，变土地使用无偿为有偿（国家有减负规定的除外），即在当前进行土地评估、登记发证的基础上，收取土地使用费（税），需要指出的是，此阶段收取的土地使用费税标准，并不是根据价值规律制定出来的，只能算是一种不足额的，甚至是象征性的收费；第二步，按商品经济规律收取足额的土地使用费（税），并根据用途规定最高使用年限，不能承受的可以提前出让土地，国家另行安排；第三步，使用期满，国家按期收回限期土地，这些土地不再是存量，而是属于增量范畴。那时，协议、指标、拍卖的完善制度已经建成，全部的土地转入有偿使用的轨道。

四、土地增值税——从投资管理体制到新的土地管理制度变迁中的应急性制度安排

土地增值税作为一种制度安排，该不该收，如何收？这是国际上颇有争议的问题，不少国家曾经实行过，但后来都放弃了，目前只有意大利和

我国台湾地区还在实施，不过台湾地区是按"公告地价"计算的，公告地价几年不调整，实际上还是收不上来。土地增值税本质上属于资本利得税。所谓资本利得，是指因买卖、房屋、股票等资本资产而发生的增值收益；它并非由任何资产、人力、技术等生产要素的投入而带来的生产经营收益，而是一种不能预期的意外所得或不劳利而获。换言之，因要素投入而发生的增值收益，并不属于土地增值税的课征范围。目前绝大多数国家并不单独开始开征土地增值税，对资本利得税也大都采取免税或税收优惠。按我国现行政策设计，土地增值税将改良增值和自然增值均作为课征对象，开发商的生产行为和置业者的长期投资行为，实际上成了课税重点，因为炒卖行为周期短，增值率低，土地增值税对其并不起威慑作用。这种税法有点仓促出台的嫌疑。

进入20世纪90年代，国有土地宏观管理失控，即国有土地使用权出让和转让等方面出现了严重宏观失控。国有土地使用权出让严重失控表现在：一是土地出让总量急剧膨胀；二是批出土地量与商品房屋施工能力比例失调，意味着大量土地资产流入"炒家"之手。究其原因：土地制度改革不配套，特别是对土地管理制度方面的改革严重滞后。例如，现行《土地管理法》及其有关法规条例中，没有明确界定国家土地资源和资产等方面"中央和地方"的权属关系。这就为地方完全自主地处理所辖区内的国家土地，以及各级土地管理部门在依法具体审批建设项目用地时，不以土地开发利用计划为依据进行审批提供方便。

国家根据既定的目标函数，在宪法秩序规定的框架内，形成新的整体蓝图，并据此制定出具体的操作规则。这是制度的意愿供给。由于新制度规则是通过各级政府部门和企业来贯彻执行和实施的，各级地方政府作为国家的代理机构，有着自身独立的目标，如地方财政收入最大化，扩大地方政府对资源的配置权力，保护在原有体制下的既得利益，即各级政府与权力中心目标函数的差异。一个重要的偏向是"曲解规则"，在"用足用好中央政策"的名义下，根据本地区、本部门的利益来解释中央政策。

各地方，特别是基层土地管理部门基本不吃"皇粮"，正路上没有事业费用可供支配，只得靠收取土地管理费来维持其"生存"，1992年财政部发文允许土地管理部门对出让金按不超过总额2%的比例提取"土地出让业务费"，这为土地管理部门提供了利益膨胀的机会，有些土地管理部门不顾中央政府合理利用土地的目标函数，盲目地出让土地，以致国有土地使用权转让出现了"放任自流"现象。"放任自流"表现在使用权的转让不是严格意义上的国有土地所有者与使用者之间的转让，而主要是大量的使用者与使用者之间的"直接转让"，即用地单位对其所有的国有土地使用权，可"自主决定"包括地块位置、面积和转让对象等重要内容在内的转让。

其实，这也是制度变迁迟于经济变迁导致的后果。过去，我国绝大部分城市土地均按行政手段划拨给用地单位，许多城市既有土地使用权分别掌握在各个实际用地单位的手中。由于投资主体的单一性，对用地单位的项目建设管理，主要是以控制项目投资"源头"的管理来操作，并有一整套严格的宏观管理措施和传统基本建设投资管理体制来保障，而对于具体的国有土地使用变更行为的管理，则是视土地为建设项目载体的符合城市规划为前提附属于投资管理体制。当时土地资产属性暴露得并不充分，土地管理主要是资源性保护的管理层次。

投资主体多元化进程不断发展，而现行投资管理渠道的资金有限，相对来说，为获取项目投资对现行投资管理渠道进行努力的成功性、限制性因素较多，这就引导人们把从管理渠道内追逐建设项目投资的努力转向现行投资管理渠道以外，又由于现行体制对过去划拨来的土地，从国家财产转化为单位资产行为的宏观管理，严重滞后于改革开放的新发展，即对既有土地使用权的"转让"管理，充其量也不过是"补交出让金或收益金"，同时，对"补交"与否缺乏强有力的管理手段。为了单位利益或收益增加，走"转让"既有土地之道，是换取投资最简捷易行的办法。本出于土地换投资的考虑，后因地价上升过高过快，而转化为炒家之间的操作。

一项重要的制度，如新的土地管理制度，涉及方方面面的利益关系，这种利益调整过程是艰难且复杂的过程。各个利益主体之间的利益摩擦及其矛盾，必然形成对新的方案旷日持久的讨价还价。制度植根于本民族文化土壤，不可能直接移植，故适宜中国国情的土地管理制度，需要不断的理论探索。这一切需要时间，而迅速消灭土地投机是刻不容缓的任务。中央政策采用了征收土地增值税的形式。现在的组织资源及征税方法可以迅速调节经济，且不需要多大的边际成本，这使土地增值税受到青睐。

第六节　制度变迁的政治经济根源分析

　　自从房地产改革推行全面市场化以来，我国出现种种与国外不同的异常现象。譬如小产权房风起云涌，地方政府基本持打压态度；暴力拆迁屡禁不止，大有愈演愈烈的趋势；个人合作建房也处于被政府禁止的行列；土地市场的双轨制等。我们将其称之为房地产市场的异象，但是这种异象绝非房地产制度自身造成的，而是外在环境造成的结果。美国著名经济学家熊彼特认为，经济现象的解释要延伸到非经济的领域才有解释力，否则有可能陷入循环论证的困境。房地产种种异象与中央政府和地方政府效用函数背离是分不开的，而作为房地产政策执行者的地方政府往往相机选择房地产政策或者扭曲房地产政策的原旨，因此，分析房地产与地方政府的政治经济利益无疑成了问题的关键。

一、房地产经济体制存在的制度环境

　　不同的制度具有不同的重要性，美国新制度经济学家诺斯将其分为制度环境和制度安排。决定房地产经济体制的取向的仅仅是为数极少的几项制度。这几项基础性制度分别是以 GDP 为主要标准的干部考核制度和中国特色的财政分权制度。这两项基础性制度构成房地产经济体制的外在制度环境。在这种制度环境下，中央政府出台的关于房地产各种制度安排被地方政府或执行，或曲解，或扬弃，犹如宇宙黑洞使周围的时空扭曲变异一样。在林林总总的政治经济制度中，为什么我们要把这两项制度定位为房地产异象的总根源呢？

中国特色的财政分权导致基层政府财权日益匮乏。十一届三中全会以后，我国开始了从高度集中统一的财政经济体制向市场化取向的经济体制改革，以分权为核心的财政体制转型也随之启动，从财政包干体制到分税制，逐步建立了分税分级的财政管理体制。与西方财政分权体制相比，植根于我国政治、经济、社会和文化制度基础之上的财政分权体制至少有以下两个鲜明的特征：首先，政府间财政关系的不稳定性。西方国家以宪法和其他法律形式明确政府间财政关系，明确划分各级政府的支出责任和收入来源。我国中央和地方各级政府之间责任的划分尚没有从法律上予以确定。政府之间的财政关系的调整基本上都是根据中央的"决定"和"通知"等向下传达，缺乏必要的法律规范，因此，我国政府间财政关系具有相当的不稳定性。其次，财权和事权不对等且有恶化的趋势。财政分权成为了世界上大多数国家财政体制改革的普遍趋势，分权的模式多种多样。但鲜明特征是财权和事权上是基本上对等的。而我国中央政府和地方政府分享收入的比例往往是靠讨价还价能力决定的。由于上级部门在谈判过程中占有比较优势，因此，地方收入占比呈下降趋势。地方收入占财政总收入的比重由 1993 年的 78% 下降到 2000 年的 47.8%，继续下降到 2008 年的 46.7%。但是财权上收并没有相应减少事权，地方财政支出占总支出的比重由 1993 年到 2000 年一直维持在 70% 左右，但到 2008 年上升到 78.7%[1]。作为财权日益匮乏的地方政府从哪里才能寻找到新的财源呢？

我国以 GDP 考核为主要标准的干部晋升制度进一步刺激了官员追求短期政绩扩大新财源的动力。在中国式财政分权体制下，中央为了调动地方财政经济发展的积极性，便将地方的经济决策权下放给了地方政府，中央定期或不定期对各地的经济增长绩效进行考核，并依据 GDP 和财政收

---

[1] 中华人民共和国国家统计局.中国统计年鉴 2008[M].北京：中国统计出版社，2009.

入增量按比例进行奖惩，财政经济增速越快、增量越大，通过增量分成获得的财力就越多。追逐经济利益的动机为地方财政经济的快速增长提供了强大激励，形成了 GDP 增长的经济激励机制。另外，中央政府将地方官员的政治升迁与当地经济增长绩效挂钩，根据经济增长绩效提拔官员，并且在绩效考核时采用相对于邻近省份和前任官员的绩效评估方式，以加大激励效果。当前的干部晋升制度是短期制度，这种晋升制度有两个特点：①根据参加竞争的官员之间优者取胜的相对标准而不是一个绝对的考核标准来提拔官员；②官员的早期表现对成功非常重要，一旦成功就可以给上级发出强烈的信号，从而有助于官员进入晋升快车道。更重要的是，这种淘汰制还对年龄进行了限制，即某一类干部只能在某一年龄以下进行提拔。在淘汰制加年龄限制的晋升制度下，官员也只能关注短期的政绩。此外，近年来随着干部流动速度加快，进一步加剧了官员追求短期政绩的行为倾向。

二、土地储备制度的率先异化

如何才能在短期内做出资源密集型的政绩呢？分税制使得县市级政府的财力非常紧张，要做出政绩是非常富有挑战性的。一个官员要在如此短的时间里做出引人注目的成绩，就必须有能力动员足够的资源，突破已有的预算约束。地方官员为了提升，或者向掌握资金分配权的部委进行寻租或者向银行负债。寻租或负债都具有较大风险性和不确定因素，同时也受到较多的政治制度和金融制度约束。因此，只能寻找其他的收入来源，这时土地储备制度的引进无疑成为救命稻草。土地储备制度是从国外引入的，国外的土地储备制度的一个重要目标，就是抑制土地投机和平抑土地价格。因此，不管是以出租方式还是出售方式供应储备土地，一般都不采用招标、拍卖方式，主要是在严格的成本测算后采取协议方式出让。依据出让对象的不同，出让价格的确定也有所差别，可能微利、可能持平、也可能由政府进行补贴。但是引入我国后，就发生了目的和手段的双重变异：其一是目的的变异。国外的土地储备制度是为了平抑房价，我国土地储备制度成了地方政府获取收入的重要手段，这一点已经被中央政府默认。目前，很多城市将土地储备的功能定位在了增加财政收益上，即通过城市土地经营，促进城市土地收益的最大化。这种功能定位偏离了土地储备制度实施的根本目标。其他功能，如为城市居民提供可负担的住房、提高城市居民的生活质量等功能被忽略了。特别是地方政府更倾向于通过饥饿供地的方式获取更多的土地收入，使得财政收入和土地收入的依存度大为增加。其二是手段的变异。国外的土地出让方式一般是协议方式，而我国土地储备制度却是清一色的土地招拍挂制度，准确地说均为拍挂形式，招标的形式也较为少见。就连开始采用国际通行的协议方式的地区也基于地方竞争的原因转变为土地拍挂。譬如上海开始采取协议方式，主要根据开发商的资信、资质、业绩等条件选择合适的受让者。2002 年上海市扩大招标拍卖的范围，规定居住和非居住商品房建设用地都实行招标拍卖。土地储备制度的功利性大为增强，主要原因是地方政府极有积极性实施这项制度。因此，自 1996 年上海建立了我国第一家土地收购储备机构后，杭州、武汉、南通等城市纷纷成立了土地储备机构，到 2003 年底全国已建立各级土地储备中心 1700 多个[1]。

高拍的地价能为地方政府带来更高的税收收入。分税制改革后，地方政府的财政收入主要包括预算内收入和预算外收入两部分。不论是预算内收入，还是预算外收入，都与房地产业的发展息息相关。其一，预算内收入主要是指地方税收，由地方政府从各种费、税收取得收入。分税制改革以后，将与房地产业相关的房产税和土地税归入地方税种，这又包含着三类：一是与土地直接有关的税收，包括城镇土地使用税、土地增值税（这两种由地税系统征收）、耕地占用税、契税（这两种由财政系统征收）。二是与土地征用以及房地产业有关的税费，可以称之为土地间接税收，这些

---

[1]　陈士银，周飞.中国城市土地储备制度：绩效、困境及其完善 [J]. 城市问题，2007（2）.

税收来自于建筑业和房地产业。三是部门收费项目，包括耕地开垦费、新增城镇建设用地有偿使用费等（土地主管部门征收）。分税制后建筑业税和房地产税占地方政府预算内收入的比例一直上升。其二，预算外收入包括了行政事业收费、政府性基金和土地出让金三部分。近年来，随着中央政府收费的管理越来越规范，行政事业性收费在预算外收入中的重要性大大减低。相比之下，土地出让金收入变得越来越重要，土地出让金的分享比例经过数次博弈，以全部归地方政府支配而告终，地方政府追逐土地利益的动力更强了。此外，预算内各种与房地产相关税种的计税基础均与地价房价有着紧密的联系，地价是房价的基础，地价的上涨必然导致房价的上涨，而较高的房价又会带来巨额的税收收入，构成政府的财政收入。因此，地方政府为了获得更大的财政收入，就有源源不断的动力提高开发商取得土地的成本，也就是不断抬高地价，土地储备制度的功利性得到进一步强化和固化。

显然，土地储备制度变异成更具有功利性是与以 GDP 为主要标准的干部考核制度和中国特色的财政分权制度具有天生的吻合性的。GDP 考核制度和中国特色的财政分权制度等制度本身是仅仅具有中性的制度，但是它们和土地储备制度纠合在一起，就容易使土地储备制度发生变异，如同化学反应生成了有害物质。如果该国的财权和事权是统一的，这无疑遏制了土地储备制度异化的可能性，但是我国偏偏财政分权制度尚未改革到位，地方政府在短期政绩观的引诱下难免会造成土地储备制度异化。美国新制度经济学家诺斯认为，基础性制度是决定政治、经济的一系列基础性结构的制度集合。分税制是一项重要财税制度，是我国当前财税制度的特征，而 GDP 考核制度是一项政治制度，也是我国官员升迁的标准。这两项基本的政治制度、财税制度的融合促成了房地产种种异象。

三、房地产各项制度安排的异化

在 GDP 为主要标准的干部晋升制度和中国特色的财政分权制度这两

项基本型制度构建的制度环境下，中央出台的种种房地产制度或房地产宏观调控总是被地方政府选择性执行或者曲解执行，难以达到既定的调控目的。我国房地产市场也出现种种异于国外的房地产异象：

首先是土地出让的双轨制。功利性的土地储备制度通过招拍挂获得了源源不断的资金收入，但是这种巨额收入是仅仅通过住宅用地的招拍挂形式进行的，而工业用地的价格仍然在低位徘徊。地方政府 GDP 考核方式决定了工业用地和住宅用地的双轨制。地方政府通过协议低价方式出让工业用地以及通过招拍挂高价出售住宅用地其实是长期利益和短期利益的比较。地方政府招商引资，必须把土地作为筹码，只有通过招商引资，地方政府才能提高该地的国民生产总值以及改善当地就业，并且以此收取税收。从收益角度来看，只要累年收取的有关招商引资的企业的总税收收入超过住宅用地的一次性拍卖价格，地方政府就有源源不断的动力压低工业用地的价格。即使国土资源部出台了《全国工业用地出让最低价标准》，也难以遏制地方政府低价出售工业用地的冲动。而住宅用地的需求者多为当地居民，即其住房需求具有刚性，不得不购买该地住宅。而厂商对工业用地的需求往往具有弹性，如果该地区的工业用地价格相对较高，厂商必然另谋他就。地方政府之间的竞争必然迫使相互不断压低工业用地的价格，甚至以零地价低于成本出让工业用地。工业用地的低价和住宅用地的高价其实是地方政府利用价格歧视的手段甄别不同的用地需求者以获得土地最大收益。在这个意义上说，这种制度环境是土地双轨制产生的根本原因。

其次是对小产权房的抑制。小产权房是在集体土地上建设的住房卖给城市居民，它在一定程度提供了另一条住房供给的渠道。以 GDP 为主要标准的干部考核制度和中国特色的财政分权制度也决定了地方政府必然对小产权房进行打击。首先，小产权房动摇了地方政府土地垄断供给的地位。地方政府为了保持土地财政和有关税收的来源，必然对垄断地位的因素予以打击。小产权房在一定程度上打破了开发商的垄断，吸纳了部分住房需求，降低了商品房的价格。此外，小产权房的出现其实是隐形的土地供给的一种方式，这对于意欲抬高住宅用地价格的地方政府来说无疑是潜在的威胁。其次，地方政府难以分享小产权房的价格收益。小产权房的收益其实是归农民所有的，地方政府难以分享经济上的好处，因此，难免排斥小产权房。

再次是暴力拆迁屡见不鲜。地方政府为了获得了土地最大的收益，必须尽量降低土地征收的成本，以获得土地出让的价差。低价的征地制度是计划经济的遗留，是因为计划经济体制要进行重工业建设，必须降低要素的成本，必须牺牲农民和农村的利益，因此，低价征收农村集体用地成了必然的制度安排。在市场经济体制下，低价的征地制度虽然失去了存在的基础，但是却被遗存下来，其原因在于地方政府利用价差获得了经济增长的工具。只要存在着以 GDP 为主要标准的干部晋升制度和中国特色的财政分权制度，低价的征地制度和野蛮的拆迁制度就在所难免。即使国家出台更严厉的房屋拆迁管理条例，地方政府仍然难遏暴力拆迁的动机。

还如，"九零七零"政策之所以难以执行下去的原因在于与两项基础性核心制度相冲突。户型大的商品房卖钱多，地方政府能获得更多的土地出让收入，开发商也愿意开发户型大的住宅，"九零七零"政策难免受到地方政府和开发商的共同抵制。住房保障制度难以贯彻也是这个原因，住房保障需要地方政府牺牲两项成本，一是失去高价拍地的机会成本，一是直接付出的成本。纵然国家把保障性住房建设列为地方政绩考核的指标，由于它与这两项核心制度相冲突，因此，难以贯彻下去。

四、房地产制度变迁的路径依赖

诺斯认为，制度的变迁具有路径依赖的特征，无意中选择一项制度往往引起连锁性反应，可能导致制度最终的锁定状态。诺斯的这种观点无疑具有一定的悲观色彩。我们发现，GDP 的考评制度自从改革开放以来就实施着，分税制也是于 20 世纪 90 年代初开始实施。但是国有企业

"三年脱困"启动了土地储备制度的引进。一旦 GDP 的考评制度、分税制和土地储备制度相结合，就使土地储备制度发生了变异。中央和地方在土地出让金的分享比例上数番博弈，直至地方政府完全拥有土地出让金，反映了地方政府在分税制的约束下和 GDP 考评制度的激励下争取土地收入的努力。地方政府完全拥有土地出让金也意味着土地储备制度的目的和手段发生了彻底的变异。GDP 的考评制度以及分税制形成了紧密的制度核心，土地储备制度成为次核心地位，外围的制度都是根据这个制度核心进行取舍。"九零七零"政策难以落实、住房保障计划也难以落实、土地出让的双轨制以及由拆迁引发的集体性事件层出不穷，都是这个坚硬的制度核心所导致的外围制度的变异以及出现房地产种种异象的制度根源。

由于选择某项制度，必然围绕此项制度产生特殊利益集团，围绕这坚硬的制度核心首先是地方政府为首的初级行动团体，他们有选择性进行制度建设或者以消极的形式抵制中央政府颁布某项制度，使中央的制度难以落实。其次是次生行动团体，那就是在房价高涨中获得巨额利润的房地产开发商以及炒房者，他们利用雄厚的资金来游说出台对己有利的政策。初级行动团体和次生行动团体是具有相当吻合的利益取向。譬如房价高涨时，地方政府不仅可以从高拍的地价中获得财政收入来源，而且更重要的是房价增长的部分可以直接构成 GDP，地方政府官员可以得到升迁，房地产开发商可以从中渔利。因此，在房地产陷入低潮时，地方政府总是先于中央政府救市。

这种路径依赖的恶果无疑是非常可怕的。以 GDP 为主要标准的干部晋升制度和中国特色的财政分权制度（分税制）无疑加大了地方政府短视的行为。中央政府出台的有关房地产调控的政策屡屡落空，地方政府不再成为了房地产宏观调控政策的执行者，而是相机执行或曲解房地产宏观政策，成为中央宏观调控的对象。连年攀升的房价累积着民众的不满情绪，长此以往难免导致严重的政治经济危机，这种趋势值得有关决策层的高度警惕！

五、小结

当前房地产种种异象，并非是房地产体制本身造成的，而是外在的制度环境造成的，特别是 GDP 的干部考评体系、中国特色的财政分权制造成的后果。要使房地产市场健康发展，必须改变这两项基本性制度。不再以 GDP 为唯一标准考核干部晋升，建立地方官员的经济、社会、民生的综合政绩考评体系。并设立主体税种，加快物业税的开征，让地方政府事权和财权统一，弱化土地储备地方制度变异的动力。否则，单靠中央政府出台强制性的政策推进外围制度变迁，是难以取得良好效果的，连年的房地产宏观调控难以达到预期的目的也从侧面证明了这一点。此外，中央政府在出台政策时，必须考虑和地方政府的激励相容性，要充分考虑地方政府存在的困难，提高保障性住房的中央财政支出，并要调动地方政府进行制度创新的积极性。

第七节 政治经济视野下的房地产目标多重性

房地产价格在近年来年年攀升，房价收入比已经远远超过西方发达国家，给人民生活带来沉重的负担。究其原因，房地产行业承受了太多负担，导致房地产发展诸多不正常的现象。房地产与国民经济有千丝万缕的联系，不应该就房地产研究房地产，而是应该把房地产放到宏观经济运行的背景下，才有可能得到新的启示。很多有中国特色的房地产现象并非是房地产行业自己生发出来的，而是外部环境压力造成的结果，与我国房地产行业目标多重性有着直接的关系。

一、国外房地产行业目标独立性

虽然各国的住房政策目标不尽相同，但也能反映出房地产宏观调控政策独立性的特点：如奥地利、芬兰、葡萄牙等比较强调公民的居住权和政府提供住房的社会职责；住房自有率较低的国家如德国、比利时明确提出要提高住房自有率，提供充足的社会住房；法国住房自有率不算高，因此，在政策目标中强调鼓励住房自有，同时鼓励私人住房出租和社会租房供应；而西班牙则是住房自有率偏高，住房出租率偏低，因此，直接把提高住房出租率作为政策目标，反映了政策目标定位的现实性；丹麦的住房目标是多层次供应住房，确保人人都能得到良好的住房（谢伏瞻，2008）；日本在《住宅建设规划法》中制定了居住水平目标及包括民间建设住宅在内的 5 年内应建成的住宅建造户数目标，特别是对面向低收入家庭的公营住宅、公团住宅及公库贷款住宅等"公共资金住宅"，分别规定了各建造业务数量。

简而言之，西方国家为了解决住房问题，把如何提高居住水平和居住质量、如何实现住房市场的公平放在首位，其制度建设也是围绕这一目标进行。然而，反观我国房地产宏观调控目标，并不具有独立性，而是依附于国民经济整体需要。不仅要主动实现国民经济多重目标，而且还被迫承担其他社会政治改革和城市化进程造成的不合理负担。目标多重性也意味着目标之间的矛盾，顾此必然失彼，房价在近年来来越调越高成了必然现象。

二、我国房地产行业目标的多重性

在我国从计划经济向市场经济转轨时期，作为国民经济整体布局的一个重要组成部分房地产业应该服从国家整体经济的需要。无论在短期的宏观调控中还在市场化改革进程中，房地产行业都发挥着诸多重要的作用。值得注意的是，这多重目标并不是房地产行业自身主动追求的，而是中央政府和地方政府有意无意强加于头上的。

目标之一是拉动经济。众所周知，房地产行业对国民经济的拉动效应比较大，不仅带动钢材、家具、家电等行业，还带动就业。因此，每一次国民经济疲软的时候，房地产行业总是充当马前卒的身份，并由此推进房地产行业自身的改革。1998 年遭遇亚洲金融危机，为了扩内需保增长，房地产行业进行市场化改革，我国房地产体制由传统的住房福利制度转为住房货币化分配，并影响了住房保障发展方向。譬如经济适用房原定的"租售结合"改为"只售不租"。2008 年下半年，我国受美国金融危机影响，外贸出口大幅度下降，保增长成了首要任务。国务院办公厅发布了《关于促进房地产市场健康发展的若干意见》，加大了保障性住房建设力度，加大对自住型和改善型住房消费的信贷支持力度，对住房转让环节营业税暂定一年实行减免政策等。房地产拉动经济的重要性也日益受到中央的重视。2003年18号文件首次提出房地产业已经成为国民经济的"支柱行业"，2008年"国十条"又将房地产行业定位为国民经济"重要支柱行业"。但是，与国外房地产行业发展的历史轨迹相比，我国房地产业的重要性似乎被摆在一个并不十分恰当的位置，房地产业对国民经济的拉动效应尚待商榷：第一，房地产已经承担了过重的经济拉动责任。房地产投资占GDP比重，反映了总体国民经济中房地产投资所占的位置，也反映了房地产业在拉动经济的重大作用。相比较而言，美国、日本以及我国房地产投资GDP占比的平均值分别为4.19%、5.77%、6.43%，房地产投资GDP占比的最高值分别为6.98%、8.69%、10.13%[1]。显然我国房地产业已经承担了过重的经济拉动责任，如果进一步刺激房地产业，这种经济拉动效应可能难以持续了。第二，投资型需求拉动经济效应有限。投资型投资往往仅仅在流通领域重复流通实现名义上的增值，由于没有进入消费领域，难以带动家电、家具等相关领域的消费。第三，房地产的技术特征决定了其并不具有其他支柱行业的带动效应。支柱产业的一个重要特征是其技术可以外溢到其他产业，带动其他产业发展。如大飞机业以及重型机床业技术一旦突破，可以转化为民用，产生对其他产业的巨大波及效应，而房地产业的建造技术、规划技术等仅仅在业内应用，难以通过技术外溢带动其他产业发展。第四，挤出效应并没有重点考虑。购房者在购买住房以后，往往会缩小其他方面的消费，我们常常看到所谓房奴减衣缩食供楼的现象也就是缩减其他消费的表现形式。在各项房地产宏观调控政策中，往往强调的是房地产对建材家具家电等的拉动效应，而对其他消费的挤出效应却被有意无意漠视了，但是这种效应对国民经济的影响却是长久的、深远的。第五，国民生产总值的统计方式存在误差。房价上涨，其上涨的部分也被计算在国民生产增加值部分，这种虚增的国民生产总值部分并不是实际国民生产总值实际增长，但是却被计算在内，这也造成地方政府热衷于抬高房价地价的现象。

---

[1] 徐建炜，徐奇渊. 房价上涨背后的人口结构因素 [J]. 世界经济，2012（1）.

目标之二是提供住房保障。从一些市场经济国家住房政策的实践来看，住房保障定位为政府的重要职能。西方政府的住房保障有两层含义：其一保障性住房的资金主渠道通常是以财政资金的形式提供；其二政府主导着保障性住房的分配。以廉租房为例，一些做得比较成功的国家或地区筹集廉租房建设资金的渠道主要有四个资金来源：政府拨款、低息贷款、发行专项债券和公房出租收益，其中政府拨款和政府担保或贴息的低息贷款，是最主要的资金来源。例如，日本成立住宅金融公库资助地方公共团体建设面对低收入家庭的低租金公共住宅。英国政府扶持非营利组织兴建的普通住宅和对低收入者的租金补贴，近 30 年来每年一直保持在占 GDP 的 2% 以上，占政府公共支出的 5% 左右。住房保障本来是应该由政府通过公共财政提供，其程序应该是由政府审核公平公正地把公共住房分配给住房困难的群体。但是我国现阶段的住房保障重任其实很大部分是由房地产行业承担的。如 2009 年中央政府廉租房拨款仅为 493 亿元，不到 GDP 的 0.2%，经济适用住房拨款更少。住房保障通常利用开发商配建的方式，这种配建的方式实质是把住房保障的职能强加给部分购买商品房的购房者头上。住房保障应该是由全社会承担，通过国家财政转移支付的形式承担，而今全落到了购房者的头上，这对于购房者来说是非常不公平的。此外，保障性住房分配也往往由开发商主导。审批保障性住房的政府人员配备不齐，政府偏向于把保障性住房的分配责任移交给开发商，因此，保障性住房往往不能落到真正需要住房的人手中而且容易出现经济适用房超面积的现象。

目标之三是提供第四财政需要。我国分税制导致的"财权上移、事权下移"的现象，导致地方政府被迫从其他渠道获得财政收入。房地产行业为地方政府提供了两种主要的收入渠道。首先是土地出让金。地方政府获得的土地出让金有很大比例是作为当年的地方财政收入并安排作财政支出的，这样，实际上也即成了"第四财政"。所谓第一财政指预算内收入，第二财政指预算外收入，第三财政指制度外收入，而土地出让金成为"第四财政"了。这笔"第四财政"在地方可支配财政收入的比重高达 40%～60%，有些地方甚至超过第二、第三财政之和。一旦房价下跌、土地流拍，地方政府的财政就岌岌可危。其次是房地产税费。房地产大部分税费属于地方税种，譬如契税、营业税等，房地产开发经营涉及12项税种。房地产税费对地方财政收入贡献的特点有二：一是对税收增量贡献大。"十五"期间，我国房地产业税收完成 5190.98 亿元，年均增长41.4%，增幅在各行业中居于首位。一是对地方税收绝对贡献较大。房地产和建筑业税收在地方税收入中的比例也已达到 30%～40%。

目标之四是承担部分改革成本。作为宏观经济的微观主体企业改革是需要成本的，而这一部分资金一般并不是由国家财政支持的，而是企业自身拥有的资产和不动产在不同阶段支持着改革，并在不同阶段以不同方式表现出来。首先，盘活土地资产以改善企业经营状况。在增量土地实施土地出让制成功以后，作为拥有存量土地的企业也希望通过土地经营来获得土地资产收益，必须要由划拨制向出让制转轨。减轻企业一次性缴纳土地出让金负担的方式有三：允许企业先行进行土地使用权转让等经营性活动，再由其以此收益支付土地出让金；租赁制和年租制分期缴纳土地出让金；通过土地使用权作价出资或入股转入出让制。其实这些方式都减轻了企业缴纳土地出让金的负担，增加企业土地资产收益，从而为改善企业经营状况奠定良好的基础。其次，变卖房地产以支持企业改制。在 2000 年以后企业改制过程中，企业的固定资产，如集体宿舍、职工住宅等变卖给企业职工，所得资金用于企业离退休职工的养老金、退休金等已经成为一种普遍的模式。也就是说，在不同的阶段，房地产业以不同的形式承担了部分企业改革的成本。

三、我国房地产行业承受的额外负担

房地产行业多重目标是各级政府强加上去的，多重目标也是一种负担。但是房地产行业承受的额外负担则是指宏观层面改革不合理或者社会政治经济变化引起房地产行业出现种种异常的一系列连锁反应。

承担财税体制改革的后果。1994 年实行的"分税制"导致"财权上移，事权下移"。增值税的 75% 及所得税的一半上划后，地方收入占财政总收入的比重由 1993 年的 78% 下降到 2008 年的 46.7%。但是财权上收并没有相应减少事权，地方财政支出占总支出的比重由 1993 年的 71.7% 提高到 2008 年的 78.7%。地方财政为了发展经济，只能依赖土地出让收入以及发展房地产业和建筑业等营业税和所得税。一方面为了引进外资，把工业用地的价格降得极为低廉，另一方面把商住用地都是通过招拍挂的形式以最高价卖出。这种供地的双轨制其实就是把财税体制不合理改革的负担强加于房地产行业之上。财税体制改革的后果还有一个衍生的后果，就是地方政府没有积极性进行住房保障建设。廉租房由于还有财政补贴，譬如 2009 年廉租房中央补贴是 493 亿元，地方政府尚有一定的积极性从事廉租房建设。但是经济适用房几乎都是由地方政府出资，地方政府在修建经济适用房时，要遭受两块损失，其一是间接成本，也就是机会成本。经济适用房用地是划拨的，与土地招拍挂价格相差甚远，修建经济适用房至少要损失这一块。税费减半也是一种机会成本。其二是管理成本。地方政府组织建设经济适用房，必须付出大量的辛苦劳动，包括审查资格、组织修建等。从这个角度看，即使把经济适用房纳入政绩中，地方政府修建经济适用房的动力仍然不足。为了激励地方政府开展经济适用房建设，必须改革"分税制"并对中央和地方在经济适用房建设上的责任进行重新的定位。

承受收入分配差距加大的后果。我国的贫富分化的差距越来越大，国家统计局计算出的基尼系数为 4，中国社科院经济所计算出来的基尼系数为 4.5，不管数据来源如何，都说明我国的贫富分化的差距已经达到了国际警戒线。但是与之对比的是，我国缺乏调节收入分配差距的手段，譬如我国尚没有开征如财产税、遗产税等税种。而西方发达国家这些税种已经很完善。缺位的国民收入再分配手段为收入分配差距扩大转化为居住水平差距的扩大提供了可能条件，缺位的住房保有税如物业税则为收入分配差距扩大转化为居住水平差距的扩大提供了实现条件。西方发达国家防止收入分配差距转化为居住水平差距有两道闸门，首先是国民收入初次分配调节，利用税收工具进行收入调节，其次是住房保有税收的征收，对住房超标进行超额累进的征税，进一步调节住房不公平的现象。两道闸门缓解了上游洪水的速度，以致收入分配上的不公不会完全转化为住房水平的不公。而我国却缺少这两道闸门，蕴含着房地产业大起大落的巨大风险。特别是资金充裕的富裕阶层为了减少资产贬值将大量资金转化为房产，在通货膨胀的助澜之下，上游的洪水非但没有减速，反而一泻千里冲向下游，造成了住房严重不公的现象。

承受城镇化的重任。我国正在处于急剧的城镇化过程，大量农村和小城镇人口涌入大中城市，1998年我国的城镇化率为33.35%，而2007年已经达到了44.94%，10年间增加了近12个百分点。每年大量的大学毕业生留在城市中，而后其亲属也尾随入城，房地产行业必须为这些新市民提供住所。但是房地产行业还无法完成这个任务，也就反映在供求失衡、高昂的房价上面。市场机制无法提供廉价的商品住宅，社会保障性住房也并没有把这部分人群覆盖，因此，出现众多的群租现象，城中村和小产权房也屡屡不绝，这也就说明了人们突破法律的界限自动地寻找实现自身利益最大化的方式。城中村的廉租屋和"非法"的小产权房现象，是市场机制应运而生的产物，是除了政府供给、合法市场供给之外的第三种供给力量，也是房地产业不堪城市化负担的表现。

承受保护耕地的重任。鉴于我国耕地存量的严峻形势，我国将坚持严格的耕地保护制度，严格控制农用地转非农用地，严格执行土地利用总体规划，这将使得住宅建设用地的供给量受到严格控制。同时，随着《物权法》的出台，居民法律意识的增强，拆迁难度不断增加，也使得供地速度受到了较大的限制。

四、小结及政策建议

如果我们把小产权房、城中村的廉租屋、保障性住房供应量少、房地产价格连年攀升、房地产投资投机成风、地方政府先于中央政府救市等房地产行业众多现象联系在一起放在同一宏观分析框架中，我们就会发现这些现象其实具有内在一致性。当前的财税体制、缺乏调节的收入分配差距、中央地方在住房保障上责任不清以及不完善的房地产体制等是诸多房地产异象的总源头。只要这些宏观层面的大制度环境尚未变化，仅仅在房地产行业内部进行所谓短期的房地产宏观调控就难以取得满意的效果。我们还要认识到，不同的目标会产生摩擦现象。不同的目标是由不同级别的政府赋予的，不同的政府主体赋予房地产行业不同的目标，这些目标之间必然会产生打架的现象。即使同一政府主体，在不同阶段采取不同的房地产宏观调控目标，也会深深影响房地产自身调整。譬如美国金融危机造成我国国民生产总值下滑后，若干年来稳定房价的房地产宏观调控被拦腰中断，一系列刺激房地产政策和扩张的货币政策造成房价脱离民众购买力逆市反弹，造成"一业繁盛、百业萧条"的产业失衡发展景象。

针对这种状况，应该采取以下政策：首先，确定房地产行业宏观调控的单一目标即提高居民对房价的承受能力并逐年改善人民居住水平。我国人多地少并处于加速城市化进程中，住房矛盾已经成为现实社会影响"和谐"的最主要因素，因此，房地产政策应该把房价稳定在合理范围，保障每一公民的公平住房权利作为唯一目标。其次，应该逐步剥离房地产行业的种种负担。房地产行业的负担过重其实就是国民经济对房地产的依赖度过大的缘故，减轻依赖度是长期过程，一是大力发展其他支柱产业，特别是高新技术产业，二是进行房地产税制改革，控制不合理的税费。最后，分清中央政府和地方政府在保障房建设上的责任，增加中央政府对保障房的投入。

第二章
热点争议

第一节　关于房地产行业与国民
经济之间关系[1]

引言

在房地产学术界，存在着诸多模棱两可的认识和理解。如房地产行业与国民经济之间关系就是典型一例。诸多的研究文献充斥着关于房地产行业对其他行业的前向带动效应和后向带动效应的定量分析，以资为房地产行业在国民经济中的重要地位做出佐证。但是，定量分析的前提是定性分析。在没有弄明白房地产行业的内涵以及房地产行业和其他行业的拉动与排斥的辩证关系前就匆忙进行定量分析，不免会失去方向，落入误解的泥沼，更可怕的后果是导致在基本房地产政策上的判断失误。近年来房地产行业越来越显赫，也就是这种研究成果反映在政策层面上的表现。2003 年 18 号文件首次提出房地产业已经成为国民经济的"支柱行业"，2008 年"国十条"又将房地产行业定位为国民经济"重要支柱行业"。房地产行业似乎被推到了一个与其本质不相适宜的位置。房地产行业究竟在国民经济中占有何种地位，房地产行业与其他行业究竟有何种辩证关系，本节将从一个新角度分析房地产行业与国民经济之间的关系，以起到抛砖引玉的作用。

---

[1]　此文发表于《中国房地产研究》2010 年第 4 期。

一、房地产业和建筑业之间关系以及房地产产业定位分析

学者之所以在计算房地产带动效应时是把房地产行业和建筑业混淆在一起，特别是计算房地产业的前向关联时，房地产带动的是矿业、石油煤炭、通信、电力等物质技术原材料消耗性产业。这些所谓的带动效应本身就是建筑业的带动效应或者是广义上房地产业带动效应。学者混淆房地产业和建筑业之间关系，往往是由于在现实中房地产业和建筑业紧密联系在一起的：①房地产开发商自己兼营建筑业，用自己经营的建筑公司建造自己经营的房地产，即房地产业中有建筑业，二三次产业兼营；②建筑商直接开发经营房地产，即自己生产自己销售经营，建筑业中有房地产业，也是二三次产业兼营；③房地产商策划设计的项目，承包给建筑商生产建造，竣工验收后，交由房地产开发商经营销售，这是房地产商与建筑商或房地产业与建筑业最普遍最典型的关系。这当中又分为三种情况：一是只包工不包料；二是包工部分包料；三是完全包工包料。但是，两者并非是纯粹的买卖关系。这是因为：其一，在产品生产的前期市场调查、策划甚至设计都是开发商在施工之前做的，建筑商仅仅起到了代理商的作用；其二，只包工不包料或者部分包料，这是开发商直接参与生产建造的过程的表现[1]。从价值链的角度来看，从项目前期策划、开发建设、销售经营直至物业管理，有的开发商全程参与所有环节，有的开发商则是参与部分环节，纵向一体化和价值链分解把开发商分为综合开发型开发商以及专业开发商之间的区别。由于现实中房地产企业往往同时兼营房地产业和建筑业的缘故，人们往往误读了房地产业和建筑业之间的区别。在学术上的表现是学者们经常把本属于建筑业的带动效应当成了房地产业的拉动效应。更明确地说，无论现实社会房地产企业的形态如何，但是在对房地产产业性质定位时应该把房地产业归入流通领域，属于第三产业。这样我们就能更

---

[1] 曹振良，等.房地产经济学通论[M].北京：北京大学出版社，2003.

准确判断房地产业在国民经济的地位，应该计算狭义上的房地产业对国民经济的拉动效应。

从以上的分析上看，支柱产业只能是制造业等生产型企业或者金融等服务行业，而房地产企业其实质仅仅只相当于一个中介组织，难以承担起支柱产业的大任。从国际经验来看，迄今为止，世界经济史上只有凭着传统的制造业和新兴产业，支撑和带动了当代大国现代化发展的故事，发达国家在其工业化的过程中没有将房地产作为支柱产业。在不同的经济发展阶段，体现为支柱产业的产业类别是不相同的。从发达国家产业结构演变的历程看，在工业化前期，农业、轻纺工业起支柱作用；在工业化中期，电力、钢铁、机械制造等产业在区域发展中起支柱作用；而在工业化后期，以汽车、家用电器为代表的耐用消费品和以微电子技术、信息技术、航天技术、生物工程和新能源、新材料为代表的高新技术产业在区域发展中起支柱作用。因此，在西方国家支柱产业不断变迁中，顶多是建筑业的身影曾经出现过，如美国就曾经把建筑业作为支柱行业，但是房地产业并没有成为支柱产业。

在这个意义上，狭义的房地产业是难以承担支柱产业的重任的。就是广义上的房地产业（包含了建筑业）对国民经济的效应也得两方面辩证看问题。与其他支柱行业相比，也难以达到像其他支柱行业对国民经济的作用和影响的程度。

二、广义房地产行业与其他支柱行业特征的比较

国内外经济学界在选择支柱产业时，选择的标准与研究方法主要有收入弹性基准、生产率上升基准、比较优势论、边际储蓄基准和产业关联基准五个方面。考虑到数量分析的特点和数据获取难易程度等因素，在我国目前运用产业关联基准方法的较多。对房地产业的前向后向拉动效应也是走的这条思路。为了有别于其他研究，根据房地产业和其他支柱产业的行业特征，并吸纳有关支柱产业判断的基准，笔者从以下几个方面比较。

1. 支柱产业的比较优势

一个国家的支柱产业，而不是一个地区的支柱产业，必定是该国的比较优势产业。所谓比较优势，就是在国际贸易中某项产业相对成本较低，与他国互相交换，双方共赢的局面。这也暗示着作为支柱产业的产品必然是具有国际竞争性的。传统的支柱产业是以较高技术手段来取得国际竞争优势。作为普通商品，要素的流动性不如产成品的流动性强，譬如商品可以随意流动，而土地要素、劳动力要素则不能流动。国际市场产品的竞争其实都是流动性不强的要素集合起来的竞争，要么在土地、劳动力上极为廉价，要么技术上胜人一筹，要么产品中含有特殊稀有的要素。通俗来说，生产出来的汽车由于质量优异价格低廉很容易进入别国的市场，但是像劳动力等是不可能随便进入别国的。因此，作为支柱产品的产出品必然要依靠自己技术实力、较低价格来获得竞争优势。从而利用这些竞争优势从国外获得超额利润。像传统的支柱产业，如纺织品、汽车、钢铁、家用电器等，莫不如此。但是，作为房地产行业的产成品商品房却不是这样，要素的流动性远大于产成品的流动性。首先是产成品不能随意流动。在中国生产的商品房并不能卖到国外去，中国生产的商品房和国外生产的商品房根本无法在一个市场竞争，它们本属于不同市场上的区域垄断商品，不发生直接的竞争关系，因此，房地产商品并不具有比较优势。而传统的支柱产业商品，由于流动性，在世界市场范围内是存在竞争的。其次是要素不能随意流动。大多数商品房的建造还是利用本地的建筑材料，雇用的是本国或本地的劳动力。因此，房地产的带动效应，准确地说建筑业拉动的还是内需。正因为我国生产的商品房需求方不是国外需求者，而是本国本地区的需求者，因此，房价上涨给开发商带来的超额利润仅仅是从国内购房者身上剥取的，只是两大利益集团在分利上的区别。开发商所得，必然是购房者所失。从这个意义上，房地产行业难以在国际交换中实现国家利益。

2. 支柱产业的技术特征

首先，房地产行业技术很难具有技术外溢性特征。支柱产业的一个重要特征是其技术可以外溢到其他产业，带动其他产业发展。如大飞机业以及重型机床业技术一旦突破，可以产生对其他产业的巨大波及效应。再如新兴行业，如电子技术、信息技术以及生物工程等，一旦装备到传统产业，就能给传统行业注入新的活力。也就是说新兴行业的技术外溢性是非常明显的，其身的突破能够带动其他相关领域以及行业的技术更新换代，从而刺激国民经济飞速发展。而房地产业的建造技术、规划技术等仅仅在业内应用，难以通过技术外溢带动其他产业发展。通俗地说，房地产行业的技术并不具有外溢到其他行业的可能性。用资产特性角度来说，房地产行业的资产具有专用性，也很难应用到其他行业。其次，房地产业区域垄断造成开发商提高技术水平的动力不足。作为需要面临国际竞争的传统支柱产业，特别是像大飞机业、汽车业等，其产品需要出口到国外，要在国际竞争中获得竞争优势，需要更加精密的仪器以及更好的钢材，从而促进钢铁行业、基础行业的产品更新换代工作。但是房地产商品并不能发生位移和出口。商品房的难以位移性造成国际竞争性缺乏。商品房的购买者仅仅是区域内的消费者，其产品并不能参与国际竞争甚至城际竞争。即使开发商利用较为低端的技术，在一个区域垄断性市场尚能生存，尚能分得超额利润，更加难以具有改进技术的动力。既不具有技术外溢，本身技术水平提高又举步维艰的行业是难以承担支柱产业的重任的。

3. 支柱产业的产业关联

产业关联的概念，是针对产业之间通过投入产出而建立起来的相互关联性而提出来的。早在20世纪50年代，美国经济学家赫希曼即提出产业联系效应的概念，指出一个产业部门与消耗该部门产出的各产业之间的联系，叫作后向联系，反之，一个产业部门与投入到该部门的各产业之间的联系，叫作前向联系。在投入产出表中，后向联系是指表中的直接消耗系数，而前向联系则是指表中的直接分配系数。与此相对应的是，日本经济学界提出了影响力系数和感应度系数。广义上房地产业的确是对很多产业具有一定的前向和后向带动效应，但是同时它具有恶化产业结构的趋向。

房地产业具有恶化产业结构的可能性：其一，恶化建材行业产业结构。房地产业虽然具有产业链较长、带动经济增长效果较为明显的特点，但其所带动的大多是劳动密集型或生产低附加值产品的行业，尤其是普通的建材行业，对高科技行业的带动作用并不明显。以钢铁行业为例，线材等低端钢铁产品需求对象主要是建筑业，对板材、型材需求较大的主要是汽车、家电、船舶、钢结构等行业。2009年以来由于我国大规模基础设施建设以及房地产热，对建材尤其是螺纹钢和线材产品的需求快速上升，而热轧板卷、中板等板材品种市场呈现明显的供大于求状况。反映在企业的生产上，转型为主产板材的大型钢铁企业大都在减产，而以生产线材为主的中小钢铁企业却在加速马力生产，大多数建筑钢材生产企业甚至连要关闭或已关闭的产能都重新开动起来。从这个角度看，房地产行业的后向拉动的则是低端的线材钢铁产品，对建材行业产业结构的高级化客观上产生了阻碍作用。与之相反的是，发展汽车、家电、船舶等为支柱产业，能带动钢铁行业产业结构的高级化进程。其二，正是由于房地产业的短期效益较为显著，因此，也使各地政府为了追求短期利益而不愿投入较大人力、物力和财力去发展研发周期长、短期效益不明显的高科技产业。显然，将房地产作为支柱产业不仅无助于我国产业结构的升级，而且会进一步造成资源的错配和产业结构的失衡。

4. 支柱行业的就业效应

不同的支柱行业就业效应不同，即使同一支柱行业在不同的历史阶段其就业效应也有差别。譬如我国建筑业由于劳动力相当廉价，一般都是劳动密集型。但是到了西欧发达国家劳动力昂贵，其建筑业偏重于资本技术密集型，用资本和技术替代了一部分劳动力。从事房地产行业需要一定的知识水平，如规划、建筑设计、策划、推销等都需要专门技术知识，这构成了普通劳动者的进入壁垒。在这个意义上，房地产行业吸纳的劳动力比建筑业少得多。见表1，房地产吸纳的就业远不如其他行业吸纳的就业多，如2012年城镇单位总就业人口为15236.4万人，而房地产业仅吸纳273.7

表 1　狭义房地产业以及其他行业就业人数比较（单位：万人）

年份	2008	2009	2010	2011	2012
城镇单位就业人员	12192.5	12573	13051.5	14413.3	15236.4
增长比例（%）		3.12	3.81	10.43	5.71
房地产业就业人数	172.7	190.9	211.6	248.6	273.7
增长比例（%）		10.54	10.84	17.49	10.10
建筑业就业人数	1072.6	1177.5	1267.5	1724.8	2010.3
增长比例（%）		9.78	7.64	36.08	16.55
采矿业就业人数	488.3	500.7	509.2	529.7	535
增长比例（%）		2.54	1.70	4.03	1.00
制造业就业人数	3434.3	3491.9	3637.2	4088.3	4262.2
增长比例（%）		1.68	4.16	12.40	4.25

数据来源：以上数据来源于国家统计局各年《中国统计年鉴》（按行业分城镇单位就业人员）

万人，占比仅为 1.8%。值得注意的是，就业效应并不构成支柱行业的必要条件。例如，生物工程、信息技术等高新技术吸纳就业人口并不多，但是对国民经济的技术更新具有极其重要意义。再如，农业即使就业人数多，但并不能成为支柱行业。本节指出的房地产就业效应不大，是房地产行业支柱论的理论依据不充足的佐证之一。

三、广义房地产业对国民经济的拉动效应分析

房地产业对国民经济的拉动效应是房地产支柱产业论者的核心观点，我们将从房地产业对国民经济拉动的特点入手进行分析，以便对房地产支柱产业论提出异议。广义房地产业包括建筑业和狭义房地产业，广义房地产通常被当作拉动内需的利器。2008 年年末国务院出台的拉动内需的十项措施中，房地产的作用便在第一条得到了体现。但是房地产业拉动经济的特点决定其效果值得商榷。

1. 房价迅速上涨时的虚假拉动效应

D_1^2 是第一种短期需求曲线，就是我们通常所说的"买涨不买跌"的情况。当房价以较快的速度上涨时，尾随而来的是汹涌的需求。一是消费性需求，包括改善性需求和刚性需求。都以"提前消费"的形式实现，由于这些都属于刚性需求，就是说是必须消费的，因此，有些本来放在后边消费的刚性需求都以提前的形式释放出来。当然房价的上涨引致需求的大量释放是需要一定的条件的，房价上涨幅度至少等于或者大于银行利率加上预期的工资上涨率，才能诱致大量的需求。如图 1 所示，短期需求曲线向上倾斜，并不是通常所说的向下倾斜的曲线。那么这带来一种虚假的效应。在价格 P_2 时其需求量为 Q_2，当房价上升到 P_1 时其需求量却上升到 Q_1，这显然是违背典型的需求曲线的，而且这带来虚假的拉动经济的效应。在价格 P_2 时，成交金额为 P_2Q_2，在价格 P_1 时，成交金额为 P_1Q_1。成交金额本质上就是 GDP 在微观上的一种表现形式。因为国内生产总值是用最终产品来计量的，即最终产品在该时期的最终出售价值，而且国内生产总值是一个市场价值的概念，即各种最终产品的市场价值是在市场上达成交换的价值，都是用货币来加以衡量的，通过市场交换体现出来，一种产品的市场价值就是用这种最终产品的单价乘以其产量获得的。显然，P_1Q_1 大于 P_2Q_2，但是这种拉动效应可能是虚假的效应，因为这种交易量的提升并非是依赖消费者收入水平的提高上，而是建立在未来的房价预期上。

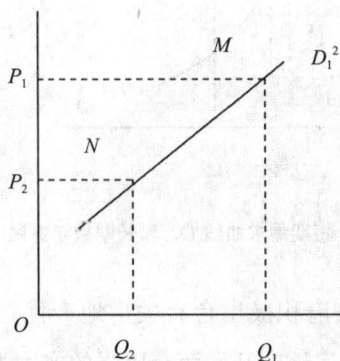

图 1　短期需求曲线 D_1^2

当房价抬升到一定的程度，房价预期也发生了变化，欲购房者以为房价已经可能到了顶点，这时交易量会出现拐点，即滑入交易量的大幅萎缩状态。

2. 房价迅速下跌时对国民经济的萎缩效应

D_1^1 则是第二种短期需求曲线。当房价超过消费者购买力过多，投资性需求过甚，没有下手来接盘时很可能导致这种情形。投资者以及开发商出于对未来悲观的预期，纷纷抛盘。无论是荷兰的郁金香事件还是日本的地产泡沫崩灭，都具有一定的突发性，市面上充斥着悲观的情绪，消费者往往也不敢接手。这时房价一落千丈，需求量反而增加不多，如图2中的 Q_1Q_2 就是增加的需求增量。从计量 GDP 的角度来看，由于增加的需求量 Q_1Q_2 不多，价格下降得却很厉害，从 P_1 下降到了 P_2。直观上看，OP_1MQ_1 的面积小于 OP_2NQ_2 的面积，也就是说这时以房地产产出为计算基础的 GDP 反而下降了。即使交易量上升，如果房价下降得过多，也可能导致 GDP 的下降，这是中央政府和地方政府不能容忍的事情，也是中央政府提出的"防止房价大起大落"方针政策的经济学含义。

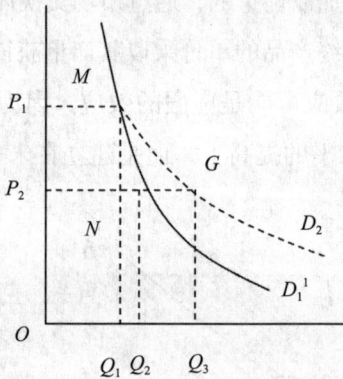

图2　短期需求曲线 D_1^1 和长期需求曲线

中央政府和地方政府积极出台有关房地产优惠政策并对房地产开发商予以资金的扶助，使房地产开发商有更强的实力去对抗消费者，也逐渐改变消费者的房价猛跌的预期。这时的短期需求曲线逐渐转化成长期的需求曲线，D_2 便是房地产的长期需求曲线，这条曲线对比短期需求曲线更加平滑，用经济学术语说，这条曲线消费者价格需求弹性更大。房价下跌较为平缓，这时可以引致更多的消费性需求，Q_1Q_3 是消费性需求的增量，比短期需求曲线同等价格下跌所导致的 Q_1Q_2 则高出了 Q_2Q_3。从 GDP 增长的角度来看，OP_2GQ_3 的面积是大于 OP_1MQ_1 的面积，也就是说在长期需求曲线，在房价较为和缓的下降过程中，房地产对国民经济的拉动效应远大于房价剧跌的拉动效应。

值得注意的是，房价有时并非是在政府的操纵中。特别是房价泡沫非常严重的地区，消费者对市场非常悲观，即使政府出台救市政策也无济于事。房地产开发商在政府帮助下坚持不降价，但是当消费者的市场悲观预期程度超过开发商的忍受范围之后，开发商纷纷较大幅度下调价格，尽早套现以事先逃出"眼前的灾害"，那时必然导致房价的狂泻。不仅不能起到对国民经济的支柱和拉动作用，而且关系到金融、建材等诸多领域，造成对国民经济的伤害。如图 3 所示，房价起初在 M 点猛升到 N 点，在 N 点需求量放大遇到了阻碍，需求量萎缩，短期需求曲线从 D_1^2 转移到 D_1^1，房价可能开始下跌得较快，从 G 点到 H 点，如果政府措施得力，短期需求曲线 D_1^1 转变成长期需求曲线 D_2，房地产对国民经济的拉动效应更大。但是如果泡沫积累过多，政府也可能无力回天。价格仍然沿着短期需求曲线 D_1^1 迅速滑落。这时房地产不仅对国民经济的拉动效应不大，反而对国民

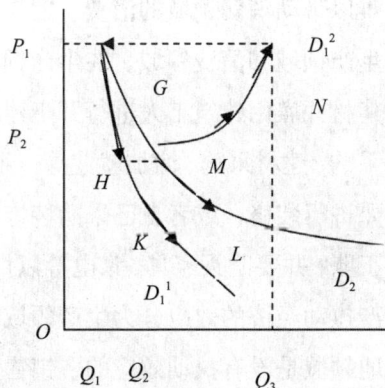

图 3　各种需求曲线的依次变化

经济造成严重的威胁。因此，政府部门不能片面关注房地产对国民经济的拉动效应，这种拉动效应可能是短期的、虚假的，也不能对脱离民众购买力的房价听之任之，更不能单纯出台种种刺激房地产消费的利好消息，而是要合理地引导房地产开发商进行降价，适当抑制对房地产开发贷款的需求，保护好初次置业者的消费性需求，抑制和打击投资性需求和投机性需求。

四、各类住房需求对拉动经济效应分析

不同的住房需求对拉动经济效应是不同的，投资性住房需求和消费性住房需求（刚性需求）对拉动经济的方式和大小并不一样。为了更好地理解各类住房需求拉动经济的效应，我们必须了解房地产行业资本循环图。首先是生产阶段。开发商进行土地投标获得土地，然后规划设计并根据市场需求开发针对特定消费人群的楼盘；其次是流通阶段。开发商开盘进行预售或者将楼盘委托给销售团队进行销售。无论是自行销售还是委托销售，都是产业链分化的一个表现。再者是消费阶段。消费者购买合意的住房后，进行装修并购买家具家电等。开发商获得价款后重新进行土地购置等经营活动。这样就完成了一个完整的闭路循环。

首先，投资型需求往往在流通领域重复流通实现名义上的增值，由于没有进入消费领域，难以带动消费领域的消费。就拉动经济而言，我们按照时间和流程划分为生产领域和消费领域。在生产领域，开发商要积极竞拍土地、采购设备、建材并雇用建筑工人进行开工建设，因此，开发商的经济行为带动了设备采购、建材采购、增加就业等一系列拉动经济的活动。在消费领域，消费者要进行装修，或者自己采购装饰装修材料聘请施工队装修或者全部委托施工队，并要购买家具、家电等以供家庭和谐生活所用。因此我们初步把房地产拉动经济的效应分为生产领域的拉动效应和消费领域的拉动效应。在流通领域是没有拉动效应的，销售商利用自身信息优势实施欺诈行为抬高房价 P—P'，仅仅是销售商和消费者之间的利益分配行

为。如果投资者购买住房，而并不消费。商品房好像是进入了消费领域，其实还是停留在流通领域，坐等升值。没有进入消费领域的商品房，其业主一般不会进行装修或者购买家电。因此可以说，投资型住房仅仅具有生产领域的拉动效应而不具有消费领域的拉动效应。客观上看，投资者不停地倒手，房价越来越高，名义上国民生产总值增加了，但是实际国民生产总值并没有增加，实物量还是那么多。如图4所示，商品房本来应该顺利通过生产领域、流通领域，最后进入消费领域，完成产业的循环。但是由于投资者的行为，商品房仅仅停留于流通领域。上翘的曲线 *D* 表示越来越高的房价，房价越高，流通领域和消费领域之间的断裂可能性就越大。尽管流通领域不能产生对经济的拉动效应，但是一旦流通领域中断，对生产领域和消费领域造成极大影响，造成两个环节的断裂。

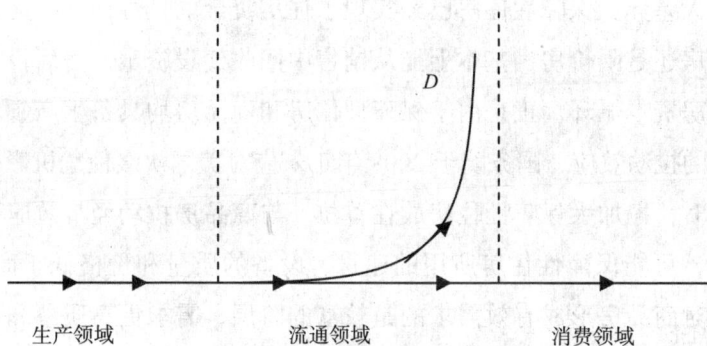

图 4　房地产资本循环图

生产领域　　　流通领域　　　消费领域

　　其次，计划经济下福利分房制住房资本循环较为缓慢，对经济拉动作用较小。住房建设以及消费都具有一定的拉动经济的作用。与市场经济不同，福利分房拉动经济效应会小点。这是因为：其一，在消费领域福利分房制以单位为载体进行，按照职称、工龄、人口等综合因素评分，然后进行实物分配。这时部分消费者的住房需求其实被压抑了，即使他想去买更大的住房，也由于没有住房市场而罢休。其二，建房资金没有形成良性循环。由单位上交的利润拨出作为基建资金，分配住房后仅仅收取象征性的租金，导致住房资金不能形成良性循环，从而用于生产领域的建房资金大为缩减，影响了对经济的拉动效应。1998年房地产市场化改革的实质意义在于从凝固的房地产上释放出大量的资金（出售公房），然后把新人推向市场从而产生大量的住房需求，并建立住房公积金、房贴以及按揭贷款制度为这些潜在需求变现提供了可能性。由此房地产资本能够大量并迅速完成自身的循环，进而起到拉动经济的作用。在这个意义上看，1998年房地产市场化改革让房地产成为经济新增长点，并非是房地产行业特性使然，而是房地产市场经济释放了一些潜在的需求，并配套某些房地产金融制度，使这些释放出来的需求拉动了国民经济。

最后，保障性住房和商品房均具备均等的生产领域和消费领域的拉动效应，但商品房建设难以对经济产生持续稳定的拉动效应。保障型住房和计划经济体制下福利分房制的运行机制不一样，对经济的拉动效应也有较大差异。保障性住房已经实现了住房资金的良性循环，无论是经济适用房还是限价房，基本上能从销售中回收建设资金，然后投入下一次的住房资本循环。正是由于保障型住房和商品房均具备生产领域和消费领域的拉动效应，国务院于2008年年末应对美国次级债危机影响、扩大内需时，把加大保障性住房放在首位。与商品房拉动经济效应稍微不同的是，可能保障性住房所用的建材、设备的质量和价格低于商品房。此外，对商品房形成有效需求的是较富的阶层，需求更高质量和更高价格的家具和家电。可以说，商品房拉动经济的效应可能稍大于保障性住房。值得注意的是商品房投资由开发商控制，随着市场行情变化而变化，难以对经济产生持续的均衡的拉动效果，也难以达到政府通过房地产拉动内需的目的。以2009年1—8月为例，全国住房新开工面积比上年同期增长 –8.9%，全国土地开发购置面积比上年同期增长 –25.3%，土地购置费比上年同期增长 –8.3%，而商品房销售额却同比增长69.9%，房价飙升得更为迅速。新开工面积能够直接反映对国民经济的拉动程度，但是随着房价的攀升，开发商却有意减缓开发速度、开发面积或者进行大量囤地。因为开发商仅仅追求的是利润目标，而不是国民生产总值的增长，因此也难以达到政府预期的目标。

五、房地产行业对其他行业的挤出效应

1. 房地产的财富效应

不要把财产性收入与高房价等同起来，不能误入房价高就是财产性收入高的雷区。对一个购房用于自住的消费者，高房价是不会自动地产生财产性收入的。如果卖掉住房，他将无以容身。譬如自己种粮的农民，无论粮价涨多少，每天该吃一斤米还得吃一斤米，不会因为粮价飞涨而减少自己的消费。用于自住的住房房价再高，也不会产生财富效应。对于投资者或投机者来说，同时拥有数套住房，价格上涨，他可以通过套现来迅速实现获利。因此，对于投资投机者来说，他可以增加即期消费。这样房地产行业的财富效应就显示出来了。

2. 房地产的挤出效应

对于刚性需求来说，住房就不具有财富效应，仅仅具有挤出效应。从微观上看，对于刚性需求的消费者来说，购买住房无疑挤压了其他的消费。从宏观层面表现为房地产行业对其他行业的挤出效应。如图 5 所示，横轴代表非住宅商品，纵轴代表住宅商品。一个消费者的收入是有限的，GC 代表预算约束线。GC 代表消费者有限的收入，他用所有的收入能购买 OG 单位的住宅商品或者 OC 单位的非住宅商品。当房价上升时预算约束线从 GC 围绕 C 点变成 NC。这时消费者如果想购买同等面积 OM 的住宅商品，他只能消费 OM 的非住宅商品，他的非住宅商品的缩减量为 AB。为什么消费者只能或者被迫购买同等面积 OM 的住宅商品呢？原因在于住宅商品消费虽然具有一定的弹性，但是具备相当的刚性特征。譬如消费者由于房价的上升，原准备购买 120 平方米的住宅，现在只能购买 90 平方米的住宅，但是生理决定的住房面积是相对固定的。譬如一家四口住在 120 平方米比较宽敞，90 平方米勉强将就，70 平方米则显得难以忍受。可以说住房面积到了一定的极限后再每下降一平方米，对消费者的福利水

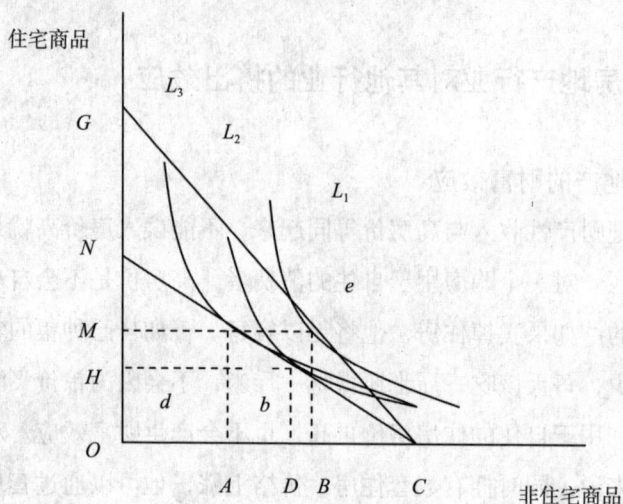

图 5　房地产行业的挤出效应

平造成极大的伤害，这就是住房面积的刚性特征。这种刚性特征是由生理、风俗习惯、人口结构以及区域位置等决定。两口之家，预期还准备生一小孩，长辈之一过来当保姆，这时对新婚夫妇来说，90 平方米的住房就可能成为刚性住房面积的底线。正是有了刚性住房面积，才可能产生对其他非住宅商品的更大的挤出效应。

如果没有刚性需求面积，消费者在房价上升之后，选择 OH 单位的住宅商品和 OD 单位的非住宅商品，这时非住宅商品的缩减量仅为 DB。但是正是由于刚性住房需求面积的存在，消费者被迫购买 OM 单位的住宅商品和 OA 单位的非住宅商品的组合。非住宅商品的缩减量才急剧上升了，扩大到 AB。这说明即使消费者购买同等单位的住宅，如果房价上升得过快，实际上已经造成了对其他行业的挤出效应。

六、小结

根据以上分析，本节认为：房地产行业本质来说属于流通行业，然而现实中的建筑企业和房地产开发企业不分的现象，导致这两者在学术界也是难分的。通常学者所认为的房地产行业即是广义上的房地产业，既包括了狭义的房地产业，也包括了建筑业。在诸多研究房地产的拉动效应时就是计算广义上房地产的拉动效应。本节从比较优势、技术特征、产业关联、就业效应等四个方面比较了广义房地产业与其他支柱行业的区别，认为即使是广义房地产业也难以达到像其他支柱产业对国民经济的影响和作用；即使广义房地产业对国民经济的拉动效应也存在虚假拉动和萎缩效应，各类房地产需求对国民经济的拉动效应是不同的，特别是投资投机型需求拉动效应极为微弱。此外，房地产业对投资者来说是具有一定的财富效应的，但是对广大的刚性需求来说，房地产业对其他行业产生了挤出效应。因此，本节认为在房地产政策制定中应该贯彻以下原则和理念。

首先，确定房地产行业宏观调控单一目标即提高居民对房价的承受能力并逐年改善人民居住水平。我国人多地少并处于加速城市化进程中，住房矛盾已经成为现实社会影响"和谐"的最主要因素，因此，房地产政策应该把房价稳定在合理范围，保障每一公民的公平住房权利作为唯一目标。逐步改变国民经济对房地产的依赖度过大的现状，减轻依赖度是长期过程，特别是要大力发展其他支柱产业，特别是高新技术产业。

其次，不要过多地夸大房地产在国民经济中的地位，要弱化或不提房地产在国民经济中的支柱地位，把保障每个公民的住房权利放在首位，房地产市场不要过度市场化。大力发展保障性住房，划分中央政府和地方政府在保障性住房上的职责，保障性住房也是拉动国民经济的一条良好的途径。

最后，不要过多强调房地产在固定资产投资中所占的比重。世界各国发展阶段不同，房地产投资在固定资产上的投资比重也存在动态变化过程中。过度探究最合理的投资比例，无疑是在寻找一个无解的答案。类似的情况是，斯蒂格勒在研究最佳企业规模时，得出不同历史阶段企业最佳规模是不同的。房地产投资在固定资产投资中的最佳比重也是随着具体情况变化而变化的。

第二节　房地产与国民经济关系
需要注意的问题

　　房地产行业经常被拿来作为拉动内需的工具，房地产行业自身的改革与发展也是与启动内需息息相关，打上了肩负拉动国民经济的烙印。但是，房地产行业是否能承担启动内需的重任，房地产与国民经济关系究竟如何？理论界和政策界还存在不少的误解，下面笔者在上节的基础上进一步加以解析。

一、商品性住宅在房地产体系中的地位

　　为了有意无意保护开发商利益，部分学者和决策者经常犯"偷换概念"的错误，把房地产等同于住宅，又把住宅等同于商品房开发，结果出台政策是仅仅刺激商品房消费，最终助长房价非正常上涨。为了正本溯源，我们有必要对房地产行业分类进行分析，并客观还原商品性住宅在房地产分类体系内所占的地位。

　　首先，商品性住宅是三大商业性房屋类型之一。商品性房屋分为住宅、办公楼以及商业营业用房、其他。其一，商品性住宅与其他房屋类型的拉动效应有所区别。办公楼和商业营业用房可能采用的框架结构比较多，因此，每平方米工业地产和商业地产所用的水泥标号和钢筋数量可能比住宅用得更多一些。此外办公楼和商业营业用房不像商品性住宅具有同

样的后向拉动效应，譬如购买家具家电等，但像装修装饰等后向拉动效应还是在一定范围内存在的。其二，商品性住宅面积占比。如果使用水泥、钢筋的细小区别可以排除在拉动效应之外，我们暂可以视为每平方米的工业地产、商业地产和住宅具有同等的拉动效应，那么我们仅仅需要知道近年来工业地产、商业地产以及住宅累计修建面积，就可以知道商品性住宅在房地产拉动效应所占的比重。存在两种比例关系：商品性住宅占商品性房屋的比例和商品性住宅占城镇竣工房屋的比例。以 2009 年为例，城镇竣工房屋建筑面积为 16.5 亿平方米，住宅为 8.2 亿平方米，商品性住宅 5.7 亿平方米，那么商品性住宅占住宅总量的 69%，仅占城镇竣工房屋建筑面积的 34.5%。如果客观评价 2009 年商品性住宅对国民经济的拉动效应应该是全社会竣工房屋对国民经济的拉动效应乘上这个系数（34.5%）。

其次，商品房是众多住宅类型之一。住宅从我国的住房类型来看，可以基本分为商品性住房（普通商品房、高档商品房、别墅）、保障性住房（廉租住房、经济适用房、棚户区改造住房、单位集资建房、公共租赁房、限价商品房）、自建房。1998—2008 年共竣工商品性住宅 36.1 亿平方米，占同期城镇竣工住房的 55% 左右。也就是说，从解决住房的问题来说，商品性住宅起到了 55% 的历史贡献。从对历年来国民经济拉动的贡献来看，商品性住宅拉动效应占到住宅类对国民经济拉动效应的 55%。现实中存在着一种倾向，即把国民经济的拉动效应全部归功于商品性住宅，显然是有失偏颇的。从历史演变上看，各类类型的住宅分别起到了主导作用，也就是说分别承担主要的拉动效应。譬如 1995—2004 年期间，全国城镇和工矿区共有个人建房近 1400 万户，建造房屋建筑面积共计 205282 万平方米，占其间全社会住宅竣工面积的 40.65%[1]。只是近年来商品性住宅逐步占了主要供给渠道，起到主要拉动效应。

[1] 国家统计局人口和就业统计司. 2005 年全国 1% 人口抽样调查课题论文集 [C]. 北京：中国统计出版社，2008.

二、从面积角度考量房地产与国民经济关系

笔者在这里并不想用抽象烦琐的生产产出平衡表来计算房地产的拉动效应，利用其他的分析方法同样能够达到目的。众所周知，住房对国民经济的拉动效应主要表现在两个方面：前向拉动效应和后向拉动效应。前者是指对建材和劳动力的带动效应，而后者是指对装修装饰、家具家电等的带动效应。单位面积的在建住宅对国民经济的拉动效应是一样的，这不难理解，2007年建造1平方米的住宅和2011年建造1平方米的住宅对国民经济拉动效应是一样的，因为根据预结算定额，每平方米的住宅所需用的建材实物量和人工（工日）都是一样的。

新开工面积是衡量房地产对国民经济边际增量贡献的客观尺度，而施工面积则是衡量房地产对国民经济总体贡献的客观尺度（前向拉动效应）。什么指标更能表示房地产对国民经济的带动效应呢？新开工面积是比施工面积更好的指标。因为这与房地产开发周期有关。从拿地、规划设计、建设、竣工到销售，一般要用三年，而建设阶段大概周期是两年。建设周期是根据项目性质来定的，大项目周期长，小项目周期短。从四证齐全开始施工，从挖地槽、放基础、结构封顶，平均周期为两年。从开工之日起，新开工面积就被计算入国民生产增加值，也算入施工面积。但是第二年仍然在继续施工，仍然算入统计月报中的施工面积，但不是新开工面积。我们通常所说的GDP增长多少，是一个增量的概念，而不是存量的概念。我们用新开工面积来衡量一下2009年房地产行业对国民经济的贡献。2009年从1月到9月新开工面积都是负的，到了10月才转为正数。全年新开工面积增长12.5%；对房地产刺激效应等到2010年才显示出来，2010年新开工面积增长40.7%。这说明行业流行的观点"2009年房地产业对国民经济保八功不可没"并没有客观现实数据支撑。

销售面积则反映对装修装饰行业以及家具家电行业带动效应。这建立在以下假设条件基础之上的：销售后没有空置现象，都进行一定装修和购

买家具。如果没有类似鄂尔多斯康巴什鬼城的现象，那么销售面积是房地产行业后向拉动效应的较好指标。销售面积增加，那么增加了对家具家电需求。因此，我们在计算商品性住宅对国民经济的拉动效应时，应该把当年的新开工面积以及当年的销售面积统一起来，才能得到当年商品性住宅对国民经济的前向拉动效应和后向拉动效应。

值得注意的是，开发商在一定程度上把控着拉动效应。房地产对国民经济的拉动效应的大小有赖于从新开工到竣工再到销售等一连串活动的顺利进行，才能逐步起到前向拉动效应和后向拉动效应。但是这一过程并不能顺利如愿，这就意味着拉动效应经常卡壳。竣工不能顺利转入销售，大致有以下原因：私改规划和容积率，代征地，捂盘，等。既有政府原因，亦有开发商因素。开发商在看到形势不好时，往往会采用各种手段拒绝领取预售证。因此可以说，在一定程度上，开发商把控着商品性住宅的开工、销售等，控制着开发过程和节奏，也是把控着商品性住宅对国民经济的拉动规模和拉动时机，使得中央政府刺激房地产拉动国民经济的愿景并非一帆风顺。

三、从价格角度考量房地产与国民经济之间关系

笔者手中有某名企杭州2011年某项目的成本数据：前期费用（含土建成本、勘察设计费）为每平方米3200元，楼面地价（土地费用）为每平方米2600元，有关税费每平方米2100元，销售费用以及财务费用为每平方米2000元。而该楼盘的售价为每平方米20000元。笔者正好可以利用它从价格角度说明房地产与国民经济的关系。

直接拉动效应。房地产对国民经济的拉动效应主要体现在前期费用上，表现为前期费用为每平方米为3200元，规模多大，则拉动效应越大。开发商进行住宅开发，所耗的土建成本，起到了带动钢筋和水泥等建材行业的作用。有的开发商进行精装修，这样就直接带动了装修装饰行业的发展。更为普遍的是购房者进行的装修，这种装修活动虽然带动了装修装饰

行业，但是作为购房者来说亦耗费了大量的精力和财力，监督自己并不专业的装修施工，无疑是社会财富和精力的浪费。亚当·斯密在《国富论》中开篇就指出了社会分工对增加国民财富的意义。这种购房者本身进行监督的装修活动，无非是购房者用极其宝贵的时间从事并不专业的活动，付出大量的学习成本，而且这种学习成本是一次性的沉没成本（毕竟购房装修行为是普通人在一生中发生一到两次）。如果这些购房者把自身精力都放在工作和学习上，由专业的开发商直接和装修商进行谈判、不仅节省大量人力物力，而且能促进社会分工的深入。不可避免地，有很多的投资者和投机者购置商品房仅仅为了倒手投机。购房者购买家具和家电，购房之后的购买家具和家电行为，并非是因果关系，而是相关关系。特别是改善性购房者，购买家具和家电，只是使得收入有个释放的空间（购置家具和家电有个放置的空间）。

间接拉动效应。房地产对国民经济的间接拉动效应体现在楼面地价和有关税费。地方政府通过出让土地获得土地出让金，然后进行城市基础设施建设以及农民补偿、保障性住房建设等。另外土地税费也通过税务部门征收，留归地方使用，大多用于城市基础设施建设。从规模上看，两者基本处于相当水平，例如，2008 年地方政府土地出让净收益为 3611.95 亿元，而同年的地税收入中，与土地相关的税收收入之和为 3656.61 亿元，两者规模基本相当[1]。土地出让金的收入规模有赖于房地产经济形势以及土地拆迁成本，而土地税费则有赖于房地产企业经营和利润，如营业税是销售收入的 5.75%，企业所得所得税是毛利润的 25% 等，因此，纯粹暴涨的价格（原实物量不变）就能给房地产开发商以及地方政府带来额外的收益。归集起来的土地出让金以及土地税费由地方政府使用和支配，构成了各类的间接拉动效应：第一，对农民补偿的消费拉动效应。有关资料显示，在土地收益分配中，农民及村集体得到土地出让收益的 30% ~ 40%，其中，农民只得到土地出让收益的 5% ~ 10%，村级以上政府及部门得到土地收

---

[1] 安体富，窦宪. 论土地财政与房地产宏观调控 [J]. 地方财政研究，2011（2）.

益的 60% ～ 70%[1]，这说明被征地农民的获得补偿比例较低。农民作为低收入群体，平均消费倾向较高，如果提高对农民的补偿，有利于扩大内需。但恰好事与愿违，对农民补偿的消费拉动效应极小。第二，对城市基础设施投资效应。国务院办公厅 2006 年下发的 100 号文明确了土地出让收入的使用范围，但是并未对各项支出所占比例加以规定。因此，在土地出让金使用分配中，地方政府倾向将土地出让金的使用向可以产生各种"效益"的城市倾斜，例如，2009 年中央财政预算报告显示 2008 年地方政府用于城市建设支出 3035.32 亿元，占比 29.8%。地方政府进行投资效率不高，其拉动效应往往比较低，对地方政府投资效应应该根据支出的不同比例，相应地计算。

收入分配效应。这里主要是销售价和成本价之间的差额。特别是一些开发商囤房囤地、捂盘惜售等手段来谋取巨额利润，都是收入分配效应表现之一。譬如一个楼盘已经结构封顶，进入预售阶段，但是它以各种名义推迟开盘，结果价格从每平方米 10000 元上涨到每平方米 20000 元。在它结构封顶的时候，这意味着对国民经济的拉动效应已经告一段落，如果它捂盘惜售以拉升价格，那么它的所作所为仅仅是收入分配效应。2009 年就是开发商对购房者剥夺的生动体现，当时新开工面积反而呈负数，直到 10 月份才转负为正，但是商品房房价却与日攀升。购房者常识性认为购买住房是抵御通货膨胀的方式，但是其实质是通过剥夺别人的剩余价值，甚至对代际剥夺。购房者进行投机炒房，今后接手的买方被迫承受更高的房价，因为正是由于房价收入比上升，没买房的人或者下一代人会用更多的劳动来换取同等面积的住房，这是典型的收入再分配，更加恶化了我国收入不均的局面。

---

[1] 刘守英，蒋省三.土地融资与财政和金融风险 [J].中国土地科学，2005（5）.

四、相关关系并非因果关系

在一个问题进行论证时，要进行综合性考量，以客观角度考察，而不是有意歪曲事实，以形式化复杂化的分析来掩盖现实与真相。相关关系并不等于因果关系。譬如学者在论证房地产对国民经济拉动效应，经常引用的数据是每平方米的住房带动了多少家具家电消费。住房消费与家具家电消费究竟是什么关系，还值得斟酌。

第一，替代性和正相关性并存。从观察者来说，一个家庭购置了住房，理所当然为了填充空白的空间，换掉旧时的家电，配备上全新的家电。面积增加，似乎配置彩电数量也同时增加了。但是我们需要看到，住房面积和购置家电等关系在不同收入家庭是不一样的。在普通工薪收入者来说，多购置一平方米的住房，可能用于家电价格总额上会少一些。对于高收入者来说，其预算约束较小，家电价格不在预算约束之内。这样看来，购置住房和家电在普通收入者来说是具有一定的替代效应，而对于高收入者来说，则可能呈现正相关性。对于投资投机者来说，购置住房仅仅为了转手，一般不进行装修装饰，也不购置家具家电，则两者既不相替代也不具有相关性。

第二，相关关系并非因果关系。购置家具家电，主要是由于居民收入增加，对家具家电有了需求，而不是由于购置了住房，所以才产生了对家具家电需求。收入增加是住房面积增加以及彩电购买量增加的共同原因，而住房面积和家电购买量均为收入增加之果。在时间关系上，住房面积和家电购买量几乎是在同一时段产生的现象，因此，很容易使人产生误解，误以为由于住房面积才导致家具家电购买量的增加。此外还有行业技术水平的提高，导致对家具家电需求量增加，譬如彩电冰箱从上万元价格跌落到一两千元的价格，导致居民的相对购买能力增加，因而也增加了对家具家电的消费量。

第三，住宅后向拉动效应存疑。投机者不停倒手，仅仅为了取得投资收益，而不用于自住，那么投机者不必要装修，也不必要购买家电。二手房同样是这样的情况，二手房在当年的修建中曾起到投资带动效应，但是作为二手房买者，他以前也有家具家电，因此，他没有产生对家具家电的多大需求。如果把工业地产和商品地产的拉动效应拿来比较，就可以看出后向拉动效应的荒谬性。工业地产需要购置机器设备，那么工业地产则具有机器设备等拉动效应，商业地产，租用门面，一会儿用作鞋城，一会儿用作卖衣服。难道在该商业地产的存续期间，所带动的商品流都是因为商业地产所带来的吗？如果如此计算，存续期间的办公楼和商业地产带来的商品流无疑是巨大的，远甚过普通家庭户的家具家电数量和价值。由此推演的荒谬结论是此国家最好把办公楼和商业地产作为政策的刺激点。我们切记，某些利益集团为了更多从普通消费者榨取更多的剩余价值，而过分夸张了商品性住宅的带动效应，并故意混淆商品性住宅和房地产业的区别。因此，笔者认为把商品住宅和家具家电牵强联系在一起，由此作为房地产业是国民经济的支柱产业之一的佐证，在逻辑上是行不通的，在实际中是荒谬的。家具、家电等销售量增加，从根本来说是由于家具家电行业的技术进步和居民收入增加，导致普通消费者对家具家电等购买能力大大提高，由此提高了销售量。

五、损耗效应

亚当·斯密在《国富论》指出："一国国民每年的劳动，本来就是供给他们每年消费的一切生活必需品和便利品的源泉。"但是重复性劳动，未必能增加生活必需品和便利品的总量，那么这种劳动毫无价值。这在我国房地产行业上表现得淋漓尽致，即使每年我国进行不断建设，形成了地面上的固定财富。但是大量的拆迁，又不断地建设，导致国民经济中部分资源永远在低端循环，难以实现产业结构的高级化。在西方发达国家，其建筑寿命长得多，社会资源可以更多应用于高科技。我们可以把建筑寿命分为物理寿命和拆迁寿命，前者是由于建筑物本身折损而导致不可使用的寿命，而后者则是由于城市建设或者其他行业发展需求而对一些在用建筑物进行拆除的寿命。显然，由于工程质量、管理制度、施工队伍以及产业化不深入等原因，导致我国建筑物物理寿命短于西方发达国家建筑。由于我国城市发展战略以及城市规划出现偏差，大量可用建筑物在其物理寿命周期内就被大量拆除，导致我国建筑物的拆迁寿命更是短于西方发达国家。因此，在每年增加新建建筑面积应该减去拆迁建筑面积，才是房地产行业形成的客观国民财富。

六、小结

计算房地产对国民经济的拉动效应，应该全面考察房地产对国民经济影响的各个方面，首先进行定性分析，才能进行较为客观的定量分析。如果学者仅仅依赖投入产出表，而不对房地产对国民经济影响的各个层面进行谨慎审慎地思考，那么得出结果可能是片面偏颇的结论，由此指导实践必然贻害无穷。笔者从面积角度、价格角度提出了房地产对国民经济拉动效应的替代性方法，这种方法虽然不能计算出房地产对当年国民经济的绝对拉动效应，但是却能较为简单直观比较不同年份之间房地产对国民经济拉动效应的相对贡献。此外，本章还在一定程度上厘清了商品性住宅和其他房地产类型在拉动效应的区别和联系，并提出了损耗效应应该也是计算房地产对国民经济拉动效应必须考虑的重要因素之一。

第三节 从机会成本的角度看待地价和
房价的关系[1]

究竟是地价上涨引起房价上涨，还是房价上涨引起地价上涨，一直是争论的焦点。不久前，国土资源部公布了 600 多个项目的房价地价比，有的项目比重在 14%，有的高达 50%，平均地价占房价的比重为 23% 左右。这个数据把房价和地价的关系之辩再次推向高峰。地价和房价的关系究竟是怎么样？如何看待地价在房价所占的比重，笔者尝试从机会成本的角度来分析这一理论难题。

一、历史成本和机会成本的含义

在经济学家眼里的成本含义与普通人的认识很不相同，这并不是经济学家故作玄虚，而是理论论证逻辑演绎的需要。失之毫厘，谬以千里。历史成本和机会成本就是经常容易混淆的概念。张五常认为，"cost 译作'成本'有问题，因为中文'成本'这一词往往有历史的含义"[2]。在西方的经济学教科书中，cost 往往意指"机会成本"。

首先，必须了解一下房地产开发的过程。土地的开发与经营是整个房

---

[1] 此篇发表于《中国房地产金融》2009 年第 11 期。

[2] 张五常. 经济解释 [M]. 北京：中信出版社，2010.

地产经济活动的开端和基础，开发商总是先获得土地的使用权，然后才能进行房屋开发和经营，从通过土地招投标获得土地到取得商品房销售许可证上市交易至少要经过两到三年的时间。即先形成地价，然后产生房屋建设成本，最后形成增量房地产的成本价格（包括合理利润）。这个成本价格通过当时市场的供求关系，最后形成真正的增量房地产的交易价格，这个价格一般都高于其成本价格。由此，上涨的地价进一步推动了房价的上涨，但此时的地价与增量房地产的价格并不在一个时点上，而是经过了一个房地产的建设周期。由于房地产建设周期的缘故，当前的房价并不是在土地历史成本上形成的，而是在土地的机会成本的基础上形成的。

其次，有必要介绍一下"机会成本"的概念。在新帕尔格雷夫词典将机会成本定义为"特指拒绝备用品或机会的最高价值的估价"。成本是因为有选择而起的。没有选择就没有成本。说成本是最高的代价，也就是说放弃的是最有价值的机会。你考虑选甲，要放弃的有乙或丙或丁……哪一个要放弃的有最高的价值，就是你要取甲的成本。通俗地来说，土地的机会成本就是"放弃该宗地而重新购买同样类型的地块所要支付的代价"。在这里，机会成本有三层含义：第一，当地价上涨不是很厉害，土地的机会成本就是当前重置成本，即重新购买同样位置同样规模的地块所要支付的代价；第二，当地价上涨迅速，土地的机会成本是重置成本加未来的地价预期，当未来的地价预期越来越大时，开发商就会拖延转卖土地或延迟房地产开发。就是实际上的"捂地捂盘"。在日本房地产泡沫破灭之前，特别是东京中心区土地荒废的现象非常严重，即土地的机会成本过高的缘故；第三，当土地的用途还可能改变时，土地的机会成本是当地的土地规划用途价值与最高价值之间的差别。如果规划管理不是很严格，这种差异导致开发商通过寻租改变土地的用途。既定的规划用途与最有价值的用途之间的价格差距越大，开发商越有动力积极寻租改变土地的用途，各地经常出现的经济适用房最后变成了商品房就是机会成本过大的结果。

再次，历史成本不同于机会成本。历史成本即会计成本，就是形成商品的各要素成本之和。土地的历史成本是通过招投标而取得土地的拍卖价格。在一个平稳的土地市场上，土地开发形成商品房的时间越短，土地供求关系越平衡，土地的历史成本越逼近于土地的机会成本。反之，则两者的差距越来越大。土地的历史成本可能高于机会成本，例如，2007年出现的一些"地王"的楼面地价至今仍然高于现期的地价，开发商理智之策是"退地"或者推迟开发时间。更多的情况则是土地的机会成本高于土地的历史成本，特别是一些国有房地产企业依靠官方资源在历史上获得大量划拨土地或者低价地，这些土地的历史成本都远远小于土地的机会成本。此外土地不同于普通商品，普通商品可以即时生产，通过大规模的生产平衡供求关系，普通商品的历史成本近似等于土地的机会成本，因此，普通商品的定价模式可以是历史成本加一定的利润。而商品房和土地却具有一定的垄断性，其生产具有滞后性，商品房的定价模式建立在土地的机会成本上。

此外，土地的机会成本是变动的，随着土地市场供求关系的变动而变动，土地的历史成本是静止的，是在过去某点形成的。在现实中，为了区别土地的历史成本和土地的机会成本，土地估价师往往利用土地的"重置成本"或者"市场比较法"来判断当前土地的价格，也是机会成本的概念在现实中的灵活应用。准确地说，重置成本比较接近于"机会成本"的含义。

二、地价和房价不同的形成机理

房价形成的机理不同于地价形成的机理。房价是在土地的机会成本上形成的，而地价是在房价预期价格上形成的。值得注意的是，我们通常所讨论的地价和房价形成的机理是指当前的房价和当前的地价。因此，即使我们想讨论某一问题，也必须建立在共同的讨论基础上。

房价的决定机理：当前房价是建立在机会成本基础上的（现阶段重新购置同样一宗地需要花费的代价，在这里我们简单地用重置成本代替机会成本），当前的房价等于土地的重置成本加土建成本加各种配套费加税金和利润。土地的重置成本不等于土地的历史成本。举例来说，假设某开发商于 2005 年获得广渠门一宗地，当时的楼面地价为 5000 元／平方米，现在该项目处于正在开发阶段或是项目后期，今年广渠门又出现楼面价为 16000 元／平方米的土地，因此，该开发商会重新考虑调整房价，其房价建立在广渠门最新的楼面价基础上，与历史成本无关。这就是市场比较法的定价策略在实践中的运用。开发商定价的方式一般通常选择位置、品质及设计相当的周边楼盘比照定价，并根据项目具体因素好坏相应的加减，如绿化或户型好坏等因素进行调整。该开发商开盘时如遇到周边出现"地王"，其定价会参照"地王"的楼面地价，而不是根据历史上自己获得土地的成本定价。一般说来，房价成本主要包括地价机会成本、建筑安装成本、各项配套成本、各种税费和企业合理利润等几个部分。国土资源部刚刚公布的地价房价比只是土地的历史成本和当前的房价之比，而不是土地的机会成本和当前房价之比。从这个角度来说，国土资源部的观点未能正确区分历史成本（会计成本）与机会成本（重置成本）的差别。

地价的决定机理：在取得土地时，土地开发商首先要对在得到的地块上建成房屋时的销售价进行预测，用成本法计算得出土地价格。房地产开发建成的房屋成本基本由四个方面组成，如开发房地产每平方米应缴纳的各种税费；建筑安装工程成本每平方米造价；开发商的各种管理成本；用预测的房价减去以上三个方面的成本，剩余就是建房的土地成本了。土地成本的高低决定开发商的利润丰寡。开发商在参加土地使用权招拍挂之前已做了大量细致的工作，包括该地块现房销售价调查、建筑成本调查、地质条件调查、周边自然环境调查等，最终预测出该地块建成房屋时销售价。因此，可以说，诸多因素中，决定土地成本价格的因素是房屋的预测销售价。

三、房价和地价之间的关系

我们所讨论的房价和地价之间的关系并非是指绝对量之间的关系，而是房价的增量与地价的增量之间的关系。当房地产需求旺盛（包括消费需求和投资性需求），那么地价就能顺利传导到房价上，并可能以更大幅度上涨。我们利用一个小模型来说明房价涨幅和地价涨幅之间的关系。$C_{地}$代表当年的地价，$C_{土建}$代表土建成本，$C_{配套}$是各种配套费用，$I_{税收}$是企业所需要支付的税费，$C_{利润}$是企业的利润。β代表房价是当年的地价的倍数。$P_{房}$代表当前的房价，$P*_{房}$表示未来某点的房价。

$$P_{房}=C_{地}+C_{土建}+C_{配套}+I_{税收}+R_{利润} \tag{1}$$

$$P_{房}=\beta C_{地} \tag{2}$$

把数学式（2）代入（1）可得 $C_{土建}+C_{配套}+I_{税收}+R_{利润}=(\beta-1)C_{地}$

假设 $C_{地}$上涨 θ，

那么未来某时点的房价 $P*_{房}=C_{地}(1+\theta)+(\beta-1)C_{地}=(\theta+\beta)C_{地}$

因此，房价的涨幅为 $(P*_{房}-P_{房})/P_{房}=(\theta+\beta-\beta)C_{地}/\beta C_{地}=\theta/\beta$

也就是说，在其他因素不变的前提下，房价的涨幅必然小于地价的涨幅。我们假设 β 的值为 4，表示地价占房价的比重为 25%，换句话说，房价是楼面地价的 4 倍，也是国土资源部调研的结果。如果地价上涨幅度 θ 为 20%，那么在假定其他因素不变的前提下，地价涨幅完全传导给房价，房价的涨幅也应该在 5% 左右。即使按照开发商的观点，β 的值为 2，即房价是楼面地价的 2 倍，同样在其他因素不变的前提下，房价的涨幅应该在 10% 左右。

显然，当地价占房价的比重不同时，对房价的上涨幅度贡献也不同。以 2007 年为例，土地交易价格指数为 112.3，如果 β 的值为 4，即地价占房价的 25%，假设其他因素不变，地价上涨幅度完全传导给房价，那么房价的涨幅约为 3.1%（θ/β=12.3%/4），调整后房屋销售价格指数为 103.1（土地交易价格指数和房屋销售价格指数具有不同的计价基础，因此要调整）。如果 β 的值为 2 时，假设条件不变，房价的涨幅应为 6.2%，房屋销售价格指数为 106.2。但是实际上房屋销售价格指数为 107.6，如果 β 的值为 4，则超出了 4.5，如果 β 的值为 2，则超出了 1.4。这多余的部分来自于何处呢？土建成本、配套费用以及税金变化不大，可以忽略不计，多余的部分必然来自于开发商的利润。这种超额利润又来自开发商的垄断

表1　历年来的土地交易价格指数和房屋销售价格指数

年份	1998	1999	2000	2001	2002	2003	2004	2005	2006	2007
土地交易价格指数	102	100	100.2	101.7	106.9	108.3	110.1	109.1	105.8	112.3
房屋销售价格指数	101.4	100	101.1	102.2	103.7	104.8	109.7	107.6	105.5	107.6
调整后房屋销售价格指数 $\beta=4$	100.5	0	100.05	100.4	101.7	102.1	102.5	102.3	101.5	103.1
调整后房屋销售价格指数 $\beta=2$	101	0	100.1	100.9	103.5	104.2	105.1	104.6	102.9	106.2

数据来源：以上数据来自于历年《中国统计年鉴》。

定价能力，这又与我国的土地制度以及房地产制度缺失有着息息相关的联系。

四、地价房价轮番上涨与制度的缺失

无论地价还是房价的轮番上涨，不能将其归结于土地管理部门的过错或者是开发商的黑心所致，而是一系列事件的结果，是一系列制度的缺失造成了地价和房价的轮番上涨。

首先是土地制度的异化。其一，土地储备制度的异化。2001年4月30日，国务院颁布的《关于加强国有土地资产管理的通知》指出，为增强政府对土地市场的调控能力，有条件的地方政府要对建设用地试行收购储备制度。土地储备制度是政府加强垄断城市土地供应的新的政策工具，具有确保政府获得土地增值收益等好处。我国土地储备制度是借鉴于西方发达国家，却成为地方政府谋取地方利益的重要工具，土地储备制度的目标和手段发生了变异。西方土地储备制度的重要目标就是抑制土地投机和平抑土地价格，其手段是不管以出租方式还是出售方式供应储备土地，一般都不采用招标、拍卖方式，主要是在严格的成本测算后采取协议方式出让。

而我国地方政府部分城市的土地储备机制运作过程中，存在单纯追求土地高收益的倾向，特别是2002年推行土地"招、拍、挂"政策以来，实际上是给了地方政府更多的土地垄断经营权。土地一级市场（征地）的政府垄断和二级市场（建设用地）使得地方政府有能力控制土地供给规模、节奏、地段、用途结构。为了追求土地高收益，统一采用"招拍挂"制度，甚至故意造成人为的短缺和"土地饥渴症"，更制约了合理的土地价格机制的形成，偏离了引进国外土地储备制度的原旨，造成地价和房价的迅速上升。这其实也有客观原因，由于实行分税制以来，财权事权不等，地方财政收入匮乏，加速了土地储备制度的异化过程，地方财政变成了土地财政。其二，土地出让制度的异化。为促进地方经济发展，各级政府都对工业用地实施成本价，对房地产用地采取"价高者得"的政策，实施"双轨制"的供地制度。也正是由于基础设施用地、工业用地、行政办公用地的非市场化，使得许多工业园的用地利用效率低下，地毯式的厂房占用了大量耕地和有限的土地资源。一方面大量的土地廉价划拨、出让，另一方面，与百姓生活密切相关的居住用地却只有"挂拍"一条路，且政府垄断了土地，那么，这种市场格局拍出卖天价的土地就成了常态。

其次是开发商的垄断定价能力。以上证明了房价以更高的涨幅超过了地价的涨幅，说明了开发商具有较强的垄断定价能力。所谓垄断定价能力，就是把价格拉升到超过边际成本的能力。这种垄断定价能力是由三个因素决定的。其一是土地的垄断。开发商通过土地招拍挂获得土地以后，其实是拥有了该地块的垄断权，周边没有合适的地块与之相竞争。像以前近郊农村和开发商合作建房，向城市居民供房的形式已经被统一的"招拍挂"制度所禁止。其二，开发商的垄断行为。开发商是较小集团，却拥有选择性刺激手段等措施，容易相抱成团，形成"共容利益集团"[1]。就如亚当·斯密所称"同行商人很少聚会，但是他们的聚谈不是策划出一个对付公众

[1] [美]奥尔森．集体行动的逻辑[M].上海：上海人民出版社，1995.

的阴谋,就是炮制出一个掩人耳目提高物价的计划"[1]。我国现阶段市场经济尚不成熟,还没有成型的反垄断法,因此,对开发商合谋定价、掠夺性定价等行为还没有清晰的判断标准。其三,抑制投资手段和保障制度缺乏。我国存在巨大收入分配差距,基尼系数位于世界前列,如果缺乏一系列的制度约束,收入分配上的不公很容易转化为住房上的不公。通俗地讲,北京最富有 20% 的人群可能有能力把北京所有房产都能购买下来。此外,资金流动性速度远远超过人口流动的速度,如果对购房人口不加地域上的限制,很容易造成过剩的流动性向各个热点城市发动冲击,造成房价的大起大落,北京的商品房 30% 就为外地人所购买就是明证。然而,我国当前抑制投资性需求手段比较缺乏,抑制投资的两大手段之一税收手段存在严重的缺位。如土地增值税原旨是对土地增值部分实行累进增税,但现实中为了减少征税成本,采用按 1% 的土地价款预征预缴,失去了抑制土地投机的作用;物业税是通行的国际抑制房产投机的经验,却由于种种原因应征未征。金融手段承担起过重的抑制投机的任务,但是金融手段在抑制投机方面却存在天生的缺陷,譬如第二套房贷政策只能抑制一般性投机需求,对全资购买多套或整栋商品住宅的投机需求却无能为力。此外,保障性住房的保障不力,把大量缺乏支付能力的消费者推向市场。由于投机需求波涛汹涌,刚性需求保障不力,系列制度的缺失,使开发商拥有了强大的垄断定价能力。

五、小结

究竟是地价推高房价还是房价推高地价的原因不再重要,宣布地价房价比不应该成为推诿责任的借口。地价房价的轮番上涨,主要是一系列制度缺失的结果。同样,市场经济是逐利经济,开发商是理性经济人,有权利根据市场形势进行定价。对保持房价的平稳发展,我们不能依赖于开发

---

[1] [英] 亚当·斯密. 国富论 [M]. 上海:上海三联书店, 2009.

商的良心发现，只能靠长久的制度建设把房价控制在一个合理的区域。本节有以下判断：

一是开发商对商品房进行定价时，不是根据自身获得土地的历史成本，而是当前重新获得土地的机会成本。从这个角度来看，当前公布的地价房价比，地价选择的数据就存在着错误。

二是房价的涨幅一般超过了地价的涨幅。当房地产需求旺盛（包括消费需求和投资性需求），那么地价就能顺利传导到房价上，并可能以更大幅度上涨。地价上涨的原因主要是我国土地储备制度和招拍挂制度出现了异化趋势，房价以更高的幅度上涨的原因在于开发商的垄断定价能力。

三是开发商的垄断定价能力来源于三方面：土地的垄断；开发商的垄断行为；抑制投资手段和保障制度缺乏。

第四节　论小产权房与农民利益之间的关系

在社会主义市场经济体制建设的历史长河中，涌现无数新鲜的现象吸引我们的眼光去研究去探索。从 20 世纪出现的农民建设厂房出租到近年来小产权房的风起云涌，从小产权房的封杀令中转而变种为"大棚别墅"、"农业生态园"的面目出现。"看不见的手"永远推动人们突破制度的障碍和制度框架去实现自身利益，法律的禁区似乎也难以阻挡人们追求利益的步伐。本文拟从农民的利益角度的视角来分析小产权房存在原因，这样我们才能认识到小产权房"生生不息"的原动力，才能找到解决小产权房问题的关键。

一、关于小产权房的定义

小产权房是指农村集体组织或成员未经国家征收，在集体土地上建的用于本集体成员以外人员居住的房屋，小产权或乡产权是指由乡或村出具的认可买受人买房的文件。小产权房包括狭义的小产权房和广义上的小产权房。狭义的小产权房多指村集体利用"新农村建设"的名义集约利用土地，把剩余的房源出卖给城市居民而形成的非法住宅区。这种大规模建设小产权房在北京约占住房市场的 20% 之多，日益引起中央领导和国土部门的担心。广义上的小产权房是指个人层面的黑市交易。这种小产权房并没有发证，没有得到乡或村集体的承认，并不符合狭义的小产权房的定义。

这种黑市交易并非是为了追求土地的增值收益,而是人口流动的正常需求。这种"农房黑市交易"是靠乡俗民约进行的或者通过熟人关系进行。农房黑市交易既不依靠合同文本,也不需要产权证,仅仅在买者和买者之间达成口头交易即可。这种广义上的小产权房从改革之初延续至今。

"小产权房"可能在土地取得、规划许可、建设手续、房屋销售手续、产权证办理等商品住宅建设销售的一个或几个甚至全部环节存在非法问题,从而造成最终的无法确定产权。按照出售的主体和是否占用耕地,"小产权房"可以分为三大类:其一,农户在依法批准的宅基地上建成的农民房屋,销售给城市居民;其二,在农户集中上楼腾出的宅基地或其他集体建设用地上建造的住宅,把剩余的部分向社会销售;其三,未经批准占用农用地,甚至基本农田建造住宅,向社会销售。

二、小产权房与农民利益之间关系

小产权房是农民获得土地增值收益的相对低廉方式。除小产权房之外,农民获得土地增值收益有两种模式。第一,土地增值收益可以通过农民自身经营获得。譬如开办农家乐或者开办企业,农民从事经营管理,当然获得这些收益是需要经营才能和市场敏感性,更需要村领导的精明能干和无私奉献。这里农民获得不仅包括土地增值收益,而且包括企业家才能回报。第二,是把土地租给资本家开办工厂,农民不仅获得地租收益,而且获得工资性收入。比较而言,第一种方式成本较高,对农民自身素质要求较高而且对经营环境、政府扶植都提出很高的要求,因此,绝大多数农村地区都难以办好村办工厂。第二种方式收益较低,这里的收益是指同小产权房的比较收益。小产权房不需要农民的经营才能,也不需要农民的资金,通过村集体利用开发商的资金开发住宅,把住宅的剩余部分卖给城里人,对于农民来说,没有付出多大的成本,而获得可观的收益。此外,特别是在大城市附近,对土地的用途规制在客观上逼迫农民寻求其利益的实现。在这个意义上,小产权房如雨后春笋遍地开花有着自身存在的经济原因。

小产权房是农民主动获得土地隐形利益的方式。农民也是理性的经济人，也会在自己的约束条件寻求自身的利益最大化。特别是在城市化过程中，由于地价的不断升值，城郊区的土地隐性收益迅速上涨。不过这种价格是影子价格，既不能即时实现，也不能获得收益。也就是说要等到政府征地才能部分实现。这里就存在两个问题：第一，要等到政府征地才能实现部分收益，那么在政府征地之前，这部分隐性收益就流失了，也就是说城区的土地价格越高，郊区的土地机会成本越高。那么即使土地征收价格是合理的，农民也会团结起来主动寻找土地隐性利益的实现。第二，土地征收价格较低。这里不仅是指绝对价格，还是指相对价格。绝对价格是指政府对农民的补偿一般都按照低限进行补偿，而且经过村集体组织的截流，到农民手里所剩无几。譬如温铁军、朱宋银（1996）计算出在土地征用出让过程中，如果成本价为100，农民只获得其中的5%～10%，村级集体得25%～30%，而60%～70%为政府及其各级部门所获得。相对价格是指即使从1986年到1998年《土地管理法》把征地补偿的最高限制从土地原用途年平均产出的20倍，提高了30倍以上。可是相对于国民经济的增长特别是城市二级土地市场价格的更快增长，新的法定最高补偿不但没有上升，反而大幅度下降。由于传统的低价征地制度和土地增值的潜力造成的政府和集体以及个人在拆迁补偿费难以达成一致，而小产权房是集体组织绕开了政府这一关口，直接和城市居民达成利益的一致，实现土地增值收益。土地价格上涨越快，商品房价格越高，农民更有动力直接与城市居民交易，小产权房必然出现得越多。

小产权房是农民实现其资本权益的方式之一。当前的农房普遍处于未发证的状态，也就是说，农房的产权状态还在国家所有权体系之外，农房的承认、转让都是以乡俗民约的方式进行的。给农房登记确权发证是以国家信用的形式替代了传统乡土社会的民间信用。即使给农房确权发证，也仅仅是实现其资本权益的初步。因为产权除了使用权、收益权等权利约束之外，最重要的是转让权。当前宅基地农房的流转受到种种法律的制约，农房的资本权益未能充分发挥，既不能作为融资抵押，也不能转让给集体组织之外的成员。在一定意义上，农房的存在只是"一堆死物"，未能充分流转发挥其资本作用，其价值也逐年处于贬损状态。我们看到，农房价格在建成之日起就在不断贬值，而城市商品房却在不断升值，这也就是不同的产权体系造成的恶果。小产权房是乡、镇政府授予的产权，是在寻求农房增值的一种方式。村镇一级政府官员在我国多层级的行政序列中升迁可能性偏低，"以地生财"的做法反而会得到所在集体组织成员的拥护，其违规处罚成本较低，因此，乡镇政府能主动提供产权保护。乡、镇产权是除民间信用产权、国家信用产权之外的第三产权形式，农民努力寻求国家产权的保护，仅仅能得到乡、镇等基层政府的支持，但是也能相对扩大了交易范围，部分实现了农宅的资本权益。

小产权房是利益归私的极端状态。地方政府担负起提供城市基础设施、发展经济等重任，由于当前的分税制造成的"事权下移、财权上移"的现象，地方政府只能依靠"土地财政"来维持城市正常运行，这一切都是依靠低价低偿的征地制度作为基础的。土地增值收益是城市经济迅速发展，作为载体的土地每平方米经济承载量迅速增大，造成地价上升，由此带来临近土地譬如城市规划区外的集体土地的升值，而农民又实际占有着集体土地。要取得农民的土地，城市政府必然要付出更高的代价。从这个意义上看，土地增值收益应该归双方分享。但是实际是《土地管理法》明文规定"土地增值收益归公"，低价低偿的征地制度其实是"增值归公"的表现形式，有征地权的地方政府土地开发的目标是通过行使土地征用权，获取最大的土地增值收益，直至全部的增值收益。而小产权房的建设实质是"土地增值归私"的表现形式，即乡镇政府或村委会等农民集体组织以新农村建设、旧村改造之名，利用已有建设用地（人多为原有村庄宅基地）或直接占用农地，不办理任何手续、不缴纳土地出让金等任何税费直接开发建设房屋，向社会出售获得远高于征地补偿的巨大土地增值收益。

小产权房是农民追求自身利益的表现，但是这种利益实现与我国的客观环境息息相关：其一，农房规划的缺位。我国虽然颁布了《城乡规划法》，但是大多数农村还没有农房规划，因此，对耕地、土地的管理仅仅依赖于乡俗民约，依赖于村领导制定的规则。农房规划的缺位往往导致实际占用的宅基地面积大大超过法定的面积。其二，机构的缺失。在我国广大农村缺乏农宅管理机构，往往是乡镇有关机构兼任该职，对违法占地的现象难以在萌芽状态就处理掉。其三，法律的模糊和矛盾。在不同时期出台的法律文件存在诸多的矛盾之处。譬如《农村土地承包法》和《土地管理法》在转让权规定就存在较大不一致[1]。

农村制度改革的过程也是保护农民利益的过程。从 20 世纪 50 年代剥夺农民私有权到允许农民保留自留地，从集体资本主义再到包产或包干到户，农民为了自身利益不断突破法律的禁忌，最终推动了农村基本经济制度的变迁。当前看似合理的制度，未来某时点看来也许是不合理的。现在如此之多的小产权房的现象，不能把原罪归结到农民头上，而是要反思我们当前的征地补偿制度、土地流转制度是否符合历史潮流，反思我们是否有意无意在漠视农民的利益。

三、多角度理解小产权房的特性

理解小产权房，不能就小产权房而言小产权房，因为小产权房本身是一个综合的经济现象。也不能仅仅从法律视角来研究，因为法律本身就是不断完善并吸纳现实经验的结果，不能以固化的法律思维来考察新鲜事物。我们应该把它的土地流转特征与当前土地流转试点相比较，把它放到土地管理制度变迁的历史纬度来考察，从产权发展的角度综合地研究小产权房这种现象。

从土地流转试点角度看待小产权房。土地流转的实质其实就是是否能让农村集体土地直接入市，实现农村集体土地与国有土地的同地同权，并最终在权利上并轨，这也是小产权房解决的关键。从利益主体角度来看，

---

[1] 周其仁.产权与制度变迁 [M].北京：北京大学出版社，2004.

土地流转是利益主体的交易关系发生了变化，集体组织绕开城市政府直接和其他利益主体、城市居民发生了交易关系并且土地所有权性质发生了变化。如果以此为衡量标准，许多土地流转试点其实并不能称为严格意义上的"土地流转"。譬如浙江嘉善的"两分两换"模式无非是政府出钱，帮农民移居，腾退出的土地经营权流转给农业大户。"以楼房换宅基地、以社会保障换承包地"，当地政府付出很高的代价把农民的土地置换出来，在异地重建农民住宅，又把腾退出来的农地转让给农业大户。土地所有权性质如果变化了，那政府介入其实是征地制度的变种，政府付出了沉重的代价，每户农户补偿近 20 万元。重庆双溪村把节余出来的建设用地出租给企业，收取一定的土地租金，其实这种所谓"土地流转"只是土地使用权的转让，土地性质仍然是农村用地，不能取得土地规划许可证和建设许可证。这种土地流转往往遇到现实的尴尬，在集体建设用地修建的厂房并非属于企业所有，企业也没有积极性。再如重庆的"地票交易"其实也没有发生土地的流转，而是农村用地用途结构的调整和建设用地指标的交易。农民把宅基地集约利用，把节余的宅基地指标出卖给城市政府，城市政府再利用指标在城市附近进行扩张，出卖建设用地指标的村集体获得补偿。由此可见，只是农村集体用地的结构发生了变化，而没有发生流转，并非实质性的土地流转改革。比较而言，小产权房既改变了土地流转的交易关系，又涉及宅基地的所有权，因此触及了土地流转的雷区。

从制度变迁的方式理解小产权房。具有中国特色的土地管理制度非一日形成的。国家在制定政策法律法规时，也面临着信息不对称的约束。特别是与法律相关的社会科学知识尚不完备，而匆匆制定某些法律法规，是出于外在压力迫不得已的行为。各种暂行条例有的只是原则上的规定，某些细节尚未表达清楚，国家亦不知道其内涵，只能用"其他类似事件"来概述。用地单位及地方政府在遇到模棱两可的问题时，在现有的法律中找不到现成的答案，只好以"函"的形式请示国土资源部。地方政府各种创新形式以及土地的债权利也在复函及实践中逐渐完善，土地产权也逐渐清晰明了。如果社会科学及有关专业知识进步足以构成土地产权的中国特色体系，那么真正的土地管理法及相关的法律就出台了。此外，经济发展迫使土地的其他权能也逐步地被发现，也需要不断在法律上完善。由此而见，法律制度是在利益者之间互动过程中形成的。小产权房的出现暴露出征地制度、流转制度存在一些不合时宜部分和矛盾部分，是农民追求自身利益的自发性制度创新。不过，小产权房是否能进入合法渠道，或者以何种形式变成合法住房也正考验着决策层的政治智慧。相信政府最终会考虑和保护农民的利益，对不合时宜的法律制度做出某些修改。

从产权发展角度理解小产权房。现代产权经济学认为，产权有如下特性：其一，产权权能是可分解的。产权的可分解性，是指特定财产的各项产权可以分属于不同主体的性质。一项资产的纯所有权能与其他各种具体用途上的权利相分离。其二，产权权能是可拓展的。经济社会的发展特别是科学技术的发展使人们对同一种事物功能的利用范围大大扩展了，原本某一事物只有一种功用，随着科技的发展，可能有了更多的功用，随着这些功用使用权的界定，产权也必然得到拓展。人的认识水平的提高对产权权能的拓展也有着重要的作用。简单地说，小产权房实际上提出了土地发展权如何确定和农村土地收益权如何分配两大问题。土地发展权是指改变土地现状用途或提高建设用地强度等利用方式，进行非农建设开发的权力。改变现状用途一般特指由农地或未利用土地（包括生态用地）转变成建设用地，提高建设用地强度一般特指增加原有建设用地的密度、容积率或投资强度，例如，在农村居民点用地上进行更高强度的城市开发。土地收益权如何分配是伴随发展权衍生的问题。当前小产权房的涌现表明了当土地价值上升以后，土地更多的权能被发现，如何把这些新型权能写入法律条文中，如何协调各方的利益关系将是解决小产权房的关键。

四、处理小产权房与农民利益保护

综上所述，小产权房的大量出现有其深刻的经济原因，也是既有法律难以调节现实经济关系导致利益失衡的产物。小产权房尚没有得到现有的法律支持，特别是集体土地流转法律尚不完善，因此，小产权房何去何从受到广泛的争议。现在重庆和成都作为全国城乡综合配套改革试验区正在探索集体土地流转的新经验、新思路，也体现了国家正在努力寻找小产权房的解决路径。按照法和经济学的观点，一切法律制度活动应该以均衡原则作为其最终协调机制和最高秩序依归，过分地将资源分配偏向或偏离于某一阶层都与法律的均衡性相违背。因此，在解决小产权房的问题时，要贯彻三项原则：保护耕地的原则；保护农民利益的原则；解放生产力的原则。

首先，分类处理小产权房。对于符合规划、建筑设计和施工符合相关规范要求的，可以补办相关手续，按补缴相关规费后纳入保障住房或商品房；对于违反规划，设计、施工存在问题难以补救，存在安全隐患的，必须坚决拆除；对于违反土地利用总体规划、违法占用农用地甚至基本农田建造的违法建筑，必须依法拆除；对于不符合城市规划，设计、施工存在安全隐患的，必须坚决拆除。集体组织获得的资金应该公平、公开地发放给每一个村民。

其次，保护农民对宅基地发展权。可以通过对发展权的试点来寻找解决小产权房的思路。譬如对现有符合规划的农村集体建设用地承认其发展权，如果人均建设用地未达到规定标准，则给予补足。发展权可按比例配置，如全部发展权（容积率）为6，政府与集体经济组织按7:3配置，则政府获得4.2个发展权，农民获得1.8个发展权；或按一定额度直接授予集体经济组织或农民发展权，如可直接授予1.8个发展权（容积率），超过1.8个的发展权归政府。授予集体经济组织或农民的发展权可以上市交易，包括转让、入股、自行开发。

再次，加强对村集体分配利益的监管。集体财产称为不可量化为个人私产的财产。它永远归抽象的"劳动人民集体"所有，但实际控制权又总是落在集体代理人之手。当小产权房的出售是以集体组织形式进行的，这些实际上没有委托人的代理人，更容易攫取成员的权益。事实证明，征地补偿也往往被村集体截流。因此，必须大力推行村务公开、财务透明的政策。

最后，鼓励农民获得租金收益。当前法律虽然不允许农民出售农宅给村集体之外的成员，但是还是允许农民从事农房出租等收益性活动。同时，这些小产权房距离市区较远，其承租方一般是农民工、夹心层等，无疑给这些弱势群体提供了一方安息之所，所以应该保护农民的租金收入。

第五节 住房需求类型以及政策执行成本

上海某教授在《中国房地产》2012 年第 7 期发表了名为《住房需求的三类分解及其调控思路》，对住房需求进行了分类，并提出相应的政策调控措施。笔者对此有些不同的看法，在此与该教授商榷。

一、分类的本质（按购房的目的性）

该教授把住房需求分解为三类：自需、他需和无需。其本质是以个人主义出发，以个人的意愿作为判断购房的目的。

该教授认为"住房需求的第一类，是自住需求，简称自需。即购买者购买住房是为了自己居住"。何谓自需？按照该教授的理解是供自己和家人住的住房。如果按此理解，那么符合条件的住房挺多的，各类投资者都会以自需的名义买多套房。小孩要上学，需要购买一套学区房；周末要度假，要在郊区买一套住房；现在独生子女在北京找到工作后，把双方父母接到北京安享晚年，需要两套住房。照此逻辑，一个家庭至少要好几套住房满足其自住性需求。如果我们把自需的概念无限延长，那么抑制投资性需求就会落空。再者，自需的前提条件是自住，但是自住状态也是很难判断的一种状态。譬如在北京购买一套房，偶尔住之，也算自住性需求。譬如有足够的钱，在多个城市购买多套住房，每年花一段时间偶尔住住，亦称为"自住性需求"。该教授承认比如某些流动性很大的演员、运动员等名人在多个大城市购买的住房，并认为这是少量的个案，对于讨论问题没有实质意义。但是实际上并非仅仅这些流动性很大的高收入阶层在各地买房。凡是民间资本丰富的区域，总是存在较多的资本溢出，在全国各地购房。从表象上看，我们能观察到某业主购买几套房，但是我们无法判断其购房的动机。究竟是自住性需求还是投资性需求。如果我们仅仅认为他们仅占较小比例，就对此不管不问，就可能出台错误的政策。凡是一条政策罅隙，一旦为众人所知，必然成为破坏政策有效性的洪流。

该教授认为住房需求的第二类是他住需求，即购买者购买住房不是为了自己居住而是投资，通过租赁提供给别人居住或使用，并获取投资回报。这在实际中往往难以具体区分。譬如一个人购买一套住房，可能一段时间出租出去，而另一段时间则空置起来。空置起来原因有很多，原因之一是可能租金达不到心中的目标租金，而放弃出租。像许多鄂尔多斯煤矿主到北京买房，看到租金低微，而把购置的住房空置起来。而租金低微也是个相对概念，对于个人来说，到北京收取租金的时间成本和费用是否能与租金相抵。今年鄂尔多斯民间借贷出了问题，很多人收不回来钱，在北京有房产的鄂尔多斯人可能就把住房重新出租出去。这种偶尔空置偶尔出租的现象是大量存在的。现实中经济现象是复杂而多样的，难以清楚界定。假设有个购买者购买一栋住房，用于出租，收取几个月的租金以后就将其出售。这种行为既符合张教授的"他需"的定义，也符合"无需"的定义，究竟是何种需求类型则难以区分。可以说，现实生活中的消费性需求、投资性需求以及投机性需求不分的现象，导致大量的投资性需求、投机性需求以消费性需求的面目出现，往往导致政策的失灵。

此外，购房目的具有两类特征。其一，购房目的不确定性。需要强调的是购房仅仅是服从生产生活需要的衍生性需求。一个家庭持有住房的目的可能经常变化，并非在他意料之中。我们通常所见的典型案例是：首先房主购房为了自住，过了一段时间由于孩子上学，搬到学校附近的学区房，自己的房子出租出去，后来可能房主和家人移民或者变换职业。该套住房被卖掉了。由于该家庭职业变化、孩子上学都处于不确定性，该住房究竟是自住、还是出租、出售都处于不确定性。住房是被租、被卖或者出售完全取决于或者说附属于户主的生产生活变化和需要。也很难根据时间来确定。假设该家庭孩子上学、移民等事件相继发生，该住房自住、出租或者出售也连续发生。并不能以时间来论长短。房主都不了解自己住房今后的用途以及可能的状态，怎么能让政府帮你判断？其二，购房目的多样性。宏观经济学把需求分类这三类（消费性需求和投资性需求、投机性需求）。这是对普通商品的分类。普通商品的消费性、投资性、投机性是可以分得较清楚。但是对房地产这一特殊的商品，其消费性、投资性、投机性之间的界限就变得非常模糊。该教授的分类可能借鉴宏观经济学对需求的分类。但是从我国居民购房来说，购房目的并不局限于这三类。在丰富的现实生活中，买房还有其他的目的或用途。譬如安全性资本购房，这种主要是鄂尔多斯、山西煤矿主觉得煤矿主要收入来源的资金具有一种不安全性，他们把这些资金换成安全性较强的住房；再如套现性资本购房，主要是指鄂尔多斯煤矿主通过购房把钱套现出来，再以高利贷的形式进行套利。也有山西煤矿主购买足够的房产作为抵御"子孙败落"的手段，让后代获得稳定的租金收入，不太计较当前的租售比，具有这类购房目的的资本可以称为"收入性资本"[1]。

从分类角度来看，该教授对住房需求的分类有把使用状态分类和购房目的分类混合在一起的嫌疑。从住房的使用状态上看，可以分为三类：自住、他住、空置。从购房目的分类可以分为出租获利、出售获利。表面上概念分类是非常清楚的。住房与人之间的关系就是仅仅有三种，描述了完整的住房使用状态与业主之间的关系：自住、他需（他人居住）、无需（无人居住）。但是理论上清晰的分类到了实践中却会遭遇到难题。你不能从"他住"就得出其目的是出租获利。业主可能是出租一段时间再出售。把他住、空置和出租、出售两者之间简单看成——映射关系，未免漏掉了其

---

[1] 钟庭军. 加强对民间资本流入房地产市场的监测 [J]. 住宅与房地产，2011（7）.

他种类。

二、按照购买住房目的分类会遇到的困难

如何判断无需。空置是一种状态，而出租也是一种状态。住房存在的状态都面对两类无法回避的问题：如何判断以及由谁判断。

其一，如何判断。如何判断空置状态，有人可能利用水、电的消耗量等来判断，但是房主可能定期到住房用水用电或者雇请农民工住在里面。或者保姆住在里面，就难以判断何者是空置状态。出租状态也难以判断，房主可以免费请农民工或者亲戚朋友住在里面。进一步来说，如何判断是假出租还是真出租状态。譬如你在北京买了一套住房，而你的朋友远在外地，也在北京购买一套住房。你帮忙照顾。虽然没有经济的往来，但是从表象上看此房处于出租状态。我们看到的现象是某人偶尔在房里，但无法判断是否处于出租状态。出租状态是以市场租金交易的行为，这种行为不是随便地可以观察到的。如果以租赁合同的形式认定租赁行为，那么可能出现假合同。"住房有人"也不代表处于出租状态，究竟在住房待多长时间表示是住在里面？每天在不同的房子晃一下，是表示住在里面吗？

其二，由谁判断。最熟悉该区域的住房状态也许是居委会。但是对住房是否处于空置状态或者出租状态进行核查，需要物力和财力的支出。即使由居委会承担，也是难担重任。正是政府对出租还是空置的状态都难以判断，所以即使付出高昂的成本，也同样收效甚微。

这又提出了一个重要概念：政策成本。经济学上界定概念和政策上界定概念并不一致。经济学往往以个人为中心，以个人追求效用最大化为目的，分析角度都是个人主义。但是政策学研究的角度都是以政府角度来判断个人的行为以及目的。经济学构造的概念有利于建造起一座理论王国。但是易实施的政策措施必须实际可行。经济学的概念作为抽象概念到现实中，必须经过很多转化渠道，最后变化成操作性的措施。这些措施如果能以最小成本鉴别各类住房需求，这就算较好的政策措施。我们可以把鉴别

住房需求类型的方法分为调查类、统计类。调查类是指入户调查并根据目的分析需求类型；统计类是根据现有住房信息进行判断。很明显，前者调查成本巨大，而且难以鉴别各类需求。而统计类只需要根据现有资源，如建设系统的住房产权登记网络系统、银行房贷系统等进行统计，这样就能大量节约成本。

正是因为在现实中政府没有精力也没有必要判断个人的投资目的。就简单规定为：第一套为自住，第二套改善，第三套以上为投资或投机。假设你家有两套住房，政府并不会追问你两套分别的状态究竟是自住还是出租。这样成本太高。政府就不让你买第三套了。这样分类也是符合中国国情的，第一套有很多是房改房，户型比较小，功能不配套。第二套是改善性。也是伴随着个人经济收入的增加，而逐渐改善个人住房水平。作为限购城市，第三套禁购。但是非限购城市，还是允许购买第三套第四套，就是不让使用银行按揭贷款。这样留给个人及家庭的购房空间还是挺大的。不像在新加坡、韩国等国家，实际上实施的是一户一套的政策。

第二套的住房在政策上口径是改善性需求，从经济学含义说，已经是投资性需求，因为有投资出租或者出售以牟利的可能。改善性需求其实蕴含着允许投资性需求。一般是市民拥有一套房改房，后来改善了住房需求，购买了一套大户型用于自住。原来那套房改房就被出租出去，这套房改房就变成"投资性需求"。

三、小结

政策的重点并非放在由政府揣测购买者的意愿，而是根据购房的数量把购房者进行简单的分类，最大区别不同类型的购房者。据此采取各种各样的政策措施，对此抑制或帮扶。

政策上界定投资投机性需求的概念和理论层次并不一致，政策层面界定消费性需求（自住性需求）就是第一套，改善性需求就是第二套，而投资投机性需求就是第三套及以上，从而避免了理论和政策概念混乱不清的局面。再者，较好的政策能最大区分各类需求，但是不可避免会造成误伤，这仅仅是小瑕疵。譬如一个家庭购买第一套小户型的住房，后来卖掉又换成大一点户型，而生活需要换成更大的住房，却被限制住了。因为该业主手中有一套房，由于认房又认贷的原则，该业主欲换房的话，则视为第三套需要全款支付。也许有人抱怨限制投资性需求，把改善性需求也给限制住了。但是现实中的确存在的情况是有人仅仅炒作一套房，买进又卖掉，如此循环往复。而认房又认贷的原则恰好针对这类情况。因此我们不能对政策的精确性过于苛求。

禁三的目的在于控制需求的总量。以前曾经出台过新购政策，即凡是户籍居民都可以新购一套。由于符合条件的购房者众多，新购政策难以控制需求，也难以抑制房价。因此，中央后来又出台禁三的政策，才逐步控制住房投资性需求，才逐步控制房价。

第六节 物业税的性质、功能与改革共识[1]

早在 2003 年 10 月，党中央就对实施城镇建设税费改革做出了明确指示："条件具备时对不动产开征统一规范的物业税，相应取消有关收费。"直到 2011 年 1 月 1 日，上海、重庆才开始开展对个人住房征收房产税的试点工作，近年来房产税扩围工作似乎停顿下来。物业税进展迟缓，笔者认为原因在于尚没有形成改革共识。部分学者和决策层认为物业税仅仅是抑制房价的工具，上海和重庆的房产税也是在遏制房价的呼声中出台的。这存在的潜在风险是：一旦行政手段和金融手段迫使房价趋于平缓，便失去了改革的动力，因此，有必要对物业税的性质、功能正本溯源，以利于形成统一的改革共识。

一、物业税的源泉是住房的保值增值

物业税的源泉来自于住房的增值和保值。住房是一种耐用物品，即使具有较长的耐久性，但从建成之日起，其功能价值也会慢慢磨损，这是自然力量作用其上的结果。在我国偏远农村地区，很多农房建成后使用一段时间出售，价格大大贬损。其中主要原因之一就是功能价值的降低。但是在城市中另外一种力量起到相反作用，不断使得住房增值和保值。

---

[1] 此文发表于《住宅与房地产》2013 年第 1 期。

1. 住房价值更取决于辐射价值

我们首先定义住房的价值等于住房功能价值加上辐射价值。菲歇尔的利息理论为我们提供了看问题的视角。菲歇尔认为商品不仅仅是纯粹意义上的商品，而是一组服务流，具有兼容性多维度的特性。住房作为一件物品提供的服务流，并非仅仅是由住房自身功能提供。譬如户型较好、双户朝南等，的确能使得居住其间的住户得到更好的服务流，因此，其市场价格的确比普通户型价格会高一些，但是不会高出太多。这种服务流更是来自于周围的配套设施、公建设施提供的服务流。譬如小区环境更优美、周围有较好的学校供子女读书、便捷服务设施和娱乐设施等，这些构成住房居住者所享受的一系列服务流。住房作为载体承载着这些服务，因此可以说，住房的价值并非仅仅是其功能价值，而是在于辐射价值。住房并非是冷冰冰的物品，而是叠加了众多的社会、经济关系的复合体。譬如在教育资源日渐稀缺、竞争更为激烈的今天，学区房的定价往往比非学区房定价高得多。像北京海淀区学区房往往比同一区域的非学区房每平方米高出 4000 ～ 5000 元之多。学区房的划分并非仅仅依据地理位置，而是依赖于政府的人为划界。有时一街之隔，同种户型同样面积的住房价格相差甚大。

这些服务流的涓流汇成洪流，综合决定了住房的价值。这些服务流主要是由政府提供的，政府投入这些配套设施、公建设施，进而产生源源不断的服务流，供周边的居民享受。需要指出的是，譬如居住在海淀区双榆树的住户，并非仅仅是周边的公建、配套设施等的享受者，而且是包括全北京公建、配套设施的享受者，只是享受程度和频率不同。一般而言，离家越近的公建设施、配套设施则享受的次数和频度越高。就像我国著名社会学家费孝通所说：我国乡土社会的差序格局的社会结构好像"把一块石头丢在水面上所发生一圈圈推出去的波纹，每个人都是他社会影响所推出去的圈子的中心"[1]。这种基础设施和市政设施辐射原理如同

---

[1] 费孝通. 乡土中国 [M]. 北京：北京大学出版社，2012.

乡土社会的人际关系，以"己"为中心，由近及远，层层波及。非常典型的案例是当地铁开通后，地铁沿线的住宅升值了，越靠近地铁的住宅升值得越快。这些政府投资的基础设施和市政设施乃至由于政府投资所诱导的私人投资所产生的服务流都能辐射到住宅。这些服务流的享受是以住房为载体而进行的。政府还通过居委会把具体的福利落实到了人头上，当你去购二手房时，你的户口就从集体户转入该小区派出所，政府派发福利就是根据户口登记簿上进行派发的。小孩上学都是根据这个住宅所在区域界定的。

2. 辐射价值是政府课税的基础

政府从广义上提供了这些服务流，使得这些房产增值。即使不增值，也能保值，这种保值是指政府即使不进行投资，也能提供公共服务，如清洁、保安等。为了实现循环投资，政府必须从房产增值部分与业主或居户共享。只有这样，政府才有能力进行下一轮的城市建设投资。业主所能提高住房的功能价值的行为，仅仅是对旧房进行重新装修，进行改造以增加功能价值，但是这种增值有限。真正的增值是由于政府进行持续不断的投资和提供持续不断的服务造成的。很明显的一个反例就是，那些内乱的国家，其政府无法提供正常的投资和正常的服务而导致住房的急剧贬值。另一个典型的案例是户主没有进行投资改造，但是自己居住的房子却不断飙升，其实是政府不断投资和提供服务造成的。

如此说来，政府投资以及服务的外部性使得住房增值保值。对这种经济学上所谓的正外部性，政府应该进行课税。政府所征收的物业税也应该作为城市建设资金的一个主要来源（庇古税[1]），只有这样才能达到收支平衡。而我国的现状却是城市政府的建设资金仅仅来源于土地出让金和住

---

[1] 根据污染所造成的危害程度对排污者征税，用税收来弥补排污者生产的私人成本和社会成本之间的差距，使两者相等。由英国经济学家庇古(Pigou, Arthur Cecil, 1877—1959)最先提出，这种税被称为"庇古税"。

房交易税，譬如土地增值税、契税、城乡建设维护税等。这意味着城市建设资金是由新房来提供和承担的，而广大的存量房增值并不付出任何费用，于法理上是说不通的，也是不可持续的。毕竟城市建设和城市服务任务越来越重，而新房仅仅是占住房总量的一小部分，以小部分的住房承担起全体的重任，既不合情也不合理。

以上所讲的是住房的实实在在的增值，其背后是服务流作为支撑。住房增值也有虚幻的方面，即房地产泡沫。发展中国家经常出现货币政策失误，大量的资金流入房地产市场，导致房价虚高。另外，虚高房价部分是由于巨大的收入分配差距造成。政府在再分配格局没有起到相应的调节收入分配的作用，流入个人手中的资金多了，进而购买过多的住房。因此，在住房持有的环节应该对这些住房的持有者进行收税，以起到调节收入分配以及挽救货币政策失误。像我国 2009 年房价快速上涨，政府的公建设施、配套设施没有明显增加，但是房价快速上涨。只能说是大量发行货币引发通胀的预期，导致住房名义增值。如果以物业税的名义，能收回部分资金，用于城市建设，可以减缓失误的货币政策对房地产市场的冲击。

二、物业税是地方财政主要支柱之一是国际通行经验

以上的理论分析，仅仅是为了证明物业税征收的前提和基础是物业税必须来自于住宅的增值和保值，并且全部用于地方政府对当地居民提供的各种服务，这是物业税的本质。如果地方政府不能令人信服地向当地居民提供所需的服务，物业税就不能征收。一个理想的结果是，如果地方政府不断提供令人满意的服务，居住房屋和商业物业的价值就会上升，这又会增加当地政府的物业税，从而产生良性循环。世界各国物业税的征收以及应用也证实了这一点。

由于世界各国的政治体制、央地关系不同，地方政府税收来源各不相同，但是共同特点是物业税占地方财政的较大比重且用于地方建设和提

供服务。在这方面的文献汗牛充栋。譬如，英格兰地区从 2003 财政年度到 2009 财政年度，商业物业税平均占 12.5%，住宅物业税平均占 15.8%，两者合计 28.3%，而中央政府拨款达 48.6%。英格兰地区地方政府的支出主要用于中小学教育、公共道路交通、社会服务、公共房屋、文化设施、环境卫生、城乡规划和公安消防等[1]。法国南特市 2011 年地方税预算总额为 1.747 亿欧元，占预算总收入的 37.7%，其中居住税为 84459741 欧元，占 48.3%；建有房屋的地产税为 89794985 欧元，占 51.4%；未建房屋的地产税为 439157 欧元，占 0.3%[2]。美国物业税一开始就是州和地方政府的税收，是各地方政府财政资金的支柱性来源，一般要占地方财政收入的 50% ~ 80%，主要来源于对房地产的征税，约占物业税收入的 75%，其中来自于居民住宅约占 50%，企业不动产约占 25%。20 世纪 90 年代后，美国州政府税收逐渐退出了房地产领域，基本上将全部物业税留给地方政府，地方政府财政收入中约有 85% ~ 90% 来自于物业税[3]。日本固定资产税是将土地、房屋及折旧资产作为课税对象，由市町村征收的地方税收，由课税标准和税率决定税收负担。课税标准是指市町村固定资产账户中登记的固定资产评估额，固定资产税率一般为课税标准 1.4%。固定资产税在地方税中占有绝对比重，又是市町村税的主要来源，如 1993 年固定资产税占地方税的 73%，超过 99% 的固定资产税又属于市町村税[4]。

发达国家如此，转轨国家和发展中国家也不例外。目前，在中、东欧的转轨国家中，财产税已被确定为分权化进程中新产生的地方政府重要的收入来源，对财产税的强调和改革已经列入这些国家的议事日程。与此同时，"财产税是发展中国家最为重要的地方税种"。一些学者通过对 20 世纪 70 年代和 90 年代 40 个发展中国家的案例分析表明，财产税占地方税

[1] 财政部办公厅，财政部财政科学研究所课题组.英国财政税收制度的演变:1597 年至今 [J].经济研究参考，2009（40）.
[2] 杨亚平.物业税的征收:来自法国的借鉴 [J].学术界，2012（2）.
[3] 张青.物业税税率的确定 [J].税务研究，2006（3）.
[4] 裴桂芬，马文秀.战后日本资产税改革与泡沫经济形成 [J].日本学刊，2007（2）.

收总额的 40%[1]。

三、从广义上理解物业税以及配套制度的功能

开征物业税能增加住房市场中小户型需求比重、降低房屋空置率、使得房地产投机行为收敛[2]。但是物业税的作用不仅仅局限于此，物业税的开征的配套制度是全国房屋产权联网，只有联网才能更好地实施物业税制度，但仅仅把物业税的功能局限在房地产领域，则显得比较狭隘。我们有必要结合物业税和全国房屋产权联网综合阐述其功能和意义。

1. 改善地方政府职能

征收物业税首先考虑的不是房地产调控，而是为全局的改革配套。地方税作为一个体系，其中稳定的财政支柱，应首推物业税，因为它可以使地方政府内在地形成一种物质利益的合理引导：地方政府只要专心致志地优化本地投资环境，提升本地公共服务水平，其管辖的住宅就会得到不断的升值，其财源来源就可以随着政府职能的履行越来越壮大。这种以市场经济为导向的机制，可以使物业税充分发挥出正面效应，支撑整个配套改革。同时，物业税成为地方税体系的支柱，使事权和财权相统一，使地方政府短期行为得到制度性矫正，有利于引导地方政府可持续发展。

2. 扩大信任链条

秘鲁著名经济学家德·索托认为："那些用以管理和控制国民积累的财富的所有信息和规章，经由发达国家恰如其分的整合和规划，变成了一种知识体系。而在此之前资产信息和管理资产信息相当琐碎而分散。"德·

[1] 张青.物业税税率的确定[J].税务研究，2006(3).
[2] 贾康.房产税改革：美国模式与中国选择[J]，人民论坛，2011(3).

索托认为这正是发达国家区别于发展中国家的秘密[1]。我国各地房屋产权信息也处于一种分散状态，房屋权属信息均采用属地管理原则。所谓属地管理原则，举例说明就是，在北京只能反映或查询权属人在北京的房屋权属情况，而不能显示其在异地拥有房产的情况。虽然有些城市对房屋权属信息化处理，但是尚没有全国联网，给生意上合作造成相当的困难。譬如，北京的生意人如果到武汉做生意，需将在北京的房产抵押，则遇到较大的困难。在武汉的生意合作伙伴要跑到北京房产局才能确认其房屋产权的真实存在。而全国房屋权属联网实际上使得全国城镇住房权属关系标准化，使得在武汉房管局就能便捷查到北京房产的有关信息，从而更加容易把资产转化成资本。此外，更加有利于建立个人信任关系。陌生人之间如何建立信任关系，则是市场经济依赖存在的基础。个人可以通过授权在全国住房权属联网了解合作方住房的位置、面积等系列信息，从而增强了合作的信任感。可以说，银行个人信用系统联网、企业信用系统联网是建立个人信任关系的初步，而全国城镇住房权属联网则把个人信任关系推进了一大步。

3. 社会管理的重要工具

在征收物业税的过程建立起种种技术措施和部门之间配合，有利于加强社会管理。住房城乡建设部门可以实行全国联网，建立"中国住房产权信息网"，使之具备房屋产权信息登记、公示和查询等功能。在此基础上，再建立信息共享机制，以便税务部门利用住房城乡建设部门"中国住房产权信息网"的信息，正确合理地核定纳税人的资产和物业税的税基；公安部的"全国公民身份证号码查询服务中心"提供身份信息核查、同名同姓查询、人口数据统计、寻亲访友等服务。为了开征物业税，公安部可以将这二者结合起来，扩大"全国公民身份证号码查询服务中心"信息量，增加以"户"为单位"家庭成员查询"功能，输入某人姓名和身份证号码即可

---

[1] [秘]德·索托.资本的秘密[M].北京：华夏出版社，2007.

查询其家庭成员的户籍信息；税务部门与住房城乡建设部门、公安部门联网后，可以凭住房所有权人的姓名和身份证号码，从"全国公民身份证号码查询服务中心"查找其配偶、家庭成员的姓名和身份证号码，再在"中国住房产权信息网"查找该家庭每个成员在全国各地的住房信息。只有获得房产主体的完整信息资料，才能准确地征收物业税。这些部门的通力合作，实际上是有效建立了社会管理的治理结构。如追踪贪官以及亲属的财产，很容易查到相关的蛛丝马迹；社会管理有效性还在于对于潜在的违规者实施惩罚的威慑性。以前违规者纵然违法，也容易通过藏匿资产逃避惩罚。而这种联网使得政府部门更加深入了解潜在违规者的不动产信息。因此其威慑性在于：这些潜在的违法者如果知道违法将遭受的经济惩罚，其违规行为的经济动机则被大大弱化了。

4. 调节收入分配

国家利用税收调节行业间、地区间的收入，进行二次分配，弥补一次分配所造成的贫富差距，促进社会公平。贫富差距表现在三个层面：收入层面、消费或支出层面、财产层面，完备的税收体系应该对贫富差距进行全面的调节。而目前我国在收入环节有个人所得税调节，在消费环节由增值税、消费税和营业税的配合去调节，财产环节的税收调节还是空白。从我国目前征收情况来看，个人所得税对收入分配调节有限。由于工薪收入规范化程度比较高，由单位代扣代缴，个人所得税成了名副其实的"工薪税"；却对高收入群体税收"管不住"。消费税等在调节收入分配方面作用也不大，特别是对高收入的调节效果不明显[1]。财产是对贫富差距影响最大、最具有基础作用的，如果不启动财产税进行社会再分配，而仅仅依靠个人所得税、消费税等调节，就力不从心了。而房屋是个人财产中重要的一个方面，物业税一旦开征，就会填补财产税的缺失，也意味着中国调节

---

[1] 曲顺兰.税收调节收入分配：基本判断以及优化策略[J].马克思主义与现实，2011（1）.

贫富差距的重大举措正式启动。

四、稳妥推进物业税改革

我国物业税的迟缓也反映了转轨国家的法制困境。在转轨过程中，法律只能根据当时的情况制定，如1986年9月我国制定的《中华人民共和国房产税暂行条例》，并没有对普通住宅开征，只是向经营性用房征收。是由于当时房产属于个人尚不多见，使用和租赁经营性用房的企业较多。地方税收尚丰，并不依赖房产税。而1994年分税制改革导致地方税所占比例越来越少，事权财权越来越不对等。在2004年土地8·31大限之后，地方政府被迫越来越依靠土地出让金弥补财政缺口，因此，地方政府和中央政府在房地产宏观调控分歧越来越大。如果不是依赖行政问责制，恐怕房地产宏观调控更加难以落实。

此外，1998年住房全面市场化改革后，住房自有率迅速上升，甚至高达86%。住房之间的差距进一步拉大了家庭财富的差距。其主要矛盾转变了，应该出台物业税对个人房产进行征税，遏制投资投机性需求。同时物业税逐渐成为地方主要税种也有利于地方政府和中央政府在房地产宏观调控形成利益共容。但是一种税收的兴废要经过冗长的程序，更重要的是由于多套住房拥有者成为既定利益者，天然的利益取向会导致他们阻碍一种妨碍自身利益的新型税种产生。这就是科斯所谓的"路径依赖"，会促使无效率制度长期存在。这就需要决策阶层高瞻远瞩，形成一致的改革共识，运用高超的政治技巧协调各种利益关系，采取合适的方式稳妥推进物业税改革。

第七节　警惕房地产宏观调控中
新自由主义趋向[1]

2008年年末，由于美国次级债危机导致我国国民生产总值下滑，党中央出台了一系列刺激内需的措施，其中刺激房地产消费就是重要的一项。在这种政策的导引下，房地产市场本来自我调整的过程被拦腰中断，2009年房地产市场呈现"U"形反转。全国商品房销售面积93713万平方米，比上年增长42.1%；商品房销售额43995亿元，比上年增长75.5%[2]；各地"地王"频出，央企纷纷涉及非主营业务的房地产；房价以更快的幅度上升，我国房价收入比迅速提高，导致民怨日益积累。人们不禁要问，我国的房地产宏观调控思路究竟出了什么问题？数年来房地产宏观调控为何房价越调越高？对于房地产宏观调控领域来说，新自由主义似乎属于较为生疏的名词，但是在我国房地产领域却以较为隐蔽的方式出现，较难为人所知，我国房地产宏观调控的失灵与新自由主义却有着千丝万缕的联系。因此，有必要对房地产宏观调控中的新自由主义趋向进行概括和分析，以有利于我们在制定房地产政策过程避开这些陷阱。

---

[1]　此文发表于《宏观经济研究》2010年第3期。

[2]　中华人民共和国国家统计局.中国统计年鉴2009[M].北京：中国统计出版社，2010.

一、房地产宏观调控新自由主义泛滥根源

（1）新自由主义泛滥的宏观环境。新自由主义理论是第二次世界大战后一系列经济理论的综合，包括科斯的产权理论、弗里德曼的货币主义、贝克尔的家庭论为其理论基础，针对凯恩斯主义无法解释20世纪70年代出现"滞胀"现象而新自由主义大行其道，主张充分利用市场达到资源配置优化，否定国家干预市场。新自由主义主张以新自由主义理论为基础，片面强调市场机制的功能和作用，鼓吹国有企业私有化、贸易自由化、金融自由化、利率市场化、放松对外贸的监管、放松政府管制等，适应了国际垄断资本向全球扩张的需要。此外，美国利用经济援助、贷款的附加条件，向发展中国家强制推行"华盛顿共识"，新自由主义最终被美国当局国家意识形态化、政治化、范式化。休克疗法造成俄罗斯经济大滑坡以及拉美试验带来的区域经济危机，就是新自由主义造成的一系列后果。新自由主义在我国迅速传播，在21世纪初也曾掀起一股私有化的浪潮，大量国有企业私有化造成国有资产流失，幸亏中央政府及时阻止了这一趋势。但是房地产仍是新自由主义的重灾区，它以隐蔽的形式出现，不易为人识别，因此，决策者要特别警惕新自由主义的动态。

（2）我国房地产体制的低抵抗力。我国现行的房地产体制特征决定了它容易遭受新自由主义病毒的侵袭。首先，新旧体制交接。传统的计划经济住房福利分配已经结束了，但是房地产市场基本制度尚未健全。从1998年以来推行的全面房地产市场化改革其实就是私有化的过程，把以前的公房卖给私人。但是市场化改革并不等于私有化，也不是放开了市场就是市场化了。房地产市场运行良好需要许多基础性的制度，譬如反垄断制度、信息平台建设、价格预警制度等。由于房地产市场建立时间短，决策者对房地产运行规律尚不清楚，这些制度建立尚待时日。其次，利益集团的阻扰。改革开放以来先富起来的阶层作为既得利益阶层往往成了改革深化的障碍，这就是科斯所谓的"路径依赖"，作为先富起来的

阶层，包括一部分决策者拥有数套住房是常事，对物业税等损害自身利益的制度往往抱有天然的抵制情绪，一些抑制投机的制度建设难以出台。在基础性房地产制度尚未健全的情况下，房地产市场就是霍布斯笔下的野蛮竞争的"热带丛林"，当然西方新自由主义就很容易在房地产体制内泛滥成灾。

二、新自由主义在房地产宏观调控中的表现

新自由主义不断地在侵蚀房地产宏观调控基本理念。新自由主义在房地产宏观调控中表现形式各种各样，但是归纳起来主要有以下几种：

（1）把市场化等同于私有化。私有化并不等于自动建立市场经济运行制度。我国在遭遇亚洲金融风暴时，把放开房地产市场作为培育经济新增长点，大力推进公房私有化的进程。我国的住房私有率迅速上升到2005年的82%左右。这有点类似于英国的住房私有化改革。与之不同的是，英国的住房私有化本身就有良好的基础性制度建设，具备计划轨和市场轨的两种系统性基础性制度，因此，能较为顺利地完成从计划轨向市场轨转轨。但是我国计划轨较为完善，计划经济体制下住房生产和消费体制都具有一定的公平性和效率性，但是市场轨的制度建设却相对薄弱，特别是在反垄断、市场秩序、信息透明、房地产宏观调控等方面尚没有成熟的经验，大规模的私有化难免会造成混乱局面。在这个意义上，我国当前房地产乱象其实是一种体制转轨造成的乱象。新自由主义者往往把私有化、市场化看作解决问题的法宝，却不积极构建市场机制运行的基础性制度。新自由主义者以私有化的程度作为市场化程度的标准，其实质是放任自发的市场力量，是市场原教旨主义的表现。

（2）拒绝竞争主体的多元化。新自由主义是主张竞争的，但是我国新自由主义者却拒绝竞争主体的多元化，实质上是保护了垄断，未能将新自由主义贯彻到底。竞争主体的多元化有时能自动起到瓦解垄断的目的。竞争主体的多元化有利于改善竞争的绩效，我国国有企业改革的历史经验证

明了这一点。我国的经济体制是从农村联产承包责任制开始的，对城市的国有企业改革是肇始于对乡镇企业的承认，就是在传统的国有经济体制之外造就一个竞争性的实体，就是这样的实体促进了国有企业进行改革。后来又鼓励引入三资企业、外资企业，随后又承认私有企业在我国国有经济中所占有的地位。我国多种经济成分的竞争型结构最终促进国有企业进行股份化改革，出现一批盈利能力强社会贡献大的"新型国企"。纵观我国国有企业改革的历程，我们发现培育一批竞争实体对促进国有企业自身改革有非常大的帮助。而房地产行业的竞争主体却是较为单调，这里所说的单调并非是指所有制结构成分，而是清一色房地产开发企业。众所周知，一个企业，无论是外资、三资、私有或国有企业，其存在的基础就是以营利为目的。虽然在同一城市，各种企业开发的房地产楼盘还存在一定的竞争。但是最简单最有效的增加盈利方式莫过于价格合谋，奥尔森将这些利益集团称之为"共容利益集团"。这就是通常所说"一个城市房价基本上就是几个大开发商在一张酒桌上决定"的。因此，培养异质性的竞争实体非常必要。何谓异质性竞争实体，房地产具有一定的垄断性，不像普通商品一样不同所有制成分就可以制造充分的竞争。房地产异质性竞争实体是指必须以各种不以营利为目的的竞争实体或者低成本入市的竞争实体。在西欧国家，譬如德国、英国，不以营利为目的的住房合作社为社会提供的住房高达 60% 以上。但是我国的房地产开发主体结构甚为单调，仅仅是开发商唱主角。通常个人合作建房、小产权房都被排斥在外，就连西欧盛行的住房合作社也在我国不见身影。这些非营利性组织有利于降低房地产开发企业的超额利润，为自住性需求的消费者提供起码的住房条件，但是这些非营利性组织在我国并没有得到提倡。小产权房是农民自发追求自身利益实现的产物，也是市场力量自发应对高房价的产物。统计经验证明，哪里的房价越高，哪里出现的小产权房越多。这说明市场力量已经突破了法律的樊篱，从灰色渠道上提供了部分住房。这说明"看不见的手"永远推动人们突破制度的障碍和制度框架去实现自身利益，法律应该采取适当措施化解集体土地流转的矛盾，但是对于小产权房一律采用封杀的手段未免也是新自由主义的嫌疑。

（3）构建基础性市场制度积极性差或者制度软化现象。首先是基础性制度缺失。在开发过程中，容易出现囤地等现象，但是法律没有有效手段遏制囤地。在流通过程中，开发商容易出现价格合谋，我国学术界对价格合谋尚没有一个判断标准。此外，在流通领域中还经常出现雇人排队、虚假广告等行为，我国尚没有建立治理这种市场秩序混乱的长效机制。在消费领域，我国房地产税费的典型特征是保有税种少、流通税种高，对投资性投机性买房没有较强的约束力，导致投资投机性需求挤占了刚性需求，导致严重的住房不公现象。一言概之，在房地产开发、流通以及消费领域，均缺乏避免对生产要素以及商品垄断占有的基础性制度。其次是基础性制度软化现象。市场机制基础制度是促进市场主体公平竞争打破垄断、促进要素流到最有效率的市场主体手中。在生产阶段，开发商高价拍地，获得高价地后，却由于形势变化而推迟开发，政府手中的土地变成开发商囤积的土地，尽管每年政府都加大推地的力度，但是由于开发商的"囤地偏好"，每年开发的土地面积也达不到政府希望的面积。由于地方政府和开发商具有利益一致性的，出现促进要素公平流动的制度出现"软化"现象。开发商往往和地方政府达成一致，在缴纳土地出让金、土地开发时限上采取通融措施，形成了对开发商的软约束。

（4）保障性住房措施不力和走形（市场失灵领域）。缩小政府规模，缩小公共产品的供给是新自由主义一贯主张。住房公共政策尚处于缺位状态，也是新自由主义在房地产领域的表现。首先，保障性住房覆盖面小。如2009年中央政府廉租房拨款仅为493亿元，不到GDP的0.2%，经济适用住房拨款更少。从计划经济体制下的单位保障制转移到市场经济体制，住房公共政策基本机理尚未理清，中央和地方在保障房上的责任没有理清，地方政府建立建设保障性住房的积极性不高。其次，目标群体具有社会排斥性特征。从住房保障政策的目标群体的受益资格确定方面来看，住房保障主要针对官方认定的住房困难人群，有严格资格审查，一般都要有当地户籍，廉租房要符合收入和住房都遭遇困难的"双困"标准。非官方确认住房困难主体，如非户籍贫困居民等被排除在外。经济适用住房的标准也已经变化，与户籍和一定收入相联系，但操作中往往严重走样。而住房公积金政策按规定覆盖几乎所有单位，但公民能否获益，却依赖于雇主能否按时缴纳。总体上，非户籍人口被排斥于住房保障之外。我国住房保障制度既非普适性的、也非职业性的、也非完全收入相关的，而与人的身份与职业、单位有关，具有中国特色的社会排斥特征，甚至比福利保障色彩最少的自由资本的"新自由主义"还要糟糕。

概而言之，我国房地产新自由主义者以坚持市场化为主导方向，其实是在放任市场，其实质是市场原教旨主义和社会达尔文主义。在维护自身利益时，有时又拒绝某些新自由主义的良性主张，利用垄断、抑制竞争获得超额利润，代表某些小部分利益集团的利益。

三、房地产界新自由主义者的理论武器

当然，房地产新自由主义者是有一套理论武器作为其辩词。理论武器、理论分析到政策手段，构成一系列看似严密的逻辑框架体系。

（1）以供求关系为理论工具。新自由主义者所持的基本理论工具是供求关系。供求分析是西方经济学一个经典的分析框架，可供求分析是建立在主观效用价值论上的。何谓主观效用价值，简单说主观上是对某种商品的评价，譬如在沙漠里濒临死亡的人们愿意花巨额的资金支付一杯水的价格，原因在消费者认为值得。对于房地产供求而言，"供"是容易定量分析的，"求"却是不容易定量的。供求理论所依赖的主观效用价值论很容易增大了市场波动的风险。譬如在我国市场经济不完善、信息不畅通的前提下，拼命鼓吹房地产稀缺性、雇人排队、虚假广告都可以造出人为的虚假需求，以致购买者误认为需求是旺盛的、房产未来升值的潜力很大。虚假的劝说以及广告说辞提高了购买者的心理价位（主观效用价值论的体现）。当购买者心理价位已经超过现实的价位，购买者便认为购买房产能够获得较大的消费者剩余，从而踊跃购买，导致房产价格脱离价值直线上

升，引发更多的投资性投机性需求的入市，引起房价螺旋式上升，刺激房地产泡沫不断膨胀。

（2）以中国特色为辩护词。新自由主义者以供求关系为基本理论工具，为了证明"求"之盛，为高房价作辩护，新自由主义者借助于中国特色的说辞。其一是鼓吹城镇化带来的住房需求，混淆有效需求和无效需求的区别。我国的城镇化非常具有特色，作为第三产业的低端服务业吸纳了大量的农村剩余劳动力，这些劳动力都是以"低工资低福利"为其特征。我国所进行的城镇化可谓人类历史上的"壮举"，但是这种刚性需求究竟能带来多大的住房需求尚值得商榷。显然，很大一部分的进城农村人口，其工资水平难以购买城市商品住房，就连跳出农门的大学生对购房也力不从心。具有实际购买力的仅仅是农村小部分新富阶层。新自由主义者以城镇化带来的刚性需求为高房价作辩护，但这种所谓"刚性需求"往往是无效需求，即没有支付能力的需求。其二是混淆刚性需求和投机需求的区别。由于没有发达的房地产市场信息调查系统，房地产市场刚性需求和投机需求的变化难以被准确监测到，新自由主义者混淆了刚性需求和投机需求，把投机需求理解成刚性需求，竭力辩护高房价。其三是以中国特色为盾牌拒绝国际通行的基础性制度。西方发达国家创造的某些房地产制度还是比较科学的，适当引进有利于加强我国房地产宏观调控。但是我国新自由主义者以中国特色为其盾牌，拒绝实行西方已有的某些制度，如物业税制度。为了维护某些利益集团的利益，为了夸大基础性制度实施的困难，往往披上"中国特色"的面纱。笔者并非鼓吹全盘引入西方房地产制度，但大多数国家都实施的行之有效的制度，无论面临多大困难，都需要引入。

（3）夸大房地产的支柱地位。为了进一步为高房价作辩护，新自由主义者夸大了房地产行业的支柱地位，使中央调控房地产时落入投鼠忌器的尴尬境地。新自由主义者是这样夸大房地产的支柱地位的。首先是混淆房地产业和建筑业的区别。新自由主义者在计算房地产带动效应时，把房地产行业和建筑业混淆在一起，特别是计算房地产业的前向关联时，房地产带动的是矿业、石油煤炭、通信、电力等物质技术原材料消耗性产业。这些所谓的带动效应本身就是建筑业的带动效应，混淆房地产和建筑业无形中扩大了房地产行业的支柱地位。而房地产企业其实质仅仅只相当于一个中介组织或者流通组织，难以承担起支柱产业的大任。从西方国家支柱行业变迁史的角度来看，从来没有西方国家把房地产业作为支柱行业，仅仅是美国曾经有段时间把建筑业作为支柱行业。其次是国民生产总值统计方式也造成房地产支柱地位的假象。房价上涨，其上涨的部分被计算在国民生产增加值的部门，这种虚增的国民生产总值并不是国民生产总值实际增长，但是被计算在内，这进一步夸大了房地产的支柱地位。最后是有意无意忽视挤出效应。新自由主义者夸大房地产对经济的拉动效应，有意无意忽视了挤出效应。购房者在购买住房以后，往往缩小其他方面的消费。在各项房地产宏观调控政策中，往往强调的是房地产对建材家具家电等的拉动效应，而对其他消费的挤出效应却有意无意地漠视了，但是这种效应对国民经济的影响却是长远的。

（4）拒绝行政化手段的利用。新自由主义者以市场经济为借口拒绝行政化手段。由于新自由主义者把私有化等同于市场化，拒绝行政手段的使用。譬如，南京在抑制房价过程中采用一些行政手段就激起抗议一片。新自由主义者在拒绝行政手段时言辞凿凿，有关政府部门显得理屈。其实，在某些市场经济基础性制度缺位、市场转轨青黄不接的前提下，行政化手段在一定范围内具有较好的效率。譬如，价格合谋、掠夺性定价、垄断行为在西方国家已经遭到明令禁止，但是在我国关于房价合谋、垄断行为没有法律上的裁决标准，这种法律上的空白可以适当利用行政手段来弥补，关键的是要研究如何找到行政手段的切入点。譬如，某大型开发商进入福州房地产市场，由于福州房地产市场体量小加上多种营销手段利用，福州房价迅速上涨，有关部门在该开发商楼盘周边布置若干经济适用房有效威慑该开发商。这种经济手段和行政手段的综合利用在我国转轨时期还是具有一定的适应性的。

四、新自由主义在房地产领域泛滥的危害

新自由主义已经在房地产市场造成了毁灭性恶果。每一次房地产危机导致金融危机都有不同的特性，不可因为我国房地产市场与其他国家不一样而妄断中国不会发生房地产危机，历史不可能重复进行着。美国次级债危机、迪拜事件，这些房地产危机其实都有一个共同的特征，那就是新自由主义在该国房地产宏观调控中泛滥的表现。美国房地产宏观调控的新自由主义表现在：其一，过度夸大市场的力量，通过市场化和金融创新手段把低收入者引入房地产市场（低首付和浮动利率），让市场解决穷人住房问题。其二，基于房地产抵押贷款合同所构造的衍生品（RMBS、CDO、CDS）定价，其实质就是故意利用复杂化定价机制造成信息不对称，掩盖了价格脱离价值的事实，政府对其难以监管，也是市场机制作祟造成的结果。其三，美国房价上涨，投机需求剧烈时，政府又没有采取合适的手段，这是政府没有及时采用有效措施抑制市场的盲动力量。种种因素导致次级债危机，最终引发全世界金融危机。迪拜房地产危机的新自由主义也表现在政府对热钱的流入流出控制不力，爆炒楼花盛行，最终导致迪拜集团破产，工地停工。这些现象都是政府过度信任市场力量，让市场不受约束地配置资源，造成了巨大的破坏性后果。

很多房地产行业新自由主义者并非意识到自己是西方自由主义理论在中国房地产业的代言人，只是利益与新自由主义者相一致，无意中和新自由主义者的观点如出一辙。新自由主义有一整套理论主张，有可能影响部分学者以及部分房地产政策界人士。新自由主义泛滥的结果不仅仅导致住房的严重不公，它更是一种迂回式政治自由主义，激起民众的日积月累的不满情绪，严重损害我党的威信和执政基础。因此，特别要警惕政府政策界的新自由主义者，要注意把房价调控到与民众购买力相适应的程度。

第三章
宏观调控

第一节　从人口和资本角度看
房地产宏观调控背景

一、与住房问题相联系的国情

所谓国情并非指泛泛而论的国情，譬如人多地少、城乡差距等。任何与国外有较大差别的情况都可以称为"中国国情"。国情有很多种类，但是与住房问题相联系的国情却是不多的。住房问题的产生并非仅仅住房总量的问题，而可能是布局、结构的问题。住房的供给量在一定时期内是稳定的，而人口、资本却是流动的，即使总量平衡，但是一旦流动就产生了住房问题。譬如假设某省份有 1000 万套住房，有 3000 万人，以三口之家计算，正好一户一套。但是该省份某地区经济发达了，吸引该省份其他地区的人口朝该地区集聚，那么该地区的住房就出现供不应求的局面，而其他地区则出现供过于求的局面，有的人有较多资金，投资于该地区的住房，加剧了供不应求的局面，因此，住房问题就产生了。我们想要了解中国住房问题，必须从三个国情出发：人口国情、财富国情和制度国情。

1. 人口国情

1）全国总人口增长缓慢

第六次全国人口普查得到的数据是全国总人口为 13.71 亿人。其中普查登记的大陆 31 个省、自治区、直辖市和现役军人的人口共 13.40 亿人。

同 2000 年第五次全国人口普查时的 12.66 亿人相比,大陆 31 个省、自治区、直辖市和现役军人的人口,10 年共增加 7390 万人,增长 5.84%,年平均增长率为 0.57%。如果与历次普查间的年平均增长率相比,从 2000 年到 2010 年中国年平均人口增长率是最低的。中国从 20 世纪 70 年代初期开始普遍推行计划生育,从而导致人口增长率开始明显下降。进入 20 世纪以来,人口增长率的大幅度下降不仅体现了计划生育的工作成效,也体现了人们生育观念出现了显著的变化。

表 1　历次人口普查数和人口增长情况

普查时间	总人口(万人)	人口增长量(万人)	增长率(%)	年平均增长率(%)
1953.07.01	58260			
1964.07.01	69458	11198	19.22	1.61
1982.07.01	100818	31360	45.15	2.09
1990.07.01	113370	12552	12.45	1.48
2000.11.01	126583	13213	11.65	1.07
2010.11.01	133972	7389	5.84	0.57

数据来源:"六普"数据均来自本次普查主要数据公报 (1)、(2) 号,以往普查数据来自"中国常用人口数据集"。

从国家统计局 2011 年 4 月 28 日公布的第六次全国人口普查数据看,2010 年第六次人口普查时全国总人口为 13.40 亿人,不但低于国家人口计生委 2005 年提出的人口规划目标(2010 年 13.7 亿人)近 3000 万人,也低于联合国 2008 年版的中国人口"低方案"预测结果(13.54 亿人)。1990—2000 年间年均人口增长率为 1.07%,2000—2010 年间年均人口增长率下降至 0.57%,仅及 1990—2000 年间年均人口增长率的一半[1]。由此可见,中国人口惯性增长速度大大降低,人口快速增长早已成为历史。

2)城镇人口增长迅速

进入 21 世纪以后,中国的城镇人口和城镇化水平仍然保持着快速增

---

[1] 乔晓春.中国人口布局的现实特征与未来展望:来自"六普"数据的分析 [J].甘肃社会科学,2011(4).

长的势头。从 2000 年 11 月 1 日第五次全国人口普查到 2005 年 11 月 1 日全国 1% 人口抽样调查，以及 2010 年 11 月 1 日第六次全国人口普查，中国城镇人口从 2000 年的 45844 万人增加到 2005 年的 56157 万人，增加了 10313 万人，增长了 22.50%。2010 年居住在城镇的人口为 66558 万人，又比 2005 年增长了 18.52%，与此同时，中国的城镇化水平也得到了较大幅度的提高，从 2000 年的 36.22% 增长到 2005 年的 42.99%，增长了 6.77 个百分点。后五年从 2005 年的 42.99% 增长到 2010 年的 49.68%，增长了 6.69%。前一阶段主要是由于城镇区划调整上，把农民的住房纳入城镇的范围；而后一阶段的城镇化特征是外来人口的流入。

3）主要流入地

中国人口流动的另一个主要流向是从中西部地区、东北地区向东部地区流动。数据显示，与 2000 年人口普查相比，只有东部地区比例出现明显的上升，而其他三个地区人口比例呈现梯度下降，即下降最快的是西部地区，其次是中部地区，最后是东北地区。

表 2　我国各地区人口增长情况

普查年份	东部地区（万人）	中部地区（万人）	西部地区（万人）	东北地区（万人）
2000	35.57	27.84	28.15	8.44
2010	37.98	26.76	27.04	8.22
提高幅度（%）	2.41	−1.08	−1.11	−0.22

由于中国人口流入的热点地区主要在珠三角、长三角和京津地区，从而导致这些地区所在省份人口快速增加，人口流出省份人口迅速减少，省级人口规模的排位也发生了相应的变化。按常住人口划分，2000 年人口普查排在前三位的是河南省、山东省、广东省；本次普查排在前三位的则变为广东省、山东省、河南省。其顺序完全颠倒过来，即广东成为中国第一人口大省。

有些省份成为人口净流出省份，譬如，湖北省 2000 年时各地区人口增加的较快，增长较快的地区均用红色以及更深的颜色表示，整个省份呈现火山一样的颜色。而 2010 年时人口净流出的地区较多，人口负增长为蓝色以及冷色表示，从 2010 年的图示上，湖北省人口呈现出大海般冷色的基调，说明人口净流出较多，以前的住房可能空置出来。

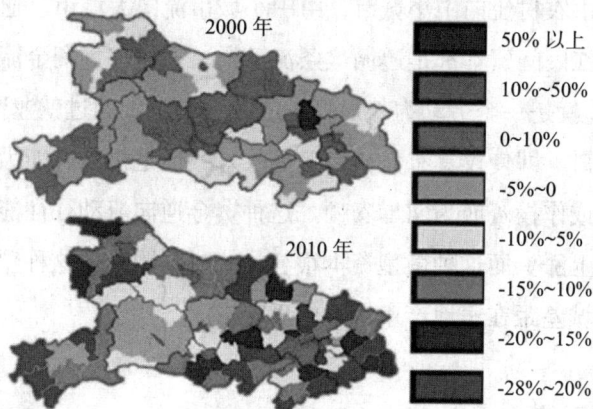

图 1 "五普""六普"湖北人口净流入流出分布图

2. 财富国情

有学者从外贸体制、货币政策等角度说明这些宏观政策对房地产市场的影响。其实，货币政策的失误并不必然导致货币对房地产市场的冲击，货币发放过量也可以被金融产品、产业升级等吸收，并不必然导致房价上涨。对于我国居民来说，因为流到个人手中的资金多了，又没有其他可投资渠道，才会购房，最终促进了房价的上涨。

1）民间资本总量大

截至 2010 年底，全国城乡居民储蓄存款余额已超过 30 万亿元，加上手持现金、股票、债券、保险以及金融机构理财产品等，金融资产总规模超过 48 万亿元，被称为全球私人财富增速最快的国家。2010 年，全社会固定资产投资为 27.8 万亿元，而以非"国有及国有控股企业"投资为代表的民间投资在固定资产投资中比重超过一半，达到 57.7%。

2）收入分配严重不均

我国城镇居民储蓄存款数量庞大，即使每年仅 1/10 流入房地产市场，也是非常庞大的数量。学术界达成一致共识是，我国基尼系数在世界位于前列，也就是说少数人掌握大量的财富。对于资金雄厚者来说，资金消费倾向递减，而投资倾向递增。在其他投资渠道缺乏的情况下，总有大量的民间资本虎视眈眈伺机而动。巨额资本的正向流动，这是与流动人口流向相一致的，由农村流向中小城市，由中小城市流向大城市。通常像山西民间资本、浙江民间资本都是遵循这条流动渠道。另一种资金流向是微型资本逆向流动。就是一个劳动力外出打工或者一个学生通过就业留到大城市，成了户籍人口。即使仅具有大城市普通收入，但是仍然有能力在家乡城市购置房产，或作投资或为父母安顿。这种资金逆向流动往往能造成中小城市房价迅速上涨。而这种微型资本很容易绕过限购令。这种现象其实是城乡差距、城城差距在房地产市场上的反映。

3. 制度国情

我国房地产制度现在正处于剧烈的变革之中，可以基本分为两个时期，1998 年以前，其他改革如火如荼，房地产改革静悄悄的；1992 年国务院批复上海市的房改方案，实行了五位一体（推行公积金、提租补贴、配房买债券、卖房给优惠、建立房委会）5 项措施等；1998 年房地产领域进行了一些试点性的改革，譬如确定了三三制的售房试点，并选择在郑州、常州、四平、沙市等作为新建公房补贴出售的试点城市。这些改革措施都是局部的、试点性改革，最终没有触动传统计划经济体制福利分房的根基而导致无疾而终。

1998 年以后我国房地产制度改革进入了新的阶段。为了应对亚洲金融危机，我国实施积极的财政政策和稳健的货币政策，并把增加居民住房消费作为扩大内需的重要方面，房地产制度自此进入剧烈变革，甚至可以称为"狂飙猛进"的阶段，譬如土地招拍挂制度、个人住房信贷、公积金等都是在此时出台的。1998 年国发 23 号文确定了以经济适用房为主体的供给结构，吹响了全国市场化的号角；1999 年国务院颁布的《公积金管理条例》，奠定了住房政策性金融的基础；2004 年国土资源部、监察部 71 号令确定了土地出让的方式（8·31 大限确定以招拍挂为主）；2003 年国务院出台了《国务院关于促进房地产市场持续健康发展的通知》（国发〔2003〕18号），要求调整住房供应结构，逐步实现多数家庭购买或承租普通商品住房。在制度变迁之时，如何制定出制度改革的原则，指导制度改革，是非常重要的问题。制度变迁就意味着利益关系变迁，个人住房来源从单位自建房转向商品房；地方政府日益依赖土地财政；商业银行从个人信贷和开发贷款获得新的收入来源。纵观我国房地产制度变迁，不仅是产品制度（供给主体从福利分房，转向经济适用房，进而转为商品房），而且是要素供给制度（包括土地供给方式、资金供给方式）在10多年内发生急剧的变迁。

从保障性住房主体变迁上，我们也能窥视住房制度不稳定的特征。1998年国发23号文确定了以经济适用房为主体的供给结构，2003年国务院出台了《国务院关于促进房地产市场持续健康发展的通知》确定了商品房为主体的供给结构，取代了经济适用房的主体地位。随后，廉租房、限价商品房乃至公租房又分别在不同时期被重点强调。

住房制度的不稳定反映了三个方面的问题：其一，学术界和政策界对仅仅运行10多年的房地产运行规律还不清楚，对如何调控还没有清晰思路。其二，反映了中央政府在房地产拉动国民经济和保民生之间的矛盾心理，其中，限价房就反映了中央政府与地方政府在土地财政、房价控制之间权衡的尴尬境地。其三，我国的地区差异过大，难以实施统一的住房政策。

二、不同性质的民间资本与房地产市场[1]

以上论述了人口国情、财富国情和制度国情。这里主要是对财富国情

---

[1] 本部分内容主要是根据调研进行归纳整理而写成的。笔者有幸参加所在单位组织的关于鄂尔多斯、陕北、温州、山西等地民间资本生态的调研，进行了大量的案例访谈，并形成以上认识。

的论述深化，对财富的主要形式——民间资本进入房地产方式进行探索。民间资本正在成为房地产市场不可小觑的力量，加强对民间资本流入房地产市场的监测，尤其加强民间资本流入房地产消费环节的监测，是房地产需求管理的重要内容。只有深入了解民间资本性质、规模和动向，我们才有可能估算出民间资本冲击房地产市场的影响以及范围。此外，不同地区的民间资本流入房地产市场呈现出不同的特性，需要我们加强调研，把这种特性给提炼出来，并采取针对性的措施。

1. 对民间资本流入房地产市场监测的必要性

我国境内资本基本有三类：国有资本、外资资本和民间资本。与国有资本以及外资资本相比，民间资本更容易冲击刚性需求。首先，民间资本具有更灵活的介入形式。流入房地产市场的资本可以分为集团资本和个人资本，在一般意义上，外资企业、国有企业属于集团资金，它们一般介入房地产开发投资环节。如果它们想介入房地产购买消费环节，受到许多约束，譬如国有企业普通职工的薪金水平受到一定的控制，国有企业的负责人即使收入丰厚，亦不敢把拥有多套住房的状况彰显于外。而外籍人口受到《关于进一步规范境外机构和个人购房管理的通知》的限制，只能购买一套用于自住（外资即使通过各种渠道进入房地产消费市场，笔者估计比例也不大）。而对民间资本来说，非常容易介入开发投资环节和购买消费环节，尤其是后者。民间资本具有较大的灵活性，既可以组团投资，又可以分散投资，快速进出房地产消费市场造成房价波动。其次，民间资本具有进入房地产市场的强烈动机。在我国，民间资本在国有资本以及外资资本面前处于较为弱势地位，"非公36条"实施不顺，很多产业并没有向民间资本开放。民间资本在积累一定资金实力后面临无处可去的境地，这造成它们可能流向房地产行业，这是推力。地方政府尤其欢迎民间资本流入当地房地产市场，譬如许多城市出台了购房入户等优惠政策，这是引力（这与地方政府土地财政利益取向一致）。最后，民间资本规模巨大。广义上的民间资本可以分为三个组成部分：第一部分是城乡储蓄存款。这些巨大的城乡储蓄存款平时静止在银行账户上不动，一旦发生通货膨胀，很容易发生"存款搬家"现象，大量流入房地产等增值保值的行业。第二部分是民间借贷。后者不进入正规的金融体系，其规模甚至超过银行贷款，房地产行业是其重要的投向。以鄂尔多斯调研为例，保守估计民间资本在2000多亿元，而同期银行贷款仅为1300多亿元，全国估计有数万亿元民间资金之巨[1]。第三部分是私营企业的存款。因为它随时都可以将产业资本转化为住宅资本，像2008年底很多私人企业退出自身行业去购买房地产，山西私有煤炭企业整合导致大量民间资本流入房地产市场都属于这种情况。

流动性过剩与民间资本丰厚是一个问题的两个方面。我们通常所说的"流动性过剩"，并非简单是指超发的货币，还意味着民间资本丰厚。流动性刻画了民间资本的灵活性，民间资本可能以物化资产和设备形式存在，但是这些不属于民间资本的特性，而民间资本流动性较强的特征可能使房地产市场更容易受到冲击。这种流动性过剩的产生很大程度与传统经济体制有关，是传统经济体制内生的元素。其一，传统的对外贸易和结汇制度。我国以廉价的劳动力、环境污染等代价把低价的商品出口，换回大量的外汇，而外贸企业必须把这些外汇交给银行，国家发行大量货币来冲销外汇占款，这些变现的人民币最后流入与外贸有关的人手中，形成贫富分化以及民间资本的基础。其二，收入调节效应不显著。我国目前税收上难以取得调节收入分配差距的目的，无论是在个人所得税还是资源税上，造成高收入者的收入以更高速度递增，而中低收入者的收入以较低速度增长。社会日益出现贫富分化的鸿沟，富人所掌握的比例更高财富构成了民间资本丰裕的又一基础。其三，垄断行业改革进展缓慢。许多行业对民间资本关闭大门，随着时间积累，即使在竞争性行业的民间资本已经羽翼渐丰，具有了雄厚的资金实力。这些资本规模已经超过本行业的扩大再生产需要，

---

[1] 住建部政策研究中心，高和投资. 我国民间资本与房地产业发展报告 [R/OL]. 百度文库，2011.

资本本身具有天生的逐利性，去寻找可能的盈利机会，像前几年的爆炒红木家具、普洱茶等，都是民间资本从原行业溢出的产物。其四，失误的货币政策。像 2008 年底出台 4 万亿元的投资计划以及 2009 年发行 9.6 万亿元的银行信贷（比前两年总和还多），2010 年银行信贷也基本维持 2009 年的水平。民间资本唯恐自身贬值，纷纷从银行以及各行业逃出，投向房地产市场。前三项养大民间资本这只"老虎"，而后一项则把"老虎"从笼子里放出来。纵然民间资本与国有资本、外资资本相比处于相对弱势地位，但是对更为弱势的消费者却露出尖锐的"爪牙"。在调研中，笔者发现大额资本有着自己的投资模式，小额资本也有自己的投资模式，譬如后者倾向于投资二手房，而前者多投资成批大户型新房。主要是因为如果大额资本投资二手房，需要花费很大的交易成本（包括税费、看二手房所花的时间和精力），并且要有敏锐的判断力。

2. 进入房地产市场的民间资本分类

我们耳熟能详的概念有"投资资本、投机资本、提前性消费"等，但是这些概念无法界定房地产市场各类不同资本的边界，因此，难以选择适当的政策工具。因此我们有必要根据特性对进入房地产消费市场的民间资本详尽分类，以便在实践中更为容易把握。

第一，暴利性资本。暴利总是和时间联系在一起的，如果在长期时间内获得一定利润，则不是暴利，暴利是在短时间内获得利润。暴利性资本进出房地产市场迅速，看到存在的房价洼地，便迅速进入房地产市场。暴利性资本总是和专业人士联系在一起的，只有专业人士，才有可能鉴别何者是价值洼地。暴利性资本总是在房价迅速上升的时候，最为活跃。暴利性资本具有一定示范效应，可能导致中小型资本也纷纷进入房地产领域。像一些家庭在短期内购房几套就是这种情形。暴利性资本有两个特征：其一，换手率高。这种暴利性资本在房地产市场换手率很高，一般不长期持有，达到一定的利润率便抛售。一些政府官员通过关系获得商品房的预售权，在预售开始后便抛售，这也是暴利性资本的一个表现形式。这种现象在全国都存在，在房价飙升的地区，尤为明显，四处寻利性的资本向此汇集。如在海南省获批国际旅游岛后，三亚房价飙升，甚至出现一日一价的现象，这就是典型的暴利性资本炒作。其二，假借银行杠杆。这种暴利性资本通常假借银行资本，利用杠杆原理，成倍放大自有资本的利润率，往往会连带造成银行危机甚至金融危机。暴利性资本很容易形成"击鼓传花"的链条，一个暴利性资本获得住房，转手卖出，由下一个暴利性资本接手，加价卖出更高的价格。

第二，储蓄性资本。储蓄性资本又称安全性资本，这是与我国国情相联系的。民间资本可投资的渠道很少，民间资本的安全性也不高。以煤炭行业为例，煤炭矿主在2000年以前资金并不充裕。随着世界能源紧张，煤炭定价机制改变，煤炭价格日益攀升，这给那些煤矿主带来巨额的财富。而煤炭行业整合、频发的煤矿事故、资源税可能上浮等不确定因素使得煤矿主对这种天上掉下的巨额财富惶恐不安，生怕哪一天会突然失去，因此，他们就购买大量的房产。不仅仅是为了保值增值，更是为了安全起见。在这个意义上，住房成了另类的存储器，起到了储蓄性资本的作用，使得其财富具有永恒性。鄂尔多斯房地产市场就是储蓄性资本的生动体现，很多煤矿主把黑金白银的煤炭资源挖出来，再转化为地上的住宅投资，像储蓄罐一样储蓄着他们的财富。储蓄性资本也表现出两个特征：其一，空置率高。储蓄性资本把住房作为储蓄器，不再看重住房的消费功能和出租收益，而是住房的安全功能和保值功能。在鄂尔多斯，许多多套住房者不愿意出租住房，在他们眼里，出租收益太小了，花不起那个心思。在北京投资的外地人也通常不出租住房，达不到一定的收益率，他们宁愿将其空置起来，也不愿意出租住房，因为异地出租费钱耗时（例如往返交通费等）。其二，一次性付款比例高。无论是煤矿主的暴利还是官员不明收入，都是其中一部分资金配置在房产上，对于他们来说比例不大，但是绝对数量大。其动机仅仅把现金转换为商品住宅，因此，一次性付款比例较多。

第三，套利性资本。是指通过住宅套取银行按揭贷款利率和民间高利率之间的利差。这在鄂尔多斯表现得也非常典型。在鄂尔多斯，地下钱庄很发达，年利率一般为 25% ～ 35%，且具有稳定性和安全性。基本可分为按揭过程中的套利以及抵押套利两个阶段。其一，按揭过程中的套利。鄂尔多斯人一般在投资决策时都喜欢把地下钱庄的利息作为参照系。他们宁愿先付 30%，银行贷款 70%，即使他们有能力一次性付款，也不愿把房款的 70% 直接付给开发商，而是把相当于房款 70% 的资金投入到地下钱庄，以钱生息。而山西地下钱庄则较弱，山西煤矿主没有其他的更好、更稳定、更安全的投资渠道，因此，在北京购房时一般倾向于全款购房。其二，抵押套利。在把房款缴清获得产权证之后，鄂尔多斯人喜欢把住房再抵押，投入到地下钱庄，使得凝固在房地产上的资金流动起来。显然，正是存在银行存贷款利率以及地下钱庄利率的巨大差异，才使得鄂尔多斯的住房市场异于其他住房市场。对于他们来说，住房也是一种金融工具，以此获得利润。

第四，收入型资本。收入型资本往往与子女就业联系在一起。譬如，山西有钱人的子女趋向于到距离较近的北京就业。山西人希望子女在北京有一份稳定的工作，但是这份稳定工作并不意味着较高收入。我们在调研时发现，煤矿主的子女一般在政府部门和国有企业就业的较多，收入比较普通。为了补偿子女收入来源不足，这些煤矿主一般为子女购买核心地段的商铺和住房，这些房源能够提供高额租金回报。他们的投资模式是这样的：譬如，一个煤矿主准备为自己的两个孩子各准备每年 200 万元的租金收入，根据自己的可支配资产状况（手头的活钱），他会在北京购买相应的资产的商铺和写字楼、住宅，价值可达数千万元甚至亿元之巨。通常他们对房地产价格不敏感，他们仅仅希望能够提供稳定的租金，也不太在乎租售比，只是根据他们手头可动用的资金计算。因此，笔者为之取名为"收入型资本"而不是"出租型资本"。在他们眼里，与银行存款吃利息相比，租金收入显得更为可靠。因为商铺、住房毕竟具有一定的变现难度，但是存款却能直接变现，把商铺、住房等遗传给后代，是有钱人避免后代"坐吃山空"的典型。一个勤勉的小康之家，在购买住房用于出租之时，必然是百般计算租售比等经济指标。但是，一个暴富之家购买足够的房产作为抵御"子孙败落"的手段，其投资行为当然异于普通小康之家。

我们还可以根据心理因素，再分为炫耀性资本、享受型资本。这些都属于消费性，不具有资本的逐利性，因而略去不谈。可以推断，如果想要进入房地产市场的资金同时具备以上几个资本特性，那么，他购房的欲望可能更为强烈。

3. 资本类型与合意政策工具选择

资本的来源很大程度上决定资本的用途。温州的民间资本多是开办企业，经过经营管理而获得的，他们的触觉很灵敏，也不担心资本的安全性。多是以游资的形式出现，冲击各地房地产市场，获得超额利润，我们通常所听到的"温州炒房团"就是这种游资的表现形式。而鄂尔多斯、山西等地以煤炭资源转化而成的民间资本，却具有天生的不安全性、不确定性，受政策影响严重，并在来源上受到合法性的质疑，因此，他们投向房地产多为了储蓄性以及收入性考虑。而鄂尔多斯的房地产市场出现的特点迥异于全国市场，主要在于地下钱庄的发达，出现了套利性资本需求。在区域选择投资上，民间资本一般选择在周边发达城市投资，投资力度对外辐射，呈递减状态。就像费孝通在《乡土中国》中所描述的人际关系差序格局一样，由近至远，逐步波及。这些民间资本多向省会集中，接着又漫溢到其他一线城市。我们可以这样想象，不同的资本集聚地就像不同地震源，不同的地震波交会处便是振幅最剧烈的地区，这些地区往往就是一线城市。譬如；山西客户多投资太原以及北京（区位接近）；鄂尔多斯客户多投资包头、呼和浩特，再者北京；浙江、江苏等民间资本富裕地区多投资于上海、杭州、苏州，部分投资北京。如果房价由供求关系以及收入水平决定，我们可以推论杭州、宁波等地的房价必然不会超过北京，但是实际上这些城市部分城区可能已经超过了北京核心城区，但这些城市的城镇居民收入却不及北京。这说明房价更可能取决于民间资本汇集强度（民间资本汇集量与城市可售住宅量之比），而不是由普通消费者的购买能力决定的。民间资本外溢除了与自身趋利性、当地习俗有关之外，还与当地政府政策相关。譬如，山西近年来国有煤炭企业整合民间资本，导致这些民间资本纷纷外溢到其他地区。但是，鄂尔多斯更注重对民间资本的保护，民间资本多汇集于当地房地产上。

由此可知，政策工具的选择一定要与民间资本的类型结合起来。对于暴利性资本，用营业税、交易年限等可以抑制部分暴利性资本需求，但是暴利性资本仅仅是获得出售后的收益与出售前的买价的差距，因此，营业税难以达到目的。对安全性资本、套利性资本以及收入型资本更是无能为力，因为，这些资本原本就不打算出售的，近年来有的学者浪漫地提出"限售不限购"，其说明他们并不理解资本的不同类型。其实，这三种资本本身只想购，而不想售。我们再看看限贷政策，即使第三套政策需要全款，也仅仅抑制着那些资金实力较弱的炒房者，资金雄厚的民间资本持有者很容易全款买房，这时限购令的政策威力就显现出来。许多学者受到西方自由主义的影响，认为行政命令都是不好的，政府应该最小化，只应该扮演"守夜人"角色，因此，他们极力反对限购令。只要加强对我国民间资本的需求和走向进行调研，这些学者就不会盲目反对限购令。这些巨大的民间资本往往披着外地刚性需求的外衣，只有对外地购买需求规定一定的年限，方能起到甄别外地民间资本和外地刚性需求的作用。笔者认为，"新国八条"规定"一定年限"，大多数城市自行选择是一年时间，一年时间似乎难以起到甄别作用。中央政府层面要加强研究，结合不同的城市具体情况出台最低年限的规定，最低年限必须和外来流动人口数量结合起来。在制定政策时，政策制定者以前往往注重对一般投资者的投资需求进行抑制，今后要加强对规模庞大的民间资本进行监测和监控，特别要警惕地方政府以旅游地产的名义为外来民间资本开口子。

4. 小结

根据以上四类资本的特性，我们可以做出以下推断：房价比较平稳时，暴利性资本较少，但是储蓄性资本、收入型资本和套利性资本仍保持一定规模。房价快速上涨时，暴利性资本、储蓄性资本、收入型资本以及套利性资本将更加活跃。如果膨胀的货币政策引发未来的通胀预期时，将激活小额资本，小额资本将积极投资投机小户型的二手房，四类资本将更加活跃。这一切汇成了冲击房地产市场的洪流，导致房价恶性循环上涨。

我们只是基于丰富的调研实践对购房的动机、购房行为作了一定分类，并对各类资本的特征作了初步的概括。如果有外来人口购房比例、空置率、一次性付款的比例等这些指标，我们可以基本把握四类资本的轮廓，但如果要细分这四类资本将遇到更多困难。但是，对于这四类资本的基本特征的把握，足以出台各类针对性的政策。譬如针对暴利性资本，把交易年限抬高；针对空置现象，可以征收空置税（但是征收空置税，要鉴别何者是空置状态，需要付出昂贵行政成本）。而限购政策直接遏制了这四类资本，因此，凡是限购严格的城市，房价涨幅都不如以前了。

三、不同区域民间资本秉性以及对房地产市场冲击力分析

上面根据民间资本特性，分为暴利性资本、储蓄性资本、收入型资本和套利性资本等四类资本，全国民间资本都可以按此归类。但不同区域民间资本由于地域文化、资本丰寡、资本来源等诸多因素不同而呈现不同性格特征。鄂尔多斯、山西、温州等是民间资本典型发源地，它们进入房地产市场也具有独特秉性。有必要研究这些区域民间资本流向房地产市场的特征以及分析区域房地产市场脆弱性，以便为正确决策提供可靠的依据。

1. 区域民间资本进入房地产市场的秉性

山西民间资本进入房地产市场的特征。第一，资本外循环。民间资本流向一般规律是首先流向省会城市，再到一线城市或旅游城市。但是，由于太原空气污染严重、小产权房比重比较大，房地产市场化程度不高，本

地资本不喜欢留在太原，而是直接流向其他城市房地产市场，尤其是北京、三亚等地。正是由于山西民间资本的趋外性，太原的房价对于城镇居民收入来说还是可以承受的。山西民间资本还具有单向性的特征，流出去后难以流回本地，这和温州民间资本有所区别。温州资本每到年末都有"储蓄存款爬坡"现象，这说明温州人在外地各类收入或高利贷收益到年末都要兑现现金寄回本地。第二，一次性付款比例高。山西民间资本资金运作比较粗放，一次性付款比例较高，应用按揭贷款比例较少。一方面山西民间资本具有"一铺养三代"的情结，另一方面还与民间资本丰裕程度有关。由于近十年来煤价持续上涨，使得极小部分的私人煤矿主积聚了大量的民间财富。虽然山西国有煤矿进行兼并重组，民间资本源泉日益衰微，客观上减弱了山西民间资本对各地房地产市场的冲击力，但是其冲击力仍然不可小觑。

温州民间资本进入房地产市场的特征。第一，资金筹集方式。民间资本的源泉是小商品制造，微薄的小商品利润难以提供较为丰富的积累资金，温州人深知单靠个人资本难以形成力量，因此注意联合个体资本。其一，通过人脉关系迅速积聚资本。温州具有历史传统的"摇会""呈会"等组织，在聚集资金方面起到了较大的作用。有人说："在温州传几千万元资金出来只需一两天工夫，而传出上亿元资金则是不可能。"这一方面说明温州民间单体资本略显薄弱，另一方面也说明温州善于集合单体资本联合作战。其二，资金运用日益精细化。一方面利用按揭贷款的投资杠杆，另一方面巧用活用银行资金，温州银行存贷比较高。譬如2011年1～5月的存贷比分别为84.3%、84.5%、80%、82%、81.5%，都超过了审慎监管指标75%。第二，购房的组织形式。温州资本容易抱团投资，而且这种资本触觉非常灵敏，流动性非常强。至少包括两种组织形式："合伙制"和"金字塔制"。后者类似传销方式，大股东下有小股东，小股东下有更小的股东。这两种组织形式都相当于一个合伙企业，由一般合伙人和普通合伙人组成，普通合伙人具有资金控制权和收益分配权。正是基于温州传统熟人社会中对领头的普通合伙人的信任，才使得这种模式持续下去。因为把钱交到普通合伙人手中，普通合伙人如何和别人谈判、交易如何进行都是一些商业机密，如何按照公平原则分配利润都有赖于普通合伙人的道德人格，否则这种模式难以持续。第三，金融杠杆发挥到极致水平。对于温州人来说，从来没有"一铺养三代"概念，其投资住房或商铺仅仅为了炒作获得超额利润。为了尽量放大自有资金的利润率，温州民间资本普遍使用按揭贷款进行购房或者全款购房后通过抵押再把资金活化出来。"民资多闲资不多，资产多净资产不多"是温州资金进入房地产市场特征的真实写照。同时温州资金具有很强的灵活性和流动性，此所谓"山西资本如蜜，温州资本如水"，利润所在，资本所趋。第四，以外循环为主。温州民间资本善于发掘各地房地产市场潜力空间，其资本流向也取决于温州人对该地房地产市场的判断。虽然温州民间资本外循环为主，但亦进行内循环。温州是温资的发源地，其对当地房地产市场冲击是显而易见的。

鄂尔多斯民间资本进入房地产市场的特征。鄂尔多斯民间资本没有温州民间资本的灵活组织形式，亦没有山西民间资本量级。鄂尔多斯民间资本则以内部循环为主，煤炭业—地下钱庄—房地产业构成一循环链条。由于煤炭资源为地下钱庄高额利息回报提供了物质基础，再由地下钱庄把源源不断的民间资本输向房地产业，形成鄂尔多斯房地产异象。第一，利用金融杠杆购房。鄂尔多斯民间资本也擅长利用按揭贷款和抵押贷款，把凝固在房地产上的死资金活化出来。然后再把这些资金投入到地下钱庄去获取利息。第二，按年付租。鄂尔多斯没有房地产二手市场，其租赁市场也异于其他城市，按照年租金付房租，因为一年房租为 5 万元～6 万元，如果按年付的话，又可以生出 1 万元的利息。第三，空置率过高。很多房东也不愿意出租，空置率过高。原因在于装修费太高，譬如需要 20 万元的装修，而该地地下钱庄年化利率高达 25%～35%，每年光装修的资金利息就能和租金持平。

简而言之，如果把住宅的固定资产属性和金融工具属性列于两端，那么山西民间资本偏向于住宅的固定资产属性，而温州民间资本则偏向于金融工具属性，鄂尔多斯民间资本则在其间。从冲击力角度来看，善用金融工具属性的民间资本对房地产市场冲击力较大；从循环特征来看，内循环的民间资本挤压当地刚性需求，造成当地房价收入比迥乎寻常之高，而外循环则造成了对一线城市、旅游城市等房价的压力。

2. 各类民间资本进入房地产市场动机分析

普通消费者提前消费住房的动机分析。普通消费者为什么对住房提前消费呢？这与按揭贷款性质和宏观形势是紧密相连的。按揭贷款，其实意味着稳定的货币政策。如果中央当局实施扩张的货币政策，这就暗含着贷款者的负债（按揭贷款数额）不断被削弱。按揭贷款数额越多，他从通货膨胀中得到的好处越多，那么他就有从银行贷款不断购房的强烈冲动。用经济学的语言来说，通货膨胀对债务人都是有利的，在通货膨胀的背景下，提前还款实际上是不明智行为。譬如1998年某人购买一套住房仅仅20万元，当时工资水平是每月2000元，但到2008年他的工资水平涨到每月20000元，房价上涨到200万元。就房价收入比而言，两者是完全不变，仿佛是涨工资能抵消通货膨胀。但是实际上他以前的债务是被大大冲抵了。通货膨胀，消减的是过去的债务，1998年进行按揭贷款对于2008年来说，是过去的债务。如果通货膨胀以及工资上涨趋势持续下去，那么他会有购买大量住房的冲动，实际上他是想多负债，利用通货膨胀获得好处。因此，我们在进行工资改革以及实施货币政策的同时，务必注意对房价的影响。

富裕阶层进入房地产市场动机分析。政府往往低估了民间资本冲击房地产市场的能力，特别是在通货膨胀时从各种渠道流入房地产的能力。2008年的我国第二套房贷政策，即首付款为40%的政策，未能把相当多的民间资金逼出房地产市场，2010年第三套禁贷政策也未能阻止民间资本进入房地产市场的步伐，其原因在于通货膨胀的预期。2009年进行了4万亿元投资，以及2009年和2010年发放了巨量信贷，其投资和信贷双膨胀滞后效果终于显现于2011年。作为民间资本的一个重要组成部分（居民储蓄存款），千方百计越过政府设置的障碍（限二限三政策）去购买房，因为维持稳定的货币政策是一项基本的要求。此外，我国居民缺乏有效投资渠道，艺术品投资需要鉴别力，黄金投资空间有限等。西方国家通常有各类金融产品，使得富裕阶层的资本增值和保值，与之对比，我国各类金融产品还处于摸索阶段，有待于开发和创新。目前这种金融压抑的状态，使得富裕阶层把资金投向实物房地产领域，造成房价高涨。因此，需要加快创新各种金融产品，包括房地产金融产品如REITS，按揭贷款证券化、私募基金等，降低普通投资者的投资门槛。

兼业民间资本进入房地产市场动机分析。首先，兼业民间资本进入房地产市场有主动和被动两方面的原因。兼业民间资本进入房地产市场一方面是由于垄断行业显性和隐性的"玻璃门"，"新旧三十六"难以得到贯彻和落实；另一方面是由于原有行业生存环境越来越恶化。这些行业竞争日益激化，以前的行业容纳不下那么多积累资本，容纳不下那么多扩大再生产的资金，因此，这些资金很容易流到房地产市场，成为购房的一种重要力量。其次，房地产是建立信任关系的纽带。房地产对兼业民间资本的吸引力还由房地产产品性质决定。传统的社会是以熟人关系为信任基础的，这些邻里和熟人关系构成了社会资本基础。但是到现代社会却面临着信任关系的断裂，这时房地产可以充当信任关系的媒介。我们在温州调研的时候，生意人看到对方有房产，也愿意与其做生意。最后，房地产是金融工具。兼业民间资本可以把住房进行抵押，可以把凝固的住房的资金（固定资本）活化出来，同时并不过多妨碍正常生产和经营。

3. 区域房地产市场的脆弱性分析

综上所述，无论是区域民间资本还是个体资本，都有进入房地产市场的强烈动机。民间资本对房地产市场的冲击应该分为两个部分：内脆弱性和外脆弱性。顾名思义，内脆弱性是指该地区的民间资本对房地产市场造成的影响；而外脆弱性是外部民间资本对房地产市场造成的影响。其实，内部的庞大民间资本也能造成房价的暴涨，譬如鄂尔多斯、温州。鄂尔多斯由于丰富的煤炭资源造就了财富的神话，而政府又通过旧城改造等手段以及地下钱庄等市场手段，普通城镇居民也跟着富起来。由于源源不断的煤炭换回的"真金白银",再换上地上的楼宇,再通过抵押贷款把资金投入房地产,反复循环造成了房价的高涨。而温州人经过打拼,把挣得的资金寄回老家,购房置业或者炒买炒卖,造成温州的房价已经远远超过城镇居民可支配收入,甚至超过北京等一线城市的房价。根据我们2010年、2012年调研,温州普遍的房价为四五万元每平方米,有的高达七八万元每平方米。而普通城镇居民年收入仅为3万多元,也就是说对于普通城镇居民来说,一年的收入还买不到一平方米的住房。外脆弱性是指对外地的民间资本的承受度,能承受多少外部民间资本的冲击。像一线城市和旅游城市往往是这些民间资本的偏好,根据我们对鄂尔多斯、温州以及陕北、山西等地民间资本调查,这些资本都偏好到海南三亚购房或炒房,那么三亚楼市外脆弱度就很高。

具体量化而言,我们把脆弱度定义为可汇集民间资本 / 该年批准预售面积。这可以描述为"可能涨到啥价格",称为"价格极限指标"。但是,这种指标难以进行有效测度,因为无法测算出该地对民间资本的吸引力以及某段时间积聚民间资本的数量。我们可以换种思路,用"房地产市场的民间资本最大容忍度"表示,即为该年批准预售面积乘上平均价格再乘上最低按揭层数,这就是该地区楼市每年能容纳的最大民间资本量。是何意呢?该年批准预售面积和平均价格之积就是该地区楼盘的总价值量。如果民间资本都利用按揭贷款,那么,可以算出撬动该地区楼市最低资本量。以北京为例,近几年北京平均批准预售套数为15万套,按照每套100平方米,以及单价2.2万元每平方米计算,北京每年楼市市值为3300亿元。如果让温州民间资本操作,只需要1100亿元就能购买下今年北京楼市。同样,我们可以通过已知的数据计算出其他城市的脆弱度。而温州、山西、鄂尔多斯都是偏好北京的地区。根据住房和城乡建设部政策研究中心课题组测算,温州民间资本在4500亿~6000亿元,山西民间资本在1万亿元左右,而鄂尔多斯民间资本在2200亿元,这些地区的民间资本只需要流入一部分,就可以对北京楼市造成重大的冲击。温州人和鄂尔多斯人都是喜欢利用按揭贷款,而山西煤炭主要是全款,利用金融杠杆就相对容易撬动整个北京楼市。通常观点认为温州资本量小，难以撬动整个城市楼市，但是要看到这些民间资本即使不能撬动整个城市的楼市，也能撬动该城市某地区楼市，形成价格领导制，使得高涨的价格逐渐波及该城市的其他地区。就如通州的房价领涨北京，带动北京其他城区暴涨，而这些楼盘大多是外地人购买的。我们务必要提高警惕，务必要准确估算出外来民间资本以及本地民间资本可能造成对房地产的影响。尤其是限购令一旦取消，房价将大幅上涨，此具有现实的数据支撑。

4. 温州炒房资本是否已经或正退出房地产市场

对温州民间资本是否退出房地产市场，传统研究方法一般采用抽样调查的方式，抽样若干炒房者进行调研。这样虽然可以得到一定启示意义的结论，但是被调研者倾向于对调查者隐藏信息，因此，有必要借助一些客观数据来说明温州炒房资本究竟退未退出各地房地产市场。

其一，温州企业对炒房获利回归的资金需求并不很强烈。温州企业资金链充裕，对炒房游资回归本地的吸引力不大。从长期发展趋势看，温州企业存款总量呈现出稳步增长的态势。从增速上分析，大体保持在 20% 左右，2004 年以后增幅有下滑的趋势。从存款结构上分析，活期存款增长占优势地位，定期存款占比保持在 20%～30%，2004 年以来定期存款无论从绝对额，还是占比上都出现明显上升。企业活期存款增幅放缓和定期存款增加，表明大部分企业资金还是比较充裕，还有部分存款资金可以周转甚至寻求更高投资回报渠道。到了 2009 年，定期存款甚至超过了 54%。企业定期存款的增加说明企业资金比较充裕，不需要炒房回归的游资用作补充。因此，即使遇到严峻的宏观调控形势，但是温州企业对资金的渴求并不强烈，导致对炒房游资的吸引力不是很大。相反，这种闲置起来的定期存款反而成为炒房游资的补给地。其二，储蓄存款没有显著增加。笔者深信，温州民间资本很大比例在异地炒房，如果感觉房地产未来形势长期不好（或必然下跌），那么这部分资本必然从房地产市场套现，最终都会表现为温州城乡储蓄存款或多或少的增加。储蓄存款增加得越高，退出资金越多。我们有必要把政策出台的时点和温州储蓄存款额联系起来分析。我们观察到这样若干个事实：2007年底央行和银监会出台第二套房贷政策，温州城乡储蓄存款打破往年月度起伏的规律，从2008年1月到2008年12月一直处于上升，且1月和12月差距为374.53亿元，笔者判断这是民间资本逐步从外地房地产市场退出的表现。2010年4月出台"新国十条"后，储蓄存款最高值在9月为2947.73亿元，最低值在5月为2792.34亿元，两者差距仅为155.39亿元，扣除储蓄存款自然增长，笔者认为"新国十条"可能未撼动温州炒房团，未能实现退出。2011年1月出台"新国八条"后，温州储蓄存款余额1—5月分别为3278.96亿元、3232.82亿元、3399.73亿元、3252.89亿元、3249.51亿元，基本是处于持平期，说明"新国八条"也未能实现温州资本的退出。为什么温州民间资本没有退出呢？笔者认为一方面由于投资渠道相对比较缺乏，持有房产的税费不高，温州民间资本更偏好持有房产；另一方面温州民间资本筹集购房，一般通过标会、合会的形式，这些标会、合会实际上建立在传统熟人关系上的互助性组织，后来逐步变成高利贷的一种形式。如果温州民间资本以标会、合会的形式筹集资金再炒房，如果不达到一定的盈利率，他们是不会退出房地产市场的。如果退出了，没有达到预定的盈利率，难以还清高利贷，那么在传统熟人社会，他的信誉就会破产，因此，炒房团也没有退的动力。

5. 小结

综上所述，决策层务必对民间资本进入房地产市场提高警惕。这些民间资本实际上挤占了普通城镇居民的住房刚性需求。房地产市场逐渐陷入疲软之际，取消限购令是符合实际的，行政手段在一定时间内对抑制房价具有不可取代的作用。从长期看，只有继续深化房产税改革；只有继续深化金融产品包括房地产金融产品创新；只有继续深化垄断行业投融资体制改革才是解决我国民间资本存续发展之道，才是我国房地产市场健康发展之道。

四、人资关系与房地产宏观调控

房价问题是在一个复杂的社会环境下产生的，受众多因素的影响。各种因素都处于动态过程中，难以分离出各种因素对房价上涨的贡献率，即主要因素。因此，各种解释房价上涨的学说理论纷至沓来。这些解释大致可以归纳出两种：房地产制度的问题以及房地产制度之外的因素。我们不可否认，每一种解释都有自己的部分道理，但是我们不能过于夸大某一种因素的作用。让我们把眼光放得更为长远一点，在超脱于房地产制度本身是与非的争论之上，结合人口国情和财富国情（简化为人资关系），探讨一下人资关系以及其对房地产市场的影响。

1. 人资关系的定义

为什么要研究人资关系？这里主要是指人的流动性和资本的流动性之间的关系。人口数量以及流动性对经济社会的影响在很多著名文献中已经得到了很好的描述，譬如历史学家布罗代尔以及经济学家诺斯就人口规模膨胀对社会经济的影响做过深刻的分析。我们在此讨论的主要是外来人口流动性，包括外来农民工和新户籍人口（自然出生的除外）。

人地关系是已经存在的概念，人地关系概念在诺斯笔下运用得淋漓尽致。在分析国外房地产制度时，选择和我国相类似的人地关系紧张的国家和地区特别具有借鉴意义。但是，人地关系不等于人房关系。人与地的关系仅仅是需求者与要素之间的关系，人与房的关系则是需求者和商品之间关系，人地关系如果加上容积率、供给能力、住房分配等，可以转换为人房关系。但是我们为什么不用"人房关系"呢？其一，人房关系仅仅是静态的关系。资本，在不同阶段表现为不同形式，人资关系实际上在一定程度上可以表现为人房关系。作为刚需，其参加工作的储蓄目的一般就是为了积累起购买一套住房的资金，人房关系其实就是人资关系的另一面。其二，单纯的人房关系往往使人们误解为供给关系（供给不足）；而我们所要研究的人资关系着重从需求关系出发。这里"资"实质上是已经购房或意欲购房的民间资本，而不仅仅是现金等形式。研究人资关系有利于我们选择一个适当的切入点来观察周围世界发生的真实房地产故事。

人资关系可以把城市化这个概念结构化。城市化其实质就是人和资在某个集聚点的汇集，如果从人资关系的角度出发，把人资关系作更加细致的分类，我们就能得到关于城市化不同形式的具体内涵，而不是空洞讨论城市化问题。

2. 房地产全面市场化前后的人资关系特征

传统福利分房的人资关系。从 1978 年到 1998 年，人均住房水平在不断改善，但是主要还是单位自建房。何谓单位自建房，从人房关系角度上看，就是把人固定在一定的地点，单位自建房不能随意买卖。在双轨制下，以单位自建房为主要特征的福利分房制度吸纳了大部分住房需求，商品房市场也在发育成熟，但是提供的住房面积仅占一小部分，它的意义在于给传统住房福利分配制度提供了一个参考，并提供了一条重要渠道。作为普通居民仅有一点资金（收入）也是被单位自建房所吸纳，根本无力到市场买房。1998 年全面市场化改革取消了单位自建房，把新增需求都赶到了房地产市场。恰好在房地产市场实行全面市场化改革过程中，其他社会经济进展造成的劳动力的流动规模和资本流动规模迥异于以前。1978 年到1998 年，这段时间相对于 1998 年到 2010 年而言，劳动力流动相对缓慢，民间资本规模较小，流动亦较缓。

进入 2000 年以来，民间资本的规模和流动性大为加强。第一，民间资本规模日益庞大。城镇储蓄存款余额是民间资本规模的重要基础，也是测算民间资本规模的参照系。城镇居民储蓄余额从 1990 年的 7119.6 亿元增加到 2000 年的 64332.4 亿元，进而增长到 2009 年的 260771.7 亿元，以1990 年为基准，2000 年比 1990 年增长了 8 倍，2009 年比 1990 年增长接近 36 倍。此外，目前学术界能普遍共识是当前我国收入分配处于极为不均的状态，高收入阶层的收入以更高的增长率增长，而低收入阶层的收入以较低的增长率增长。这部分城镇储蓄存款具有较高的流动性，特别是高收入阶层的银行存款，如遇到较为严重的通货膨胀，这部分银行存款很容易转化为住房等固定资产。第二，游资化趋势强化。由于内需不足、外需有限、工资上涨、融资成本增高等诸多因素打薄了民间资本的利润，已经容纳不下原有资本规模扩张，同时由于"非公36条"没有得到很好地贯彻，民间资本难以进入一些垄断性行业，加上炒作房地产带来的巨额利润，导致这部分产业资本容易外溢到房地产市场。我们在温州调研时经常听说"男人在外做生意还不如女人用零钱炒房挣得钱多"就是这种外溢现象的表现。这部分民间资本以短期化炒作为特征，游资化趋势加强，尤其温州资本就具有这种典型特性。从宏观层面上看，我国屡次出现的存款搬家也是民间资本流动性加剧的重要表现之一。第三，组织化趋势强化。笔者在调研鄂尔多斯、山西、温州等地的民间资本时发现，不同的资本个性不同。其中温州资本容易抱团投资，而且这种资本触觉非常灵敏，流动性非常强。至少有两种组织形式。其一，"合伙制"。为了共担风险、分享利润，他们抱团投资房产，譬如3个人购买3套房，不是每个人购买1套，而是3个人合买3套，每个房产证上有3个姓名，最多甚至出现9个姓名。其二，"金字塔制"。类似传销方式，大股东下有小股东，小股东下有更小的股东。譬如购买一栋商住楼，需要10个股东，这10个股东再分别募集资金。同时他们也善于利用按揭等金融杠杆，这样能以较小资金撬起巨大的投资。"资金多而闲资不多，资产多而净资产不多"，就是组织化专业化趋势的真实写照。庞大的民间资本构成强大的势能，随着调控而潮涨潮落，随时伺机进入房地产市场。

进入21世纪以来，我国的劳动力流动同时也大为增强。其一，交通便捷。这里不用举更多数据，我们日常就能体会到从一个城市到另外一个城市的便捷程度。以客运量为例，1990年的客运量为772682万人，上升到2000年的1478573万人，再上升到2009年的2976898万人。前10年平均每年增长8%，后10年增长为10%。其二，大规模扩招。新户籍人口来源是大学生就业、军人转业、干部异地调动以及配偶调动等，其实最主要的来源是大学生就业。进入 21 世纪以来，普通高等学校毕业生数呈几何级数增加，譬如 1990 年为 61.4 万人，2000 年为 95 万人，2009 年为 531.1 万人，绝对数量急剧扩大。其三，政策的改变。从 1978 年至今，国家对农村劳动力流动经历了从控制流动到公平流动的过程，尤其是 2000 年以来，取消了对农民进城就业的各种不合理限制，逐步实现了城乡劳动力市场一体化，而且积极推进诸多方面的配套改革（蔡昉、白南生，2006）。农民工源源不断从农村流向城市。

英国管理学家舒马赫在《小的是美好的》中写道："在这个世界里，大小事物都必须有它的结构，否则就会乱套。现在许多结构已经崩溃，一个国家就像一艘大货船，舱里装的货物都没有固定，船身一倾斜，所有货物都滑倒下来，造成沉船。"近年来房价暴涨、调控失效的部分原因在于没有使得人和资秩序化，造成人和资本的错位，应该保护的刚性需求没有保护好，应该抑制的投机需求没有抑制住。

3. 当前人资关系的分类

人资分离。资本，是具有较高的流动性，流动性取决于趋利性，凡是利益所在，则能招致大量的资本。相对而言，人的流动性则较弱，人在某地就业必然经过一个搜寻的过程，而且人达到某地也要耗费时间和金钱。而资本达到某地，通过银行技术创新，几乎是即时性的和低成本的。人资分离包括三种类型：第一，投资投机者的"人资分离"。作为资本拥有者，可以在某城市投资住房，但是不经常在该城市居住，而是为了资金的增值和保值。可能出现大量的空置率，因为他们拥有雄厚的资本，在意的只是住房增值收益，而不在意住房的租金收益。像温州资本、山西资本等随时可能冲击一线城市，当一线城市限购后，又转向二三线城市。第二，绝大多数农民工群体"人资分离"。农民工群体就是统计学意义上"外地农业户籍人口"。根据 2005 年国家统计局 1% 人口抽样调查数据，近 70% 的农民工家庭收入达不到平均收入，近 50% 的低收入农民工家庭收入无法租赁 1 居室正式市场住房。从国家统计局 2009 年农民工流动的监测报告同样可以得到佐证，从外出农民工住所类型看，由雇主或单位提供宿舍的占33.9%，在工地或工棚居住的占10.3%，在生产经营场所居住的占7.6%，与人合租住房的占17.5%，独立租赁住房的占17.1%，有9.3%的外出农民工在乡镇以外从业但每天回家居住，仅有0.8%的外出农民工在务工地自购房。这里所说"人资分离"意是指他们几乎无力购买城市住房。第三，新户籍人口"人资分离"。这里的新户籍人口是指通过读书、招工、转业等方式进入某城市。这种新户籍人口作为城市需求的对象，一般没有多少积累，或者靠父母亲友帮助下购房，即使实现"人资合一"，但是也同时背上沉重房贷包袱。简而言之，在本地工作的非户籍人口和新增户籍人口难以有能力购房，而外来资本却纷纷到本地购房，导致较高的空置率，这就是"人资分离"现象。

人资合一。人资合一，也包括两种情况。第一是部分获得户籍者购房。由于家境较好，有能力购买商品住房，一毕业就能购买住房。第二是非农户籍人口购房。在大城市做生意的生意人，往往是从中小城市携资而来，具有外地非农户籍，俗称"城漂"一族。譬如北京官园小商品批发市场、天意小商品批发市场、动物园小商品批发市场以及木樨园等商圈，这部分商人购买住房的实力非常强劲。不同于农民工，"城漂"的收入较高，根据国家统计局2005年1%人口抽样调查数据，在城镇范围内四种户籍性质的住户中，"城漂"收入最高，平均每月为2734元。"城漂"人员拥有自有住房的比例为55%，城漂的住房水平甚至高于本地农村户籍人口。

当然人资分离和人资合一并非是绝对的现象。譬如，山西老板在北京购买一套住房，平时不用，但是偶尔到北京来办事住住。等他的孩子在北京就业之后，这种住房又是人资合一。我们定义空置率，应该是阶段性的空置率。空置率仅仅表示目前的住房使用状态，而无法预示未来的住房使用状态。像旅游地产也是这种情形。如旅游旺季使用率高些，旅游淡季则使用率低些。

4. 限购令与人资关系

定义分类是服从于研究的目的。我们分类了人资合一和人资分离，发现一些有意思的结论：譬如获得新户籍的人资分离人口在北京活得最辛苦，他们遭受资本在住房市场对他们的挤兑。一方面他们努力工作，力图使自己迅速积累起首付；另一方面高额租金又不断削弱了他们购房的实力，迫使他们住得越来越远。同时，这部分户籍人口又是利益最受损的群体，因为在传统体制下，这部分群体是有单位自建房作保障的，1998年房地产市场化改革通过"老人老办法、新人新办法"方式，把这部分人赶进了商品房市场。他们即使有住房公积金和房贴，也难以赶上房价的上涨速度。众所周知，这部分新获得户籍人口是一线城市最可珍贵的人力资源。凡是一个城市能接受新户籍人口，这个新户籍人口必然是该城市所需要的人才。如果该城市政府不能从住房满足他们劳动力再生产的需要，那么这个城市的产业结构、经济活力将从长远上受到严重的影响。这也是限购令实质上是保护新户籍人口购房的原因。

地方政府则出于土地财政的利益考虑，可能不顾这些需求的差别。像《潜伏》中的谢若林拿出两根金条，"你能分辨出哪根金条是抢来的，还是赚来的"。作为开发商，当然要把商品住房卖出最高价格，这也是他们利益所在。那么他们必然把商品房卖给煤矿主等富豪，像SOHO每年都去山西挖掘新客户就是这个道理。房价高涨必然抬高了土地出让金和房地产税费，这给地方政府带来了巨大的收益，进而支持了地方政府的吃饭财政和政绩工程建设，这都是众所周知的故事。商品房是有限的，像北京的商品房每年批准预售面积也就是15万套左右。这些相对稀缺的商品房卖给谁，不仅仅是市场经济体制下价高者得，而是应该考虑商品房分配的政治经济问题。在物质短缺年代，稀缺物质都采取了计划分配方式，像粮票、饭票、油票、布票等，这些记忆中的遗物都是短缺时代的产物。但是在普通商品普遍过剩的背景下住房却仍没有摆脱短缺状态。一方面是绝对短缺状态，这是普遍的共识；另一方面是相对短缺状态。后者就是一个家庭购买多套住房现象，人为造成了短缺。限购令，其实是变相的计划分配方式，它界定了人资分离和人资合一的现象。把资本雄厚的本地和外地投资者排斥在本地住房市场之外，真正保护了新户籍人口和具有一定年限的外地打工群体。我们不能一概否决限购令的计划性和行政性。这种方式在特殊的历史阶段起到了积极的历史作用。笔者认为，在供求关系没有彻底改变，在民间资本仍然汹涌澎湃，找不到其他投资渠道时，限购令仍然需在较长时期内保持，特别是房价收入较高的二三线城市，仍需要推广限购令。

5. 对两种似是而非理论的评析

理论之一："城镇化是房价上涨的主因"。当前的城镇化率就是把城镇人口除以全部人口，而城镇人口仅仅是统计学意义的居住半年以上的人口。城镇人口是一个常住人口的概念，除去户籍人口外，进城打工的农民和户籍在其他城镇的人口只要离开户口登记地半年以上，都被计入本地城镇常住人口。我们对常住人口的购房能力和住房情况作一简要的考察。按照户籍划分，我国城镇常住人口可分为四类：第一种，本地农村户籍人口。主要是靠宅基地解决，这部分在 2005 年 1% 人口抽样调查占 27%。第二种是外地农业户籍人口。农民工候鸟式迁移，居住都在半年以上，如果就业地无法提供就业机会，这些人会迅速离开，这种表面上"城镇化"起伏很大。外地农村户籍人口占 13.3%，这部分绝大部分购买不起住房甚至无能力租住一居室。第三种是城漂一族。这部分外地非农户籍人口占 10.4%，购房能力较强，仅有小部分无力购房和租房。第四种是大多数没有享受到福利分房的新户籍人口，譬如新就业的大学生等。显然，第二、三、四种均属于正在进行的城镇化的范畴，但是这些人群除了城漂之外，大多数的购房能力弱于原居民，这些却被某些利益代言者说成"正是这些城镇化进程导致房价的高涨"。显然这种论点是值得商谈和继续研究的。

理论之二："高房价有利于控制人口"。这就是所谓著名的"水坝理论"，就是高房价把人挡在外面，有利于抑制城市的人口过度增长。这也是一种浪漫的臆想，难以得到事实的验证。以北京为例，北京近 10 年是房价高涨的 10 年，同时也是人口暴增的 10 年。高房价仅仅是购买商品房的价格，但是住房行为是可以选择的，可以选择租住地下室也可以选择合租。房价高涨，不一定导致房租同步上涨；即使房租上涨，仍然选择更多人合租分摊租房成本甚至租地下室，因此出现了"鼠族"和"蚁族"之说。有很多外地人到北京仅仅是为了拓展自己事业空间或者仅仅为了赚钱，并不是为了在北京结婚生子、安居乐业。而水坝理论阻挡了是什么人？正是城市政府苦心孤诣吸收有利于城市发展的人才（新户籍人口），却被挡在住房市场的外面，导致了城市发展动力的弱化，这对城市的发展影响无疑是持续的、长久的。

6. 小结

本文首先对人资关系做了定义，并分析了全面市场化前后的人资关系的特点，对当前的人资关系进行了分类，并批驳了两种似是而非的理论。笔者认为，金融监管部门要时时监管民间资本的动态，国土部门要完善土地出让制度，避免地方在"土地财政"的陷阱中越陷越深，建设系统要会同银行系统、民政部门等联合构建宏观调控政策运行的技术支撑条件。

第二节　对 2003 年以来房地产
宏观调控政策的反思[1]

我国房地产全面市场化至今不过十来年，在基础制度建设不健全的基础上进行的房地产宏观调控无疑都是以探索的方式进行。数次房地产宏观调控未达预期目的，说明我国宏观调控方式尚不成熟，尚有待改善，但是也提供了各类政策工具的实验场，使得我们逐渐了解了各类政策工具的效果。因此，有必要对历年来的房地产宏观调控效果进行反思和评价，总结出经验和教训，以便为以后的精准房地产宏观调控奠定良好的基础。

一、房地产宏观调控阶段性的分类

根据不同的研究目的，我们可以从不同的角度把房地产宏观调控划分为不同的阶段，但是划分阶段性必须考虑以下要点：其一，划分房地产宏观调控阶段性是与我国宏观制度基础分不开的。我们所要分析的房地产宏观调控是建立在市场经济基础上的宏观调控，1998 年以前的房地产宏观调控都是计划经济体制下进行，其制度环境、微观基础以及金融政策等相关因素与 1998 年以后相差甚大，造成调控的绩效也大不一样。我们所要分析的房地产宏观调控主要是 2003 年以后的房地产宏观调控，其制度

---

[1]　此文发表于《住宅与房地产》2009 年第 7 期。

基础是有待完善的市场经济，因此，房地产宏观调控的过程也是伴随着房地产市场经济基础性制度的长期建设过程。在比较和分析 20 世纪 90 年代的房地产宏观调控和 21 世纪初期的房地产宏观调控时必须把握其基础性制度的差异。其二，划分房地产宏观调控阶段性不能脱离国民经济运行。国民经济宏观调控是构成房地产宏观调控的背景，因此，在分析房地产宏观调控不能脱离国民经济运行状况这个宏观背景。应结合宏观经济环境变化和房地产本身调整来进行分类。理论上有这么四种情况：经济过热，对房地产市场降温，如 2004 年针对国民经济过热而对房地产行业进行限贷限地政策；经济过冷，刺激房地产市场，如 2008 年底出台系列刺激住房消费的政策；经济过冷，对房地产市场降温，如 2009 年底针对房价过快上涨的政策；经济过热，刺激房地产市场，这种阶段尚没有出现，但是理论上仍然存在。其三，不要混淆了国民经济宏观调控和房地产宏观调控。房地产宏观调控是针对房价而进行的调控，而宏观调控则是针对国民经济不稳定的运行，而进行熨平经济周期的措施。房地产宏观调控和国民经济宏观调控总是相伴相随的。有的政策工具，譬如加息、提高存款准备金率等，是针对整个国民经济，而不是单纯的房地产领域。有的政策工具如银行贷款窗口指导、第二套住房利率等则专门针对房地产。因此在分析房地产宏观调控政策工具时，注意区别针对房地产领域的政策工具和针对整个国民经济的政策工具的差别。其四，根据政策特性划分的难度较大。房地产宏观调控是多项政策的组合，每年出台的房地产政策都包括金融、税收、行政等多种手段，抑投机、促保障则是调控的主旋律，整个过程是逐步强化的过程，若干次房地产宏观调控都具有其共性，但是在政策工具选择以及落实可能性上有所区别，只是难以概括出其特性。基于以上考虑，结合国民经济运行状况、调控目的等因素，本文把调控初步分为四个阶段：防止市场过热的阶段、稳定房价阶段、刺激住宅消费阶段以及遏制房价阶段。

二、防止市场过热的阶段（2004 年初—2005 年 3 月）

    房地产宏观调控总是伴随在宏观调控的背景下展开，从 1998 年全面市场化改革到 2003 年是确定商品住房为主要供给渠道以及提升房地产业在国民经济中地位的阶段。这段时间是房地产产业发展的蜜月期，也是房地产宏观调控风平浪静的时期。因为从第九个五年计划初期开始，我国政府把住宅作为居民新的消费热点，给予优惠房贷、减免税等政策支持，刺激了住房消费，同时作为经济增长的支柱产业，国家对房地产业的持续发展给予包括放宽商业住房信贷规模控制、实行预售房制度、政府取消部分行政事业性收费项目等政策支持，促进了房地产业快速增长，2003 年与 1999 年比，房地产投资完成额年均增长 24.5%[1]。

    2004 年是房地产行业第一个调控年，此年房地产之所以被调控，主要是受国民经济运行过热之累。2004 年 1—2 月份固定资产投资完成额增长 53%[2]，经济运行中出现了新的不平衡，能源、运输供应紧张，居民消费品价格指数开始走高（6 月同比上涨 5%）。这次经济过热的主要症状不是物价高扬，而是煤、电、油、运等基础资源领域"瓶颈"现象，是以供求差距的形式体现出来的。中央政府采取总量政策，坚决抑制固定资产投资规模，房地产行业是资金密集和土地密集型产业，当然首当其冲。2004 年初，为抑制房地产投资过快增长，中央政府采取了"管严土地、看紧信贷"的宏观调控政策。其政策要点是：其一，控制企业投资。房地产开发资金 80% 来自银行，资金渠道单一，金融构架脆弱，央行采取严控房地产开发贷款，提高存款准备金和项目资本金比率等措施，提高开发商门槛，紧缩房地产开发资金链条，限制开发商盲目上项目。其二，控制投资性需求。实施限制期房转让，提高个人房贷申请条件，提高个人第二套以上购房首付比例等综合调控手段。其三，严管土地。实行土地招投标制度，加强对

---

[1]　李剑阁.中国房改：现状与前景 [M].北京：中国发展出版社，2007.
[2]　同上。

土地开发利用的管理，查处土地违法行为，暂停农转非用地审批等，加大开发商获得土地的难度。

2004 年房地产政策基本上都是收紧的政策，不仅控制投资性需求，还控制企业的投资。2004 年调控措施使房地产投资增长速度由年初的 50.2%，逐月下降到年末的 28.1%，回落 22.1 个百分点。但是全年房地产开发投资速度仍比上年增长 28.1%；直到 2005 年房地产开发投资平均速度才能控制住，比上年增长仅 19.8%。房地产开发投资增幅同比明显回落，但房价仍快速上涨。国家统计局数据显示：2004 年 1—7 月，我国商品房平均销售价格为每平方米 2724 元，同比上升 12.9%，为 1996 年以来同期的最高增幅。主要原因有二：其一，随着房地产开发投资以及新开工面积增速的继续回落，导致房地产市场供需矛盾进一步加剧，推动价格上涨。控制房地产投资，其实是限制了供给，加剧供求矛盾。其二，土地招拍挂抬高了地价，进而提升了房价。土地招拍挂制度和土地储备制度的实施，为地方政府提供了新的财政收入来源，地方政府具有强烈的经济动因控制出让土地的速度和数量，导致地价以及房价螺旋式互为因果地攀升。

三、稳定房价阶段（2005 年 3 月—2008 年 9 月）

由于房价上涨过快，从 2005 年 3 月开始，中央又相继出台"国八条"、"新国八条"、"国六条"等文件，七部委出台《通知》以及九部委"十五条"细化调控。其政策要点是：第一，加息。在紧缩性货币政策下实施房地产宏观调控。2007 年 3—12 月连续六次提高存贷款利率，基准利率调整至 7.83%，利率下限调整至 6.66%、个人住房公积金存款基准利率调整至 5.22%。第二，调结构。2006 年以调结构为主旋律。国八条提出了"九零七零"政策，九部委"十五条"又提出了"限套型"、"限房价"的普通商品住房，以期解决中等收入夹心层群体的住房问题。第三，强化税收。2005 年和 2006 年税收政策是一脉相承的，2005 年 6 月国税总局规定个人将购买不足 5 年的住房对外销售全额征收营业税。2006 年 8 月，各地税局强制性征收二手房转让个人所得税。第四，抑制投机性需求。一方面提高首付，2007年9月第二套首付提高到40%，贷款利率为基准利率的1.1倍。另一方面抑制外商炒房行为，加强了对外商直接投资房地产业审批和监管。

我们可以把稳定房价阶段看作中央政府不断进行房价调控的实验过程，大致分为两个阶段，前一阶段通过调结构、促保障来稳定房价，后一阶段通过提首付、提利率来稳定房价。但前一阶段并没有取得良好的效果，我们可以以2007年10月以后的房价变化为验证。以国房景气指数为例，2007年9月提高首付后，12月冲顶达到109.97点后，随后逐月呈现下降的趋势，到2008年12月甚至降到了97.23点。这说明，首先，通过结构调整难以实现调房价的目的。根据住房和城乡建设系统2006—2009年40个重点城市房地产市场简报，四年累计在90到144平方米之间的户型登记销售面积比批准预售面积大2116.71万平方米，144平方米以上的户型登记销售面积大于批准预售面积977.61万平方米，90平方米以下的户型的批准销售面积大于登记销售面积709.21万平方米。这说明90平方米的户型以上供不应求，90平方米以下的户型供过于求。市场需求形成的供给结构和政府意愿中的供给结构存在较大的差异。调结构属于长期调控政策，这些住房增量要经过两三年后才能上市，难以对现在的房价产生影响，因此中央通过调结构来调整房价非常艰难。其次，通过税收调控也难降房价，我国目前房地产税负多集中于交易环节，容易被转嫁，同样难以达到调房价的目的。最后，直接提高首付，提高投机性需求成本，是控制房价的利器。

四、刺激住房消费阶段（2008年9月—2009年12月）

2008年下半年随着世界金融危机的影响扩大，央行宣布"双率"齐降，货币政策再度从"从紧"向"适度宽松"转变。2008年9—12月央行五次降息。2009年房地产宏观调控政策出发点是以通过刺激基本住房需求来带动经济，包括三个方面：其一，加大对自住性消费性需求的支持力度，首次购房和改善性购房都属于自住性消费性需求,包括降低对首付的要求、利率打折以及个人购房税费减免等。其二,加大了保障性住房建设力度。其中中央财政加大了对廉租房建设和棚户区改造的投资支持力度,适当提高了中西部地区补助标准,安排了493亿元,用于补助低保住房困难家庭的廉租房建设。其三,支持房地产企业融资。2009年5月,由于房地产投资回升不明显,房地产开发项目最低资本金的比例由35%下调到30%,保障性住房和普通商品房的最低资本金比例下调到20%。7月房地产企业IPO重启,直接融资的大门再度打开。简而言之,刺激住房消费政策全方位放开,无论是降低首付、利率打折,还是加强保障性住房建设、降低了廉租住房项目资本金率,2009年的房地产宏观调控政策都是围绕刺激基本性的住房需求做文章,以期达到保增长的目的,应急性较强。

刺激住房消费政策既具有一定的效果也带来了副效应。其一,拉动经济的滞后性。2008年底的刺激住房消费主要为了拉动国民经济,但是却对2009年国民生产总值的增量贡献甚微。2009年12个月中有9个月新开工面积与去年同期相比是负增长,直到2009年10月,才转负为正,新开工面积与去年同期相比仅增长3.3%。2009年房地产开发投资36232亿元,比上年仅增长16.1%。房屋新开工面积为115385万平方米,比上年仅增长12.5%。新开工面积最能反映房地产投资对国民生产总值的边际贡献率,房屋新开工面积的同比大幅下降反映了房地产投资对国民经济带动效应并非如同有关专家宣称"房地产行业在实现2009年保八目标中功不可没"。准确地说,2009年刺激房地产带动国民生产总值的政策效应滞后到2010年方能体现出来,表现在房屋投资额以及房屋新开工面积上。2010年1—11月房屋投资额51065.76亿元,比上年同期增长36.4%。2010年1—11月房屋新开工面积达145130万平方米,同比增长48.74%。其二,大量的投机性入市。房地产宏观调控政策的模糊性,作为执行主体(譬如地方政府、商业银行)都作出了对自己有利的解释,导致大量的投机性需求入市。根据住房和城乡建设系统40个重点城市房地产市场简报,2008年北京登记销售面积在144平方米以上、144平方米到90平方米之间以及 90 平方米以下，比例分别为 32.75%、33.04%、34.21%，到了 2009 年需求结构发生了变化，比例分别为 39.9%、30.6%、29.5%。144 平方米以上的大户型比例大幅增加，说明投机性需求较大。

五、抑制房价阶段（2009 年 12 月—2011 年）

由于 2009 年房价上涨剧烈，12 月国务院常务会议将个人住房转让营业税征免时限由 2 年恢复到 5 年，"国四条"、"新国十条"等政策相继出台，并明确了把抑制部分城市房价过快上涨当作本轮调控的主要目标。其政策要点是：第一，强化对投机性需求的控制。通过限贷、限购甚至禁购方式强化了对投机性需求的控制。2010 年 4 月"新国十条"的重点也在于抑制房地产投资投机需求，把第二套首付提高到 50%，利率提高到同期利率的 1.1 倍，有的热点地区停止第三套房贷。第二，矫偏。"综合评标"、"一次竞价"、"双向竞价"等出让方式有利于改变"价高者得"的模式，积极鼓励国有企业成为保障性住房建设的主体，这些都是对以前制度的反思。再次，强化了住房保障。强化了住房保障的责任制，建立约谈问责制度。国务院确定建设保障性住房和棚户区改造 580 万套，共安排保障性安居工程专项补助资金 802 亿元（含农村危房改造补助资金），无论是建设规模还是资金支持力度都是历年最大的。最后，增新量。调控房价的政策虽然非常严厉，但是这个政策并没有提高开发企业的自有资本金比率，支持企业顺利开发，增加房屋供给的政策是非常明确的。开发企业资本金比率 2004 年开始提高，从 20% 提高到 35%，2009 年 5 月把开发企业资本金比率从 35% 下调到 20%，2010 年并没有改变这一政策，也就是说企业资本金比率目前仍然很低，比较充足的杠杆率有利于增加开发。

应该说，房地产宏观调控取得了一定的成效。自 2010 年 4 月份国务院调控措施出台后，房价涨幅逐步回落：从 5 月份的 12.4%，6 月份的 11.4%，7 月份的 10.3% 降至 8 月份的 9.3%，9 月份的 9.1%，10 月份的 8.6%，再到 11 月份的 7.7%。这次宏观调控采取这种直接的、从终端环节调节市场的措施，主要的策略方向是抑制需求，特别是提高第二套首付、热点地区第三套停贷甚至禁购等政策有力地抑制了通货膨胀背景下的住房投机性需求的泛滥。

六、小结

抑制房价当首控投机。住房结构失衡、市场秩序混乱、保障性住房建设乏力等现象其实具有内在的逻辑性。投机性需求是诸多房地产异象的源头，投机性需求偏好于大户型，开发商追求最大利润，必然生产出以大户型为主的住房，导致政府改善供应结构的愿望难以实现。投机型需求旺盛，开发商和投机者追逐利润，必然衍生出捂盘惜售、囤房囤地、一房多价等市场混乱现象。投机型需求旺盛，政府难以舍弃丰厚的商品房用地产生的利润，保障性住房建设乏力。单纯靠整顿市场秩序，要付出巨大的行政成本但收效甚微。因此，要在源头上堵住投机性需求产生的土壤，才能减少其他房地产异象内在的经济诱因。投机性需求产生的土壤是流动性过剩以及投资渠道的缺乏。但是对于流动性过剩和投资渠道，涉及垄断企业的改革以及人民币汇率、货币政策等外在制度环境，一时难以改革解决，只要流动性过剩，难免以投机性需求的形式冲击房地产市场。以前若干次房地产宏观调控也曾试图抑制投机性需求，但是未能达到预期的目的，譬如各种交易税费容易被转嫁等。在控制投机性需要之后，再利用多种手段控制房地产企业的资金来源，才能逐步达到控制房价的目的。如果房价仍然上涨，今后中央甚至可能动用第三套禁购的方式、征收房产税等方式控制投机性需求。

多重目标应该转为相对单一目标。2004年房地产调控的目标是控制房地产投资规模过大，2005年转为既控制固定资产投资又抑制住宅价格非正常增长的双重目标转化。2008年底为了挽救国民经济下滑趋势，又出台刺激住宅消费的政策，本来房价正在理性回归的宏观调控被拦腰截断，2009年迎来了始料未及的房价暴涨局面。从整个房地产行业发展和房地产宏观调控的脉络上，可以看到房地产宏观调控受国民经济运行状态的制约，多重性目标容易产生矛盾。房地产宏观调控主要目标应该把提高人民居住水平放在首要位置，防止房价过快上涨，切实把房价调控到与居民购房能力相适应的水平。

注意政策持续性和持久性。房地产宏观调控实质上是中央政府与实施主体如地方政府、商业银行以及开发企业之间的博弈过程，由于市场经济带来的利益多元化，实施主体通常利用政策模糊性作为逃避宏观调控的借口。开发企业以缩量保价、缓开工以及多元化融资等方式抗拒中央调控的意图，竭力把房价维持在高位，对国民经济的拉动效果也未如中央政府所期；地方政府从土地财政利益出发对保障住房建设不力、"地价不跌"、"房价不跌"成为一些地方政府宏观调控的底线；商业银行出于盈利需要变相支持优质客户多套住房的贷款要求等。因此，更需要中央政府把抑制房价过快上涨的宏观调控贯彻到底，不如此，则无法彰显政策的公信力与民生性。

第三节 房地产宏观调控中的需求管理[1]

稳定房价，其实是短期调控。多年来的房地产宏观调控之所以未能控制房价，很大程度在于混淆了长期政策和短期宏观调控政策的区别，以供给调控为主的长期政策在稳定房价上方面无疑是捉襟见肘。有必要分析各类住房需求的特性，分层次管理住房需求。

一、住房需求管理的含义以及加强住房需求管理的必要性

需求管理是由英国伟大的经济学家凯恩斯提出的，他认为经济萧条主要是由于需求不足导致企业开工不足而形成的。凯恩斯主张通过货币政策和财政政策的组合刺激需求，保持国民经济的平稳运行。本节的需求管理借用此概念，意指通过对不同的住房需求进行分类，针对不同的住房需求制定不同的政策；与之相对应的是供给管理，是指对作为住房供给方的地方政府和开发商的一系列政策措施。

加强住房需求管理是与我国特殊的国情分不开的。其一，我国目前已经形成了地方政府的土地财政的依赖性，地方政府依赖土地财政作为财政支柱，这种土地财政又是与分税制、官员升迁方式分不开的。贸然割断地

---

[1] 原题名为《房地产宏观调控亟待细化需求管理》，发表于《住宅与房地产》2010年第5期。

方财政与土地的脐带，而没有新的财税来源作为替代来源，必然引起混乱局面。美国金融学家麦金农认为，转轨国家在转轨前必须首先建立另一种替代性财税来源，才能进行改革，否则可能政权不稳、经济崩溃[1]。我国难以在短期内建立替代土地财政的新税源，因此，住房供给管理难以真正取得成效。其二，我国收入差距状况也决定我国必须优先采用需求管理。我国收入差距之大，位于世界前列，但是我国尚未建立有效的国民收入再分配体制，对既得利益集团的利益再分配也不是短期内能够见效的。正因为收入差距很大，如果不对需求进行管理，保障居民的基本住房权利，严格限制投资性需求，这种收入上的不公平很容易转化为住房上的不公平。

住房需求管理比供给管理可能更有效率。首先，调控主体比较。供给调控主动权掌握在各级地方政府与房地产开发商手中，由于地方政府对土地财政的依赖性，进行供给调控难以达到既定的调控目的。地方政府往往先于中央政府而救市，也利用中央政府政策的模糊性曲解执行，这就是我们常常所听到的"中央政策难以落实"。中央政府对地方政府如何落实中央的住房政策既没有合理的考核指标，也没有有效的奖罚手段，譬如保障性住房建设就是典型一例。需求管理的执行主体一般是各级银行，虽然商业银行的效用函数不同于中央政府和中央银行，但是银监会具有较大的控制性，能在较大程度上使商业银行的行为不至于偏离中央政府设定的轨道。各大商业银行系统管理的垂直性也有利于服从中央的调控意图。其次，调控时效性比较。供给调控往往具有滞后性，房地产开发周期是长周期，从一块熟地再到建成商品房出售，一般至少需要二到三年。而房地产宏观调控是根据国民经济形势以及商品房价格水平而进行短期调控，这决定了供给调控在中短期内很难见效。供给调控无非是刺激或抑制开发商的商品房投资行为和地方政府提供保障性住房的行为。每次出台的保障房计划往往要经历较长时间，形势已经发生较大变化，保障房上市反而可能加剧了房

[1] [美]罗纳德·麦金农.经济市场化的秩序：向市场经济过渡的金融控制[M].周庭煜，尹翔硕，陈中亚，译.北京：生活·读书·新知三联书店，2000.

地产周期的波动。而需求管理直接从调控居民的住房需求入手，压缩投资性需求，缩小供求失衡缺口，进而达到平抑房价的目的，具有较强的时效性。同样，有的学者认为通过调结构来稳定房价，调结构属于长期政策，增量的商品住宅仅占较小比例，难以撼动房价。

当然，把商业银行作为需求管理执行主体也有缺陷。我国目前尚缺乏住房政策性金融，让商业银行充当执行主体，商业银行往往也有自己的利益驱动，往往偏离中央的调控目标。因此，中央政府在把他们作为执行主体时，要通过贴息等手段引导商业银行沿着中央政府的调控之手而前进。

二、住房需求的一般分类

为了使调控取得短期成效，必须改善和加强需求调控，而需求调控的基础是分析需求的不同类型和特征，以便于审时度势加以调控。我们按照需求的目的性和需求的区域性两个维度来分析住房需求。

消费性需求和投资性需求。消费性需求是自住性需求，投资性需求是把住房投资作为牟利的工具。与投机性需求相比，投资性需求进入消费领域，如把住房用于出租，投机性需求则是短期快速买卖商品房牟取暴利的行为。虽然在理论上容易区分消费性需求、投资性需求和投机性需求，但是在实际中往往很容易被混淆。譬如，一户家庭已经购买了一套小户型，为了改善居住条件，又买了一套大户型，一套用于上班，一套用于度周末，那么这两套都属于消费性需求。但是该户主某段时间资金短缺，卖掉了大房，那么这套大户型又成了投资性需求。投资性需求和投机性需求更难以区分，投机性需求可能仅仅停留在流通领域，以短期内进出房地产而牟利。而投资性需求更可能是已经进入消费领域，持有时间较长。但是事先是无法判断投资性需求或者投机性需求，只有事后才能判断，但是时间的长度却难以把握。假设某个购买者购买一栋住房，用于出租，收取几个月的租金以后就将其出售。这种行为既符合投资性需求的定义，也符合投机性需求的定义，究竟是何种需求类型则难以区分。可以说，消费性需求、投资性需求以及投机性需求不分的现象，导致大量的投资性需求、投机性需求以消费性需求的面目出现，往往导致政策的失灵。实践层面例如第一套视为初次置业需求，第二套视为改善性需求，把第三套住房及以上视为投资性需求，或者按一定的面积来区分，有利于减少鉴别成本。

本地需求和外地需求。把需求划分为本地需求和外地需求，是与我国的城市化进程分不开的。我国城市化速度加快是不可避免的现象，大量的流动性人口从农村流向城市，特别是流向经济发达地区。我国城市化还有一个特点，就是从小城市流向中等城市，从中等城市流向大城市。因此，产生了住房的本地需求和外地需求之别。本地需求是指本地的居民对住房的需求，这包括有户籍的居民和无户籍的常住人口。这些居民都对该城市的经济发展做出了贡献，理所当然应该享受该城市的居住权。外地需求是指外地的居民对本城市的住房需求，包含三类：第一类是投资投机性需求。在我国，资金流动速度超过了劳动力的速度，资本的逐利性决定了资本永远流向住房升值潜力最大的地区和产业。我国收入分配不均、流动性过剩，这种流动性可能冲击国内各种热点城市，像温州炒房团就是这种类型。第二类是消费性需求。外来常住人口虽然没有户籍，但是经过一定时间积累有了一定的资产，在本地购置房产。这种外地常住人口对本市经济发展做出了贡献，应该支持这种合理的外地消费性需求。第三类是衍生性的消费性需求。譬如青年夫妇留京工作并置业，如果双方父母都有经济实力，那么这对新人的一套住房将带动两套住房的衍生性消费性需求。如果双方父母过世，这两套住房再变卖，又成了投资投机性需求。这种外地的衍生性消费性需求，很容易转变为投资投机性需求，而且作为购房者也没有对当地经济做过贡献，应该受到抑制。

三、转轨时期我国不同类型住房需求的特征

发达国家都经过了住房短缺的时代，到现在供求关系已经基本平衡。因此，发达国家对各类住房需求可以采取无差异的对待政策。与发达国家

相比，中国尚处于住房总量短缺的时期，而中国特殊国情更加剧了供求失衡，应该分层次对待各类住房需求。我国特殊国情是如何导致住房供求关系失衡呢？

1. 住房体制变革和社会自然特征变化引起消费性需求的释放

首先，我国住房政策变革导致住房消费性需求从旧体制释放。首先，住房制度改革导致消费性需求的释放。传统体制内单位供房制是社会主义福利体系赖以运行的最主要的制度性安排之一，单位始终在住房供给上扮演重要角色。通过自建房满足职工需求，这是传统的计划经济延续。这些需求被自我生产满足，而不被释放到商品房市场上。改革的过程就是单位供房制比例逐渐缩小，市场化供应逐渐扩大的过程，也就是刚性需求逐步在市场上释放的过程。特别是 1998 年取消福利房全面实行市场化，事实上逼着、赶着这部分居民走向商品房市场，而提高工资、发放补贴、发展信贷等措施，则是帮着、扶着他们去购买商品房。这样新增住房需求和改善性需求都释放到市场上。其次，住房保障体系不健全也导致部分消费性需求释放。长期以来各地廉租房保障覆盖面非常小，经济适用房和限价房的比例也相对较少，其中经济适用房很大部分被城市拆迁户和关系户拿走了。2009 年我国保障性住房投资 1200 亿元，达到历史上最高峰值，但远远不及国际平均水平。因此，我国住房保障体系不健全导致部分购买力不足的消费者走向市场。

社会的自然特征带来的住房消费性需求多样性。第一，当前城镇整体水平正处于住房需求收入弹性较高的发展阶段。同样的商品，在不同的社会发展阶段上，或者对不同的收入水平的人群来说，其需求对收入变化也会表现出来不同的敏感度或弹性。这部分家庭中的大多数，其住房消费能力的提高速度已开始不断高于收入的增长速度。例如，在当前我国的大城市中，一个月收入 3000 元的家庭，其住房消费能力可能只有 600 元 / 月；但其收入水平提高到 4000 元，也就是提高 33% 时，其住房消费能力可能会提高到 1200 元 / 月，也就是提高 100%。一方面这部分家庭依靠自己的力量尚不能完全满足自身的住房需求，但另一方面，他们的消费能力处于对收入变化高敏感、高弹性的阶段，即收入增长对住房消费能力影响很大的阶段，处于需求收入弹性较高的阶段。其次，婚房需求量剧增。未来15年是我国经济社会发展的"人口红利期"，婚龄人口对于住房的刚性需求将会持续增加。1963—1974年和20世纪80年代后期分别出现两次生育高峰，随着时间的推移，在2005年至2020年期间，生育高峰中出生的人口先后达到25～50岁范围内，适婚人口以及中壮年人口数量增加，对婚房的数量也会增加。最后，家庭结构小型化趋势明显。家庭结构越小，人均住房面积的实际占有越大，因此，小家庭结构的大量出现会引起住房需求的增加。

2. 我国投资渠道少以及通货膨胀预期引起投资性需求旺盛

我国投资渠道少，虚拟性住房金融市场缺乏导致投资性需求旺盛已经成为共识。值得注意的是，在不同的年度，投资性需求以不同的形式存在，特别是在通货膨胀预期时，投资性住房需求主要是以避险性资金的形式存在，2009年住房投资性需求就是如此。何谓避险性资金，就是为了避免通货膨胀造成实际购买力缩减的资金。避险性资金包括以下几种资金：第一，产业结构调整溢出的资金。危机来临之日也是产业结构调整之时，一些资金纷纷从衰退性行业和行政性垄断行业退出，进入住房领域。我们经常听说一些企业主把订单不足的企业卖掉，买了几套住房的故事就是典型。山西省政府进行煤矿兼并重组，其退出的浙江民间资金也纷纷进入住房领域，甚至出现宁波等资本回流地的房价大有赶超北京之势的异象。第二，富人的避险资金。富人为了保证其资产不贬值，在没有其他的合理投资渠道的时候，往往将部分资金投入住房领域。这与产业结构调整溢出的资金不同，前者具有被迫性，富人避险资金流入住房领域具有主动性，其进入可能是长期性持有的。第三，国际投机性短期游资。在美国次级债危机的影响下，国际资本在国际实体市场和金融市场上难以找到合适的投资渠道，披上合法外衣通过各种渠道投入我国房地产领域。这些投资性需求和避险性需求资金量比较大，投资的重点也是大户型。根据住房和城乡建设系统40个重点城市房地产市场简报，2008年北京登记销售面积在144平方米以上、144平方米到90平方米之间以及90平方米以下，比例分别为32.75%、33.04%、34.21%，到了2009年需求结构发生了变化，比例分别为39.9%、30.6%、29.5%。

3. 城市化进程加剧了本地需求和外地需求的复杂性

城市化进程无疑加剧了我国住房问题的复杂性。首先，城市化进程造成城镇人口的住房需求迅速增加。1997年以前，城市人口年均增量在1000万人左右，但是1997年和1998年，国家先后放开了小城镇和城市的"投资移民"、"技术移民"和"家属移民"，城市人口增量猛增至年均2150万人的水平。未来10年，仍是城镇化快速发展时期，预计到2025年底，我国城镇化率将达到60%，在此期间平均每年城镇新增人口数将达到1500万人左右，每年仅满足这部分新增城镇人口对住房的需求，约需要300万套左右。其次，外来务工人员的住房需求。我国出台一系列制度改变了对农民工的歧视性待遇，使得农民工在城市居住和工作的环境获得了极大改善，农村劳动力流动规模日益扩大，出现了举世瞩目的"民工潮"。如农民工数量2000年为7849万人，占城镇从业人员比例为36.9%，2007年跃为13697万人，占城镇从业人员的46.7%[1]，并且一直处于上升的趋势。外来务工人员的租房需求刺激了居民的住房投资行为。

四、政策建议

反观我国历年来的房地产宏观调控失误，其实质在于对各种房地产需求无差异对待，消费性需求和投资性需求的叠加造成房价的飞涨。如何分类管理这些需求呢，笔者拟提出原则性的建议，见表1。

---

[1] 蔡昉. 中国流动人口问题 [J]. 北京：社会科学文献出版社，2008.

表 1 对不同的住房需求的政策态度

	本地需求	外地需求
消费性需求	保护	支持 / 抑制
投资性需求	抑制 / 遏制	遏制

应该积极保护本地消费性需求。根据以上分析，由于我国住房体制改革的特点和我国社会自然特征，造成我国现阶段的首次置业需求、改善性需求等消费性需求非常强烈。我国的城市密度非常大，远远超过西方国家城市人口密度。像人地关系紧张的地区和城市如新加坡、韩国首尔等，无一不是采取非常严格地保护本地消费性需求的措施，这样才能满足国民的基本住房需求。如果不对本地的消费性需求进行保护，可能投资性需求很容易挤占消费性需求，造成一系列严重的社会问题。

应该遏制外地投资性住房需求，抑制本地投资性住房需求。对投资性住房需求，政策态度应该是抑制甚至遏制。投资性住房需求在供过于求的情况下，起到一定的活跃市场的作用，但是在我国人地关系紧张、供求失衡的条件下，不应该鼓励投资性住房。以上所分析的产业结构调整溢出的资金、外地富人们的避险资金就属于外地投资性住房需求。我国大城市对户籍还没有放开，但是资金流入流出却是自由的，不容易受到限制的。如果对购房人口不加地域上的限制，很容易造成过剩的流动性向各个热点城市发动冲击，造成房价的大起大落。此外，外地投资性购房很可能被空置起来，造成房产资源的极大浪费。因此，对外地的投资性住房需求，特别是囤房性质的投资性需求，要采取最严厉的政策措施。对本地的投资性住房需求，可以采取两种对策：对于房价收入比小高、收入差距不大的城市和地区，对本地的投资性住房的政策可以稍微和缓一些。但是对于房价收入比很高、收入差距很大、人地关系紧张的热点城市，仍需要采取严厉的遏制性措施。

应该区别对待外地消费性住房需求。对常住性外地人口的住房需求，应该持支持性态度。对判断何者是常住性人口，各地应该根据本地情况具体判断。对衍生性外地消费性住房需求，政策应该持抑制态度，避免过多的需求涌入本地。

　　房地产市场分层次需求调控的含义就是：首先，既要针对不同的需求类型，也要顾及地区差异。其次，既要在政策方向、重点和力度上相互协调，又要在短、中、长期政策上统筹安排。最后，从长远看，要以建立房地产价格目标制为需求调控的最终努力方向。房地产市场分层次需求调控需要根据不同的住房需求采用综合性的金融、税收政策，这里限于篇幅，不再赘述。

第四节 房地产宏观调控中行政手段的利用尺度

我国刚从计划经济体制下脱胎而来，对行政手段造成资源配置错位、经济停滞的后果记忆犹新，房地产学术界也似乎视行政手段为禁区。其实，在转轨中的房地产宏观调控中，正确应用行政手段能收到事半功倍的效果，加强对行政手段应用的研究实属必要。

一、西方国家房地产体制中的行政手段

行政手段其实随处可见：许可证、规划、责令停工。特别是在生产领域住宅的质量、安全、环保，都需要政府的规制，这些都属于"社会性规制"的范畴，这已经成为世界各国房地产生产体制的共同特征。但在消费和分配领域，房地产行政手段也屡见不鲜，房地产体制行政色彩是与各国人地关系紧张程度、经济发展阶段、宏观经济体制相联系的。如果把行政手段的浓淡看作一条直线，新加坡和美国则处于两个极端。行政手段在房地产行业主要有两种表现方式：

第一种表现在房地产体制上。有的国家地少人多，如果放任自由市场的力量，必然造成居民的居住水平难以提高。因此，这些国家通常就是利用行政手段来配置资源。特别是在资源稀缺的年代时，利用行政手段配置资源能达到迅速缩小供求缺口的目的。新加坡就是这样的例子，其房地产体制就是行政手段配置资源的典型。新加坡 80% 以上的住宅都是由政府

建屋局统一设计、统一兴建、统一定价并有偿分配给国民，85% 的国民享有公共组屋，其中 93% 为产权房。通过"公积金＋公共组屋"模式，政府一手控制了购房储蓄资金的规模和价值，另一手又控制了住房建设的规模和住房价格，两相匹配形成了福利主义和计划经济色彩浓厚的普遍性住房保障制度。即使这样，新加坡住房保障体制还是利用市场机制的优势降低成本。从产业链的角度来看，某些环节外包给开发商，有利于降低成本。也就是所谓行政手段和经济手段是相互融合，互为补充的。例如，在组屋的施工建设环节，房屋发展局采取了严格的招投标方式，由中标的私营建筑公司承建。

第二种是政策工具上的行政手段。在西方国家房地产管理各个环节都在恰当应用行政手段。在规划环节。例如，针对大量外来购房者打破了地方住房的供需平衡，本地低收入者和年轻居民面临无力负担的困境，英国通过所有权控制（Occupancy Controls）和使用变更控制（Change of Use）来抑制非本地人购房。所谓所有权控制即对房屋产权所有者的属地进行限定，禁止或者有比例地控制外来人口购房。使用变更控制即对住房由主要住宅变更为异地居民住房进行限制，在变更前必须取得规划许可[1]。在生产环节。从 2000 年开始，法国政府专门颁布法律，规定任何一个开发商在住宅建造规划中，至少拿出 20% 的面积，卖给社会福利房屋管理公司，由其出租或出售给低收入者，并提供房屋的日常维护和管理，其余 80% 则按照市场价格销售。在消费环节。香港对于虚报材料的家庭将可被判监禁及罚款，并可被处罚少收租金的三倍罚款，而且房委会有权终止租约。政策工具中的行政手段浓淡是一种历史过程。在第二次世界大战后针对住房稀缺、房租暴涨，西方国家普遍都采用大规模的公共住房建设的手段，并配合以租金管制。随着供求关系的缓解，西方国家出现了将公共住房私有化，并利用经济、税收等市场手段对房地产市场进行调节，减少行政手段。而最近美国遭遇次级债危机，美国政府将房地美、房利美收归国有，并对

---

[1] 朱晨，岳岚 . 基于规划调控的英国保障措施研究 [J]. 城市发展研究，2007（2）.

失房者进行救助，行政手段频频增多。可见，行政手段的应用是根据房地产市场运行情况，在市场失灵的条件下，行政手段是较好地校正房地产市场偏离正常运行轨道的良方。

二、房地产市场失灵与行政手段

房地产市场失灵是利用行政手段的理论基础。我国房地产市场与西方房地产市场相比，其市场失灵范围更广、程度更严重，这与我国特殊国情和制度不健全是分不开的。

第一，产品的相对短缺。由于人地关系紧张，房地产成为我国的稀缺产品。我国的城市人口密度普遍高于西方发达国家城市，这说明我国的房地产产品供不应求。但是，我国房地产制度建设并没有把严格措施抑制投资投机性需求作为基本的政策手段，导致富有阶层对住房的占有超过一般工薪阶层，收入上的不均等转化为住房上的不均等。历史经验表明，凡是产品具有稀缺性，往往投机盛行，譬如，我国上海在新中国成立初期白米和煤炭由于短缺而导致投机盛行。在物资紧张的时期，对稀缺产品总是采取配给制。像地少人多的新加坡采用公共组屋和公积金相结合的制度，我们也可以把它看成是产品短缺条件下的配给制的一种表现形式。值得注意的是，我国住宅短缺并不是绝对的短缺，而是相对短缺。根据《2005年全国1%人口抽样调查资料》初步估算，我国的住房套数和户数基本是0.9:1，总量基本平衡。如果采用类似新加坡的计划分配方式，我国也不存在所谓的住房问题。但是我国对投资性需求和投机性需求未有严格性限制规定，住房的获得完全依靠"货币投票"，其结果是：一端是富有阶层和投机者的豪宅别墅和数套住房，另一端却是部分居民的蜗居状态。印度诺贝尔经济学奖获得者阿马蒂亚·森在研究世界饥荒时发现饥荒发生并非由于食物的绝对短缺，而是对食物占有的不公平状态，这种现象与我国房地产现象如出一辙，值得我们警惕。

第二，垄断性。房地产的垄断性是世界共有的，占有一块地段好的土地，就意味着能获得超额地租，这可称之为区位垄断。但是我国的房地产垄断还表现为其他三种形式：要素垄断、产品垄断和垄断行为。这三种垄断形式造成我国房地产市场垄断性强于西方国家。

一种是要素垄断。第一种要素垄断是土地垄断。我国地方政府通过土地储备制度和低偿的征地制度掌握着土地的流入，而且把握着土地出让的速度和频率，甚至故意制造成土地饥渴，以获得土地上的最大收益，这就是所谓的"一个龙头进水，一个龙头出水"。对比国外，西方国家通常是个人和国家土地所有制并存，个人可以进行土地买卖，个人对土地的供给在一定程度上打破了土地的垄断性。在我国，不仅集体土地向国有土地流转只由政府经手，而且集体建设用地上的农房即使空置也不能出卖给城镇居民。土地封闭流动和分层流动的特征加剧了土地的垄断性。第二种要素垄断是金融资源的垄断，房地产开发属于资本密集型产业，但是我国房地产开发严重依赖间接融资，直接融资比例很少。企业债券等融资方式较少，虚拟房地产资本市场缺乏，民间信贷为非法信贷，因此，开发商的资金被迫严重依赖于银行。这种金融垄断不仅使得风险高度集中于银行，而且这种要素垄断从产业链的上游传导给了下游。第三种要素垄断是市政配套垄断。房地产开发需要及时接入水电气暖等市政配套设施，这些市政行业本身属于自然垄断行业，在西方国家对其价格、质量都有系统科学的监管方式。但在我国这些市政行业垄断尚未打破，各种市政配套接入都以垄断定价的形式向房地产开发项目收取接入费用，最后这些费用又以成本的形式转嫁给购房者。这三种要素垄断叠加在一起，最终转化为企业垄断和产品垄断。

一种是产品垄断。产品垄断主要是开发商开发的商品房比例过大，保障性住房过少，非盈利企业建造的非盈利住房难觅踪影。由于我国推行土地招拍挂制度以及财政分税制，地方政府已经形成了对土地财政的严重依赖。在土地财政影响下，地方政府更偏好于开发商品房，而忽视保障性住房，保障性住房建设远远迟滞于社会经济的发展。到2008年底，我国通过廉租住房和经济适用住房建设，已解决800多万户城镇低收入住房困难家庭的住房问题，仅占城镇家庭总数 4.2%。而新加坡公共组屋占 86%，香港公共租屋占 50%，日本保障性住房约占 44.7%。同时，由于实施土地招拍挂制度，以前我国曾经兴起的住房合作社等非营利性组织因拿不到土地而趋于消亡。西方国家的住房合作社、非营利组织和政府的住房则占较大比例。譬如瑞典非营利住房企业拥有住房比例为 21.88%，住房合作社住房比例为 16.88%，挪威住房合作社大约拥有 40 万会员，建房 25 万多套，占全国住宅总量的 15%。

一种是垄断行为。这是指对开发商利用市场势力进行垄断定价。其实在某些市场经济基础性制度缺位、市场转轨青黄不接的前提下，行政手段在一定范围内具有较好的效率。譬如，价格合谋、掠夺性定价在西方国家已经遭到明令禁止，但是在我国，关于价格合谋、垄断行为没有法律上的裁决标准，这种法律上的空白可以找到行政手段的切入点。判断价格合谋有两个要点：其一，房地产企业就协调行动的有关事项进行沟通、联系。这是其进行协调活动的重要步骤，实施共同行为的重要基础。房地产企业之间形成了限制竞争的某种协议。其二，房地产企业实施了共同的行为。这些共同行为是房地产企业协调行动和限制竞争共同意愿的客观反映[1]。

第三，流动性过剩。市场失灵还表现在房价脱离供求关系而飞速上涨，主要是流动性过剩造成投机性旺盛而导致的。在经济学中"流动性"是指资产转换为现金的难易程度。通俗地讲，流动性过剩就是市场上流动的货币过多，超出了经济体系的实际需要。我国流动性过剩并非仅仅是银行信贷资金过多或国外资金的流入，更主要是表现为产业结构调整的资金、富人们的避险资金。这种流动性往往造成房价脱离供求关系，特别是大城市潜在投资价值比较大，尤其在金融监控不力的情况下，投机性外地资本趋向于迅速进入或退出房地产市场以谋取利润，演化成投机性购房为主的"炒房"。这种以短期炒作性为目的的"异地购房"扰乱了当地实际住房需

---

[1] 储菲菲. 中国房地产市场价格卡特尔的反垄断法规制——以价格领导行为为例证的分析 [J]. 江南大学学报，2009（1）.

求、城市改造需求和当地购买力基础上形成的供求平衡关系，导致了当地房价短期内大幅变动。

三者其实有着内在的联系。产品的相对稀缺，使得开发商更有条件去垄断产品和采用垄断，投机者也投资住宅以取得某种形式的垄断。而流动性过剩犹如火上干柴，更促使投机者占领住宅资源。这些其实都是制度不健全的产物，政府对若干其他垄断领域开放度不高，民间游资无处可去，只能流向房地产领域。我国在土地流转制度以及市场竞争制度建设的滞后，导致开发商和投机者强化了这种垄断性，放大了住宅的相对短缺，并依据这些垄断性攫取暴利。这些都不是经济手段所能调节的。譬如，即使征收物业税，但如果投机利益超过投机成本，投机依然盛行。经济手段有时不能达到效果，只有对某些投机行为采用行政手段，譬如第三套商品房停贷，外地人购房需要一年以上的纳税证明或社保证明，这样才能更有效抑制投机。

三、行政手段适用的范围和切入点

地方政府运用行政手段执行中央的宏观调控政策就可能带有很大的随意性，不仅包括在政府职能认识上的主观随意性，而且还包括在行政执行上的随意性，这是因为没有更加清晰、明确的尺度可供参照。因此，要约束政府的行为，必须明确其行政手段介入的切入点，避免行政手段的滥用扰乱了房地产市场正常运行。笔者认为，行政手段应该从以下方面入手。

首先，抑制投机性需求。投机性需求泛滥，是我国房地产诸多乱象的根源。譬如投机性需求导致房价高涨，进而导致囤房囤地的现象。投机性需求一般是大户型，导致供给结构偏向于大户型。如果仅仅对表面现象施以行政手段难以达到预期效果。因为行政手段使用须讲究行政成本。只要房价上涨过快，那么囤房和囤地以及市场秩序混乱那是必然的现象。如果依靠行政力量去查处，这种发现成本显然过大，发现并查处的仅仅是冰山一角，大量的非法现象潜伏在下面，难以达到预期的效果。但是如果对这些现象的源头施以行政手段，能大大减少行政成本。譬如，"新国十条"对外地的购房者要求一年的纳税证明或社保证明，并且停贷第三套住房，随后房地产市场上涌现大量的二手房源。这说明，必须找到房价上涨的病灶对症下药，才能避免宏观调控中"治标不治本"的做法。

其次，理清和落实行政责任。其一，理清中央和地方的责任。中央和地方在保障性住房的责任是不清晰的，特别是在投入方面的责任。中央可以依靠行政手段加强对地方官员的惩罚，把责任推向地方。但是在分税制造成的地方财权不足的前提下，单靠单方卸责是难以完成保障性住房建设的。因此，要明确中央和地方的投入责任，形成对中央和地方的双面约束。其二，落实责任。还应该采取定期或不定期视察的方式来督促地方政府保障性住房建设进度，追究保障性住房迟缓地区的政府领导相关责任，并对保障性住房进展较好的地方政府予以奖励。只有责任明确，奖惩分明，地方政府才会有动力进行保障性住房建设。其三，加强对提供虚假信息的惩戒力度。对通过弄虚作假骗取住房保障者要通过法律及行政手段严厉惩戒；加强对虚假广告、雇人排队等现象的惩戒力度。

最后，强化现有法律执行力度。我国法律已经规定某些行政手段来规范房地产市场秩序，但是这些并没有很好地得到实施。譬如，我国规定政府有权回收闲置土地，但是实际中开发商往往依靠与地方政府的人脉关系，即使闲置不开发，都可以得到通融。法规政令已成一纸空文，出现基础制度弱化的现象。这些法律和文件都必须得到强化执行。

四、行政手段慎用的房地产领域

近年来，行政手段用于调控房价和调结构的争议很大。笔者认为行政手段用于调房价和调结构的效果不大。

行政手段调房价难以取得满意效果。在市场经济的环境下，利用行政手段直接控制房价或者公布成本，未免有计划经济的嫌疑。即使规定了房价的上限，但是如果市场供不应求，购房者仍然要通过各种关系进行疏通，这些疏通费用实际上是购房者实际为购房所用的费用或者商品房的隐性价格。对房价的控制实际上是政府的一种"创租"行为，有关政府部门在核定价格的过程中，自由裁量权较大，容易招致开发商的寻租行为，而这些必然会转嫁到购房者手中。从国际经验上看，第二次世界大战后西方国家曾经把控制房租作为手段，但是终于导致住宅日渐失修，出租市场日益萎缩的恶果。此外，房价的核定，要耗费大量的行政成本，开发商也必然隐藏成本，这样成了猫抓老鼠的游戏，达不到预期的效果。对房价管制应该偏重于加快对价格领导制等垄断行为的研究和促使有关法律出台，以法律手段制止不正当的竞争行为。

行政手段调结构也难以达到预期效果，譬如"九零七零"政策，开发商有很多规避的手段，譬如大户型分为两套卖等。开发商所决定的"供给结构"和政府意愿中的"供给结构"有较大的出入，其原因在于没有对消费性需求和投资投机性需求做出区别，投资投机性需求偏好于大户型，特别是外地的投资投机性需求偏向于新盘大户型。而在土地出让时，政府部门又没有对该地块的套数和户型做出限制规定，导致开发商偏向于大户型开发。根据住房和城乡建设部的《全国 40 个重点城市房地产市场简报》中的 2006 年到 2009 年交易情况数据，90 平方米以下的户型供过于求，90 平方米以上的户型供不应求。在 90 平方米到 144 平方米之间的户型登记销售面积比批准预售面积大 2116.71 万平方米，144 平方米以上的户型登记销售面积大于批准预售面积 977.61 万平方米。因此，如果对投机性需求加以严格限制，必然促使开发商的"供给结构"和政府意愿中的理想"供给结构"趋向一致。如果仅仅是利用行政手段进行结构调整，其结果难以达到预期的目的。

五、小结

笔者认为，房地产产品相对短缺、垄断性过强以及流动性过剩等国情造成了我国房地产市场失灵的范围比西方国家更大，后果更严重。尤其在体制转轨期间，要加强行政手段的应用。但是，不能滥用行政手段，其应用范围应该限定在抑制房地产投机需求、强化落实行政责任以及强化现有法律的执行力度上。特别是要利用行政手段抑制房地产投机需求，这样能有效减少囤房囤地现象、规范房地产秩序，并能有效地调节供给结构。

第五节　调控工具之一：限贷限购政策效应[1]

2010 年的"新国十条"最显著特征是限贷限购政策，2011 年"新国八条"是"新国十条"的延续，进一步强化了限贷限购政策。当前社会对限贷限购政策存在很多疑惑和争议，第三套禁购政策这种行政手段是否适合中国国情？如何看待新政策歧视外地人的评论？这些困惑如果不给予理论上的清晰解释，必然影响到政策贯彻的威信性。

一、限贷限购政策的演变和本质

限贷限购政策本质属于需求管理，需求管理相比供给管理更有效抑制超前消费和投资需求，进而减缓房价上涨幅度，基本上可以把限贷限购政策划分为四阶段。第一阶段限贷限购政策起初以限贷（提高首付的方式）出现。2007 年 9 月 27 日，中国人民银行、银监会联合颁布《关于加强商业性房地产信贷管理的通知》（359 号文），政策要求：对于贷款购买第二套房，首付不低于四成，利率为基准利率的 1.1 倍；不得发放按揭、不指定用途贷款及循环贷。随后，12 月 11 日，中国人民银行、银监会联合发布《关于加强商业性房地产信贷管理的补充通知》，明确了以借款人家庭为单位认定房贷次数。伴随着紧缩性货币政策和其他房地产调控措施，限

---

[1]　此篇发表于《住宅与房地产》2011 年第 2、第 3 合期。

贷政策起到一定的作用。国家发改委、国家统计局的数据显示，2008年全国70个大中城市房屋销售价格同比涨幅呈逐月下降走势，且下降幅度明显，到12月份成为负数，从环比数据来看，同样呈现逐步回落态势。全国70个大中城市4个季度房价变化分别为环比上涨0.8%、环比上涨0.3%、环比下降0.1%、环比下降1.3%。

第二阶段是放弃限贷政策。2008年10月为了挽救因受美国次级债危机而下滑的国民经济，刺激房地产消费便成了首要的工具，商业性个人住房贷款利率的下限降为贷款基准利率的0.7倍，最低首付款比例调整为20%。第二套房贷究竟是否放开一直没有清楚的说法，地方政府和商业银行也利用这种政策的模糊性，作出对己有利的解释。譬如2009年1月北京的第二套房贷比照首套房执行。从这个意义上看，限贷政策实质上被放弃了。伴随着降税费、下调利率等多种刺激住房消费措施。这个阶段房价暴涨，销售量迅速上升，投机性需求以大户型为主。根据住房和城乡建设部40个重点城市交易情况简报，2008年房地产市场所有户型销售偏冷，90平方米以下以及144平方米以下户型住房均出现了供过于求的状况，而2009年房地产市场所有户型转为供不应求。

第三阶段是重启限贷政策和出台限购政策。2010年初"国四条"将首付提高到40%，但是收效甚微。接着4月份出台的"新国十条"的重点也在于抑制房地产投资投机需求，把第二套首付提高到50%，利率提高到同期利率的1.1倍；商业银行可根据风险状况，暂停发放购买第三套及以上住房贷款；对不能提供1年以上当地纳税证明或社会保险缴纳证明的非本地居民暂停发放购买住房贷款；地方政府可采取临时性措施，在一定时期内限定购房套数。停贷本质上是经济手段，并非行政手段。地方政府出台新购政策，对套数进行了限制，属于行政手段，虽然新购政策有较大漏洞，但是毕竟终结了靠货币随意购房的彻底市场化历史。2010年调控有一定成效，房价涨幅有所降低，但是整体房价仍居高不下，而且2010年末出现成交量上涨，房价反弹的现象。国房景气指数从2010年4月的112.77点逐步回落到12月份的104.54点。4月、5月、6月回落得比较明显，后几个月呈拉锯战，一直在 104 点徘徊。

第四阶段是强化了限贷限购政策。中央实施"新国十条"后发现，实施限贷限购的城市房价涨幅低于没有限贷限购的城市，限贷限购城市周边的地区房价涨幅高于限贷限购城市，因此中央强化了限贷限购政策。2011年初出台"新国八条"规定第二套首付不低于 60%，热点地区具有户籍居民家庭禁购第三套住房，具有一套住房的非户籍居民家庭也不得购买第二套住房，简称"禁二禁三政策"。"京十五条"规定非户籍人口要有 5 年以上的纳税或社保证明才有资格购房。这说明政策是朝着强化限贷限购的方向前进。

从政府角度来看，限贷限购政策降低了执行成本。限贷限购政策其实是清晰地界定了消费性需求和投资性需求之间的边界。消费性需求和投资性需求之间往往是模糊不清的。如一对夫妻购买了两套住房，一套用于自住，一套用于周末度假，显然这两种都是消费性需求，但是一段时间后，这对夫妻卖掉度假房，度假房又成为了投资性需求，从初始购买动机上，无法判断其究竟是消费性需求还是投资性需求，只能根据结果判断。结果的发生只能是在卖房之后，因此，有必要在购房行为之前就对购房资格进行约束。消费性需求也是变动不定的，譬如在北京就业取得北京户籍的新婚夫妇，需要一套住房自住，双方父母来京养老各需要一套住房养老，孩子教育需要一套学区房，周末还需要郊区外的一套度假房。这对夫妇就需要 5 套住房用于自住，如果对自住性需求的外延不加以限制，那么必然导致失控。禁二禁三政策大大节约了政策的执行成本。从企业角度来看，限贷限购政策压缩了房地产企业的负债空间，迫使其降价。由于中央对于房地产融资渠道的限定，使得房地产业通过负债融资的成本越来越高，房地产企业的运营风险也就变得更高。但由于行业特性，使得房地产企业全靠权益资本是无法完成其项目运转的，故企业需要负债资本。在我国房地产业中，预售收入和工程款的拖延，是短期负债的主要来源，也是房地产企业反宏观调控能力所在。我国趋紧的限贷限购政策实质上是缩紧了预售收入，客观上起到促进房地产开发商降价的作用。

二、限贷限购政策出台的背景

第一，政策历史背景。如果我们再把时间视野拉长一点，从整个房地产制度改革（1978年到2010年）看限贷限购政策，就会有新的启发。从1978年到1998年，我国实行的是单位自建房和商品房并列的双轨制。在双轨制下，以单位自建房为主要特征的福利分房制度吸纳了部分住房需求，商品房市场在发育在成熟，但是提供的住房面积仅占一小部分，它的意义在于给传统住房福利分配制度提供了一个参考，并提供了一个重要的住房供给渠道。房地产需求逐步得到了释放，一部分释放到正在形成的商品房市场，大部分需求仍由传统的住房福利制度承担，价格上升并不剧烈。收入分配差距较小造成的较弱的购房能力抑制对商品房的购买，而单位自建房实质上是另一种形式的限购形式。因此，这段时间房地产矛盾并没有凸现出来。1998年市场化改革的实质是住房资源的分配规则发生了重大的变化。以前的住房分配是按单位进行，以单位为主体的分配模式无非按照职务、年龄、学历等综合计分，快速地实现住房配置。1998年市场改革化其实就是用"货币投票"替代了"单位投票"。收入分配差距日益扩大的背景下，富裕者可以购买多套住房，而且购买套数不受限制。这无形中是对低收入群体和一般工薪阶层的挤压。因为富人多购一套住房，那么穷人必然少购一套，此外其他群体还承受由于富人购房而房价高涨的外部成本。在人地关系紧张的我国，这种霍布斯笔下的"热带丛林野蛮竞争"是必然现象。这也是当前政策对市场化购房行为施以行政手段的要义所在。

第二，当前的制度环境。其一，我国外汇制度造成流动性过剩。在最近30年的时间里，货币扩张的速度是远远超过经济增长速度的，但货币扩张的途径及机理在不同时段有非常大的变化。1995年之前，货币过度扩张的主要原因是财政部向人民银行直接透支形成。而且当时的投资主要是政府投资，在政府财政资金不足的情况下，由财政部向人民银行借钱，实际就是政府直接发行钞票。为了从根本上治理通货膨胀，我国切断了财政向银行透支的通道，这是 1995 年至 2005 年连续多年没有出现恶性通货膨胀的主要原因。2003 年之后出现了新的形势，中国的货币政策受到国际市场的影响程度日益加深，货币投放很大程度上由外汇储备占款决定。2003 年以后我国用廉价劳动力、廉价资源生产出廉价商品出售到国外，换回大量的外汇，由于我国规定的结汇制度，这些外汇的兑换需要增发人民币，表现为以美国为主的外汇储备大量增加，而外汇储备的大量增加更加强化了货币升值的预期。如果说 1995 年之前的货币过度扩张是政府主动而为之的话，那么 2003 年之后的货币过度扩张则是被动的外汇占款导致的。人民银行采取提高存款准备金率及发行央票的方式将多投放的货币锁定，但无法完全对冲掉，出现流动性过剩的局面[1]。其二，我国的宽松货币政策。2009 年为了刺激经济，实施的实质上是极度宽松的货币政策，2009 年的信贷总量为 9.59 万亿元，比前两年的总和还多。对未来的通货膨胀的预期造成了富人资金以及产业资金涌流出来，这种制度环境最终汇成了流动性过剩的洪流。我们看到近年来爆炒红木家具、农产品、黄金的现象始终不断，就是这种流动性过剩的衍生物。当它冲向房地产市场时，就会造成极大的房价暴涨。那么房价的水平并非由于普通购房者的支付能力决定的，也非供求关系决定的，而是流动性过剩水平决定的。对于一个民生性产品来说，彻底的市场化（自由购买）无疑会弱化普通消费者的支付能力，甚至有意无意被国内外敌对势力利用和操纵，进而激化政治和社会矛盾。我们没有办法改变当前的制度环境，即使通过提高准备金率以及利率也得考虑国民经济的承受能力，需要一个长期过程，现在对于房地产市场只能用限贷限购政策，来狙击流动性的流入。流动性作为寻利性资本千方百计要绕过政策的壁垒购买日益稀缺的商品住房，譬如近年来的假离婚、代办社保证明的现象屡出不绝。中央政府 2010 年实施第三套住房禁贷政策，但是资本雄厚者轻易地越过这个障碍。因此，2011 年

---

[1] 尹中立.通货膨胀到底离我们多远 [J].西部论丛，2010（1）.

又强化了限贷限购政策，特别是京版的"禁二禁三"政策将有力地遏制流动性的流入。

第三，人多地少的基本国情。我国人多地少、土地稀缺，而且面临着城市化的进程，对居民第三套住房禁购应该是适合我国现阶段的中长期战略。此外，房地产投资本身所具备的抵押乘数效应和按揭乘数效应[1]，使得房地产成为居民偏好的主要投资渠道。如果不进行限贷限购，随着通货膨胀加剧、居民财富不断积累，将导致更多的资金流入。只有限贷限购政策固定下来，并作为一个中长期的基本国策，才有可能减弱恐慌性和超前性消费性需求以及投机性需求，促使房地产商降价。

三、对若干问题的辨析

对公平性的辨析。"京版十五条"是按照"新国八条"的精神制定的，措施更为严厉。其中备受争议的是歧视外地人的不公平现象。其一，房地产彻底市场化并非体现公平，是收入分配不公平在住房市场上的投影。公平是多维度的概念，表现在教育、住房、就业等多方面，市场经济就是利用市场机制配置资源，必然造成较大的贫富差距，进而导致在教育、住房、就业等种种不公平的现象，譬如有钱人能够购买高档公寓和别墅，那是对购买不起住房的弱势群体的不公平。政府的重要职责就是追求相对公平，进行国民收入再分配调节，通过税收、转移支付提高弱势群体的福利。但是我国在推进国民收入再分配改革上，步伐缓慢（譬如遗产税尚没有开征），高收入者的收入涨幅高于低收入者的收入涨幅，我国基尼系数处于世界前列，这本身就是最大的不公平。消费者在购买住房的差异就是这种不公平在住房市场上的投影。限贷限购政策本质来说是遏制了较为富裕的阶层对住房资源占有的不公平现象，从根本上保护了自住性需求和消费性需求。其二，限贷限购政策有利于保护基本消费性需求，是相对公平的体现。

[1] 钟庭军.从战略高度重视公共租赁住房建设[J].住宅与房地产，2011(1).

公平向来是相对概念，而不是绝对概念。任何政策出台都需要考虑政策出台背景和基本区情，对于我国来说，城乡两元差距是客观存在的事实。拿户籍制度来说，户籍制度备受非议，但是户籍制度久久不能取消，原因在于城乡之间的巨大差异。城市相对农村较高的工资以及便利的市政设施吸引着农民源源不断地流向城市。从本质上看，城市的市政设施、基础设施是经济学上的"俱乐部物品"，一旦超过一定的限度，便会造成拥挤。我们看到近年来汽车消费政策放开后造成的各大城市道路拥堵现象就是其中典型一例。中央政府和地方政府正在力图减少这种不公平现象，譬如让农民工子弟受到同等的教育等，户籍制度带来的不公平现象冰墙正在逐步消融。但是追求公平是一个过程，此外，政策稍微有一点缝隙，马上就变成一条宽阔的河流，投机者就是在不断寻找政策的罅隙。房地产政策的主旨是恢复住房的居住功能，而不是放大其投资功能，那么支持居住该地为该地做出贡献的流动人口购买便是题中之意。但是很多投资性需求，包括温州炒房团、山西煤老板以及巨额资金来历不明者在一线城市购买住房，往往是借助外来人口名义购房。如果不对外来人口购房进行限制，那么各地流动性资金重点向一线城市发起攻击，造成一线城市的房价暴涨，这已经是有目共睹的现象。对外来流动人口购房进行限制，无疑是建立一座防火墙，切实保护了自住性需求。

对购房年限的辨析。"京版十五条"规定非户籍人口在交纳 5 年的社保或纳税证明方可有权利购房，这个规定争议较大。有的学者认为措施过猛，提出 3 年即可。但是对于北京等一线城市来说，5 年的期限并不为过。其一，流动人口长期化趋势。外来流动性人口规模日益庞大，这些外来流动人口以流向东部和大城市为主，而且长期定居的趋势加强。根据2005 年全国 1% 人口抽样调查数据来推断居住 5 年以上常住人口的比例趋势，流动人口长期居住者（5 年及以上）所占比例为 31.34%。北京市人大常委会专题调研数据显示，北京居住半年以上的流动人口为 1755 万人。即使按 32% 计算，居住 5 年以上的流动人口也是一个庞大的数目。其二，较长时间有利于甄别刚性需求。5 年的期限，对于一般的外来流动人口，如果不是依靠以前的家庭财富积累，没有 5 年的时间是难以积累起首付。积累首付的过程同样是为该地做贡献的过程，在该地有真实的劳务付出。

四、几点启示

自从我国 1998 实行全面的房地产市场化改革，对房地产市场规律的认识是不断需要探索的过程。在如此短暂的时间内理清房地产市场运行规律，绝非易事，需要学者们不断地探究。

笔者认为，近年的限贷限购政策演变有以下启示：第一，调控是不断试错过程。我国房地产全面市场化至今不过十来年，在基础制度建设不健全的基础上进行的房地产宏观调控无疑都是以试错的方式进行。譬如 2010 年一些城市实行的新购政策其实是有悖于中央精神的，即具有本市户籍的居民，能够新购一套住房。按北京户籍人口 1246 万人计算，户均人口按 3 人计算，那么北京符合条件就有 415 万户家庭，理论上可购 415 万套商品房。与之对比，北京市批准预售套数 2006 年为 17.8 万套，2007 年为 13.7 万套，2008 年 17.4 万套，2009 年仅为 13 万套（根据住房和城乡建设部 40 个重点城市房地产交易情况简报计算而得），这无疑是留下了巨大的制度漏洞。此外，即使是第三套禁贷，但全款购买者甚众，2010 年一项中介机构调查表明，北京全款购买者竟达 40% 左右。2011 年出台"新国八条"中实际上否定了新购政策，这说明认识也是逐步深化的过程。

第二，环境变，政策亦变。2007 年第二套首付为 40%。一个值得深思的问题是，2007 年中国人民银行、银监会把第二套首付提高到 40%，2010 年初"国四条"也将首付提高到 40%，但两者效果大相径庭。原因在于房地产宏观调控的环境已经变化了，同样力度的政策工具难以达到预期的目的。2009 年我国适当宽松的货币政策实际上是极其宽松的货币政策，全年人民币信贷增速达到 9.59 万亿元，社会预期到未来会发生较为严重的通货膨胀，产业溢出的资金、富人的避险资金等都争相涌入了房地产市场，把房地产市场作为唯一的避难所。即使提高首付到40%，仍然阻挡不了投机热情。如果我国2011年或以后发生严重通货膨胀，那么限贷限购政策将受到严重挑战，流动性资本将通过各种渠道隐性流入房地产领域。

第六节　调控工具之二：交易税的效应[1]

限购政策和经济税收手段之辩已经成为当前房地产学术界一个重大理论难点。最近某委员在一次人大审议会上提出用经济税收手段替代限购，鼓励购房者投资的主张，呼应者甚众。暂时撇去经济手段不谈，国外行之有效的税收手段真的能在中国起到同样的作用吗？在以交易税[2]为主的中国特色房地产税收体系真的能起到"中流砥柱、力挽狂澜"的作用吗？由于交易税抑制房地产投机存在四个逻辑节点：交易额是多少、交多少税、归谁交、支撑条件。因此，笔者分析从交易额的确定开始。

一、阴阳合同是第一大国情

房产交易额是房地产交易税的计税基础。在现行税法中，个人二手房交易实际涉及税种，包括契税（税率为总额的 1% ～ 3%）；营业税（税率为总额或差额的 5.5%）和个人所得税（税率为差额的 20% 或总额 1%），这三个税种均以房产交易额为基本税基。所谓房产交易额就是买卖双方达成一致的价格。这个价格是在不断博弈过程中形成，经过了非常艰难的讨

---

[1]　原题名为《论影响房地产交易效率的四大国情》，发表于《住宅与房地产》2012年 2 期。

[2]　笔者把取得阶段、转让阶段的税收统称为交易税收，即非保有阶段的税收，重点是转让阶段的税收。

价还价过程。这个价格是买卖双方最终达成一致价格，甚至连房地产中介机构可能都不知道，可谓是商业秘密。作为税务机关，要想征税，必须知道这个实际价格。但是由于信息不对称的原因，买方和卖方都不想让税务机关知道这个价格。那么，税务机关是如何推算出成交价的呢？

它有三套方法知道成交价。第一，是评估价。评估价是根据房地产估价法计算出来，通常是市场比较法得出的。住宅评估价普遍采取的是市场比较法。所谓市场比较法就是参照市场上同类型的已经交易过的商品房价格，根据位置、户型等进行系数修正，最终得到的评估价。值得注意的是，这个评估价是房地产评估公司估算的，是比较保守的估计。因为房价是一个波动的过程，即使是市场价，也可能存在泡沫。因此，现在评估价是银行为了确保抵押物价值，而由银行指定的评估事务所对申请贷款的房产评估之后确定的一个价格，银行会根据这一价格确定贷款发放金额。但是银行的评估目的并不等于税务机关的评估目的。银行的评估公司存在低估趋向。而税务机关的评估目的为了避免税收流失，更多逼近市场价。笔者调查,现在税务机关尚没有自己的评估系统和人员。第二，贷款额确定市场价。这是由公积金贷款中心决定的计税基础。公积金贷款中心一般通过贷款额来确定市场价。譬如你想贷款92万元，如果你又是首套住房，住房面积又在90平方米以下，那么按照首套住房最低20%的规定，算出住房价格为115万元。但是实际的房价可能是190万元。阴阳合同的"阳合同"的房价就是根据贷款额倒算出来的。只要利用公积金贷款，都能根据贷款数额算出这个总价。这个住宅价格可以作为交易额，作为纳税基础。这种做法是由公积金贷款中心利益决定，并被地方税务局所认可。第三，市场指导价。这是由建委系统制定的区域指导性价格。北京市区域指导价是2006年制定的，从现在看当时指导价极低。譬如北三环到北四环仅仅六七千元每平方米。直到2011年12月才出台新的指导价格。在未调整之际，中介往往根据老的指导价格帮助客户避税（利用商业贷款的客户或者付全款的客户）。现在由于二手房指导价格上调，利用市场指导价避税非常不容易。

值得注意的是，当地税务部门明明知道是阴阳合同，为什么还是选择让其逃税呢？为什么地方政府迟迟不愿意提高二手房区域指导价格呢？如果单个政府是这样做的，我们可以归结为行政不作为。但是如果大量的地方政府都这么做的话，那么背后肯定潜藏着深厚的政治经济因素：第一，地方政府算大账的方式。地方政府支出的资金主要来源于三种收入：土地出让收入、地方政府财政预算收入、中央政府的各种转移支付和税收返还。三者分别占 30%（不同的城市差异大）、39%、31%，其中在地方政府财政预算收入中，房地产生产环节的税收如城镇土地使用税、土地增值税、耕地占有税、建筑业利税等占 23%，而后期房产税和契税才占了 7%[1]。换句话说，房产税、契税等仅占地方政府总收入的 2.73%。显而易见，地方政府主要是从土地出让金和房地产企业前段税费中取得了大头，而后端环节（交易税、保有税等）则马虎了。要不然，2008 年底中央政府刺激房地产行业，地方政府很痛快地免收交易环节的契税，原因在于更看重房地产火爆时产生的土地出让金以及相关税费。第二，交易环节中的税收平衡。在老的交易指导价框架下，有的住宅被多征税，有的住宅又被少征税。总量尚不知道究竟谁多谁少，尚有待计算。豪宅即为非普通商品住宅，其标准有三：144 平方米以上；价格标准超过同地区价格 1.2 倍；容积率标准小于 1。只要符合一项条件都属于非普通商品住宅。如果区域指导价格迟迟不提高，实际上相当于已经对很多普通商品住宅征了"豪宅税"（契税 3%）。第三，税务部门的考评体系决定的。税务部门考评体系一般是增长幅度。达到这个增长幅度后，如果地方政府多收了税，就把多的税费存起来，放到明年交纳。因此，只要地方政府财政收入达到预定数目，地方税务机关就没有动力征额外的税。除非土地财政吃紧，才被迫想办法开辟新的税源。北京 2012 年 12 月重新调高二手房指导价可能与之相关。

正是由于指导价格迟迟不作调整，才孕育了阴阳合同的土壤。其实消

---

[1] 中华人民共和国国家统计局 . 中国统计年鉴 2010[M]. 北京：中国统计出版社，2011.

除阴阳合同最简单的方法是税务机关聘请房地产估价机构，进行较为客观的估价或者提高区域指导价。但是在实际中由于银行、税务、建委等部门利益，导致阴阳合同的盛行。阴阳合同实际上为合理避税提供了环境。虽然北京市于 2011 年 12 月提高了二手房区域指导价，这也经过了四年之久。其他城市二手房指导价滞后于实际已经成了一种普遍的现象。

二、总额征税是第二大国情

为了消减房地产投资者利益动机，必须对投资者的投资收益征收重税。因此，理想的征税方法是：超额累进和差额比例征税方法。对增加的利润部分进行征税，利润增加的部分越多，征的税收越重。这样对于投机者来说，无利可图，迫使投资者放弃投资行为。但是，这种征税方法实施难度太大，国际上普遍采取对差额的比例征税方法。譬如日本，保有五年以上的房地产转让收益所得税税率为 15%；保有五年以下的房地产转让收益所得税税率为 30%[1]。

对投资者征税，我国存在两种征税方法。第一，差额征税法。根据国税发〔2005〕89 号和国税发〔2006〕74 号文件，对于个人购买的非普通住房超过 5 年对外销售的，在向地方税务部门申报缴纳营业税时，须提供购买房屋时取得的税务部门监制的发票，作为差额征税的扣除凭证。房地产个人所得税也可以按照差额征收。第二，总额征税法。国税发〔2006〕108号规定，纳税人未提供完整、准确的房屋原值凭证，不能正确计算房屋原值和应纳税额的，税务机关可根据《税收征收管理法》第三十五条的规定，对其实行核定征税，即按纳税人住房转让收入的一定比例核定应缴纳的个人所得税额。具体比例由省级地方税务局或者省级地方税务局授权的地市级地方税务局，在住房转让收入 1% ～ 3% 的幅度内确定。因此，出现了

[1] 董裕平，宣晓影.日本的房地产税收制度与调控效应及其启示 [J].金融评论，2011（3）.

"20%据实征收和1%核定征收"两个征收标准，卖房人会在两个标准之间权衡，选择税负较轻的征收方式。但是这两种征税法在中国具体国情下都难以达到抑制房地产投机的目的。

第一，差额征收缺陷。个人所得税按照所得额的20%征收，五年以上非普通商品住宅转让按差额征营业税，这两者都属于差额征税法。所得的部分可以以高报装修费的形式抵减成本，使得可征税的所得额变小。国外根据差额征收有一套严密的体系。其一，国外政府有能力知道差额。国外（此处主要指发达国家）住房精装修的居多。如果不进行再装修，则前后两次交易额很容易判断出。即使是重新装修，发达国家通过个人信用卡可以知道个人消费状况，从而能准确判断了装修工程的花费。而中国不存在这个基础条件。因此，可以通过高报装修费达到避税的目的。其二，国外房地产交易发达。发达的房地产市场经济国家，房地产经过多次交易，已经形成了市场价格。而中国却是刚刚实行房地产市场经济的国家，很多商品住宅都是从以前公房脱胎而来，没有经过交易，难以计算出差额，因此，在很大程度上被迫采取总额比例的形式（譬如个人所得税）。

第二，总额征收缺陷。个人所得税既可以按差额征收，也可以按总额征收。五年以下非普通商品住宅征总额营业税。个人所得税，在实际上更趋向选择按总额征收，但是难以达到征收的目的。譬如，2008年北京北三环一套60万元的住房，2011年可能上升到200万元。如果按1%征收个人所得税，仅仅征收2万元。如果按140万元增值额征收20%，则征收28万元。显然按照增值额征收更能达到抑制投机的目的。为了将这个推论一般化，我们用数学公式表示，$(Y{-}X) \times 20\% = Y \times 1\%$，$Y$表示已经上涨的价格，$X$表示未上涨的价格。那么根据前面公式可以推导出$(Y{-}X)/X = 0.05$。表示当房价涨幅等于5%，两种征税方式征税数额一样多，征收效果是一样的。一般而言，这两个交易时点房价涨幅均超过5%。因此，房主肯定愿意选择1%的税率，从而达到避税的目的。而对宏观调控决策者来说，并没有达到理想的调控目的。

三、税负转嫁是第三大国情

税负转嫁是"惊人一跃"，使得交易税彻底失去了抑制房地产投资投机的目的。税负转嫁是指本来由卖方缴纳的税收，归为买方缴纳的现象，譬如营业税、个人所得税出台主旨是为了消减卖者的获利程度，达到抑制投机的目的。无论前面所论述的阴阳合同、总额征税等，一旦本身准备抑制投机者的税负转嫁给买者，那么这种税负就失去了作用。但是从税务机关来说，它只要达到预定的征税额，至于谁支付这笔税负，对它来说是无关紧要的。

现在买房者和业主之间的谈判是就税前价格展开。据笔者调查，在中介合同一般格式均为买房者承担所有购房的税费。即使政府规定业主也要承担一部分税费，但是在现实中很难实施。第一，在供求关系紧张的条件下，业主拥有较强的谈判权。供求关系越紧张，业主的谈判权越强。供求关系越紧张，表现在单位时间房价上涨的幅度越大，那么业主的谈判力越强。越有可能转嫁税费。第二，如果供求关系基本平衡，表现在房价比较稳定时，这时税费由何者承担，取决于两个交易对手对时间的耐受性。如果卖者由于出国或者需要一笔钱，就会主动承担一部分税费。如果买者急需要购买住房，则买者可能承担全部税费。第三，当房价下降时，税费可能由卖者承担，买者具有一定的谈判力。这种谈判力是供求关系赋予的。在一定时间内由于价格下降，带动住宅总价下降了 W。当这个下降额 W 大于税费 R。房东不仅要承担房价下降的损失，他如果继续拖延谈判时间，还会遭受更大的损失。出于理性经济人考虑，还不如主动承担税费（甚至承担买者的税费）并清仓止损。可见，交易税并非能改变供求关系，特别是在供求关系失衡的条件下，交易环节的税收难以起到预期的作用。

我们将其一般化，假设如果买卖双方谈判技巧相当，其谈判力取决于供求关系以及双方对时间的弹性。$Qd=a(D-S)+bEdQs=a(D-S)+bES$。

D 是需求，*S* 是供给，*Ed* 是需求方对时间的弹性。*ES* 是供给方对时间的弹性。税费的承担则取决于供求关系以及两个交易对手对时间的耐受性。当供不应求时，业主对时间也具有较好的耐受性 $ES \geq 0$，则 $Qs \geq Qd$，那么业主很容易转嫁税收。否则，业主可能承担部分税收。如果处于供求平衡的阶段，则税负转嫁取决于双方对时间的耐受力。对时间的耐受力表现在两个方面：持有成本和随意因素。持有成本是指占有住房过程中所支付的费用，随意因素是指由于家庭的事件而产生对现金的要求，譬如家人大病、出国等因素急需要钱，对时间的耐受性很差。现在卖者觉得市场环境不好，宁愿持房待售。由于持有成本不高，持房待售的业主也越来越多。这导致供给减少，在需求不变的条件下，实际上是增加了业主的谈判力，导致房价不能顺利下调。可见物业税和交易税是相互衔接的体系，缺一不可。即使对五年内转让的住房征高税，但是由于没有提高持有成本，投机者不会把他们的存量房放到市场上出售。因此，为了发挥交易税的威力，迫切需要在保有环节提高税率。

从国际经验来看，交易税容易转嫁使得调控失灵。譬如，韩国政府也采取对交易所得额征高税的政策，但是其政策效果不佳。韩国 2003 年对一户两宅及以上的家庭转卖二手房，将交易税率由原来的买卖差价的 9%～36% 提高到一律为 50%（即一半差价要缴税）。2007 年提高资本利得税率达到 60%，个人购买 6 亿韩元（约 300 万元人民币）以上的住宅，购房者将缴纳相当于普通住宅 8 倍的"综合房地产税"。但是，韩国历史上房地产供求严重不均衡导致税收政策的失灵。韩国建设交通部 2006 年 6 月通过《建设交通主要统计》资料称：每 1000 人所拥有的住房数为 281.8 套，低于日本（423 套房）、美国（427 套房）、英国（417 套房）、德国（445 套房）等发达国家。提高交易税导致交易量的减少，交易量的减少助长了房价的快速上涨，仅 2005 年到 2006 年一年间，韩国平均房价上涨了 13.8%。其根本原因在于韩国住房供不应求，导致税收转嫁，使得交易税目标发生了偏离，反而使得房价上涨。这种调控的惨痛教训不能不引起我国决策层的重视，尽可能地少走弯路。

四、体系缺位是第四大国情

交易税体系还包括遗产税等税种以及信息技术支撑体系，但在我国尚处于缺位状态。其一，交易税体系缺位。交易税中还应包括遗产税。遗产税对抑制地价上涨能起到一定的作用。例如，英国政府还对价值超过一定金额的房地产征收遗产税。遗产税的征收对象是房主去世后的房产以及在世时赠与或由子女继承的房产。2009—2010 年度，价值超过 32.5 万英镑的上述类别房产都要缴纳遗产税，税率高达 40%。日本的房产遗产税、赠与税为 10% ~ 50% 的累进税率[1]。其二，信息难以互联互通。城市各部门之间以及城市之间的住房相关信息难以互联互通使得交易税的效果大打折扣。譬如，售房者出售已经居住五年以上的住房，免交个人所得税的条件是"唯一的自有住房"。一般做法是要求提供售房人的身份证、户口本以及工作单位、居委会、房管所等任何一个部门出具的唯一自有住房的证明，同时要求售房人书立唯一住房的承诺书。然而，因为在异地购房、以亲属名义多处购房等因素，税务机关难以调查核实。而以售房者书立承诺书的形式确定"唯一住房"，控管作用不大。

五、小结

我国目前房地产税收的特点是重交易轻保有。保有税需要技术手段，成熟需要较长时间。即使重庆、上海试点的房产税，推广到全国也需要相当长的时间。因此，税收体系抑制投资的重任落在交易税收头上。但是由于我国存在四大国情：阴阳合同、总额征税、税负转嫁以及体系缺位，使得交易税并不能起到良好的抑制效果。即便是从国际经验角度来看，交易

---

[1] 董裕平，宣晓影. 日本的房地产税收制度与调控效应及其启示 [J]. 金融评论，2011(3).

税抑制房地产投资投机的效果也值得商榷。

著名历史学家瞿同祖先生认为"法律法令并不总是被遵守，文字上的法与现实中的法经常是有差距的。因为这一缘故，我力图超越法律及行政典章来勾画实际运作中的地方政府之轮廓"[1]。要了解实施操作中的法律制度，必须深入了解我国法律制度具体运行的方式，进而了解到它是否能起作用以及起到什么样的作用。有些学者常常简单套用西方发达国家抑制房地产投机的税收"资本利得税"、"空置税"等，以为能一劳永逸解决问题。但是，任何一种房地产制度包括税收制度，能否起到预期的效果，有赖于该国的基础条件。否则在若干利益主体博弈之下，很容易使得制度失灵。作为决策层和学者只有深入调研实际运作的法律制度，譬如深度参与一套二手房的买卖过程，才能真正理解中国的特殊国情，才能提出符合实际的建议。

---

[1] 瞿同祖. 中国法律与中国社会 [M]. 北京：商务印书馆，2010.

第七节　房地产宏观调控在不同
住房市场传导机制[1]

在当前房地产宏观调控之中，产生很多新鲜的现象，譬如地价下降较快而房价岿然不动，一、二手房房价倒挂等。这些现象都值得一个经济学者认真研究和探索，说明其内部形成机理，而不应该对其视而不见。种种房地产价格现象，背后有很深的经济学原理，不能想当然和自以为是。我们应该从房地产价格异象本身出发，从业主和开发商资金链状况以及利益得失状况回溯到房地产宏观调控政策措施，进而提出改善宏观调控绩效的措施。

一、观察到的房地产价格现象以及分析切入点

房地产泡沫刚性包括两重特征：其一是房价刚性的特征，就是为什么地价下降较快，房价迟迟高位徘徊，像荷兰的郁金香泡沫破灭以及日本地产泡沫、迪拜地产泡沫破灭只是瞬间的事情。其二是一、二手房房价倒挂的现象。一、二手房房价倒挂，用经济学的术语说，是二手房的降幅低于一手房的降幅，甚至一手房绝对房价低于二手房的房价。经济学告诉我们，

---

[1]　原题名为《房地产泡沫刚性与房地产宏观调控传导机制》，发表于《住宅与房地产》2011 年第 10 期。

同区域的一手房质量必然高于二手房质量，这种质量包括户型、规划等诸多方面，此外一手房的使用年限也高于二手房，那么根据质量决定价格的定律，一手房房价高于二手房是颠扑不破的真理。但是为何出现一、二手房房价倒挂的矛盾现象呢？

怎么分析这些现象呢？二手房市场其实是以家庭为基本经济单位的售房行为，而一手房市场是以企业（开发商）为基本经济单元的售房行为。无论是一手房还是二手房，其资金都面临着先期支出和后续支出的特点，对于二手房业主来说，要缴纳首付，再还月供。对于一手房业主来说（开发商），从土地获得、规划许可、开工建设、批准销售等是持续不断付出现金流的过程。开发商竣工验收后，如果由于价格因素迟迟不开盘，那么他将面临巨大的资金压力。把两种不同性质的住房资金流、各类购房者以及开发商在降价的行为中利益得失进行比较分析，有利于解构房价种种异象。

二、二手房房价刚性

我们把二手房的潜在供给者分为四类（富裕者、资金薄弱炒房者、一般刚需者、改善者），这些二手房的业主是否选择出售二手房以及降价，取决于这些二手房业主的资金流状况以及降价行为带来的利益得失情况。二手房价格刚性来源于两个方面：一方面是二手房的卖主构成；另一方面来自于房地产宏观调控政策工具是否达及二手房市场。

第一是富裕者。二手房下降的压力在于二手房后续资金链是否紧张。如果一个城市一年提供 1 万套新增商品房，而该城市最富有者 1000 人就能把该城市新增商品房买完，而且是全款购买的。如果每年该城市的新增商品房都能被这 1000 人全款购买的话，那么即使房价抬得非常高，那么我们可以说该城市房价并无泡沫，原因在于该城市商品房需求是有购买力的需求。虽然普通居民的支付能力不够，希望房价落下来，但是这种房价根本不会也不可能落下来。这种住房购买者是非常刚性的，其房价不达到预期的目的，这种人是不会销售其房产的。这种高昂的房价并非会引起银行危机甚至金融危机（由于是富裕者购房全款或者贷款层数较低），而是政治危机，因为大多数的消费需求被投资性需求挤占了，一般居民住房条件难以改善，必然对这种以资金决定住房分配制度十分不满。

第二，资金薄弱炒房者。炒房行为必然要利用银行杠杆，银行杠杆能极大放大自有资金利润率。炒房者资金本来只能购买一套，但是现在却要购买好几套。一套住房资金分为几套住房的首付。这时较为富裕者指望房价不断上升，才能获得收益，这种收益可以弥补每月的月供。房价的稳定性，依赖于各类投机投资者的比例以及后续资金来源状态。我们把买房的资金分为前期资金（用来付首付）和后续资金（用来月供以及偿还利息），那么该投机者是否能支撑下来有赖于他后续资金的充裕性。如果该富裕者有较好的资金流，也就是来源于房地产业之外的资金来源充足，他可以继续持有该房产，而不进行抛售。譬如该业主有鞋厂、贸易等方面资金用以覆盖后续资金。另外一种难以持续的是纯粹炒房者，他指望房价上涨，通过上涨房价卖一套房来供其他住房。如果房价继续下降或者维持不变，而不断加息的压力对该投机者施加无穷的压力，他没有其他的资金来源用来覆盖后续资金，除非他断供。这种资金内循环的链条被击断，这种人对价格变动最为敏感。

第三，一般刚需者。一般刚需者拥有唯一一套住房，不会轻易出售。但也有可能当房价下降到一定程度，发生断供的现象，变成实际供给。这种出售是指房价下降到一定程度，由于房价现值小于刚需对银行所欠的债务，而发生的断供，被银行拍卖其住房的现象。至于一般的消费者好不容易积攒首付，即使加息带来较大的压力。但是他还是得勉强维持，不会出售唯一的住房，如果断供以后，就会造成较差的信用记录，他不敢随便断供。负资产只是断供的必要条件，但非充分条件。也就是说断供现象的产生一定是所购商品房变成了负资产，但是住房已经变成负资产的购房者并不一定选择断供作为抗议的方式。即住宅的现值低于购房者仍需支付的房款和利息之和，购房者仍然可能不会选择断供。购房者断供，会受到以下损失：

首先是直接损失，购房者要承受丧失房产所有权、已支付的首付房款和已供款按揭贷款的损失。其次是承担债务。我国没有实行破产制度，购房者断供后仍然要承担违约责任。最后是信用损失。在损失住房交易费用同时损毁个人信用记录，并登上难以抹去的不良信用黑名单。譬如 1997 年至 2003 年，香港的房价下跌 67%，曾出现过负资产的个人 15 万户，但是并没有一个香港人恶意断供。因此，这种一般刚需者由潜在供给被迫转向实际供给的可能性也是微乎其微的。

第四，改善性需求者。在一般条件下，改善性需求者更容易出售自己的住房以换取更大的住房。如果以改善性需求为主，那么房价下降幅度不大。为什么呢？假设改善性需求住房者都是以旧买新，房价原来是 3 万元 / 平方米，现在是 2 万元 / 平方米。这个改善性需求者原本住在 70 平方米的旧房中，希望换到 100 平方米的大房中。按降价后计，大房的价格是 200 万元，在住的住房为 140 万元。如果按原值 3 万元 / 平方米计算，则大房需要 300 万元，而现房可以卖得 210 万元。那么由于降价后，改善性需求者换房需要补贴费用是 60 万元，如果不降价，改善性需求者补贴费用是 90 万元。显然，由于市场普遍的降价现象，改善性需求者能少花 30 万元买到同等面积的住房，因此，对于他来说，他具有更强的动力去抛售现房。为了使得结果一般化，我们用小小的数学模型表示。假设改善性需求住房面积为 Y，而现房面积为 X，原价为 b 元 / 平方米，而现价为 a 元 / 平方米。在原价水平上，改善性需求者所需补贴的差价为 $M=(Yb-Xb)$；在现价水平上，改善性需求者所需补差价为 $N=(Ya-Xa)$；由于 $b>a$，那么 $M>N$，也就是说改善性需求者花较少的差价，能得到同等的改善性面积，即改善性需求者获得的消费者剩余更大。对于首套住房者来说，其受益是更明显的，他如果购头 X 面积的住房，由于原价从 b 降低到 a，那么他的首付款仅为 $Xa/3$。他购房省了（$Xb-Ya$）。另外促使改善性需求者尽早出售的原因在于限购令。像北京版的限购令，对于外地人已购房一套的，必须卖掉已有住房才能购买新一套。对于本地人已经购房两套的，只有卖一套才能换新的一套。因此，这样政策促使二手房源源不断供给，以及向下调价。

简而言之，二手房的价格刚性在于各类购房者的组成，富裕者以及一般刚需难以降价，而资金薄弱者与改善性需求者更倾向于降价。

三、一手房房价刚性

所谓价格特性，在一定意义上是指资金链刚性。开发商之所以坚持不降价，归结起来有以下因素：

第一，历史短周期调控使然。短周期调控是指我国历年来房地产宏观调控在调控方向不明确，调控切入点不准确，导致供求关系失衡进而出现房价越调越涨的现象。从建设系统 40 个重点城市 2006—2009 年交易情况简报数据来看，每年批准预售面积以及登记销售面积都呈现交叉起伏的状态。譬如 2006 年的批准预售面积为 2.13 亿平方米，登记销售面积为 2.09 亿平方米；2007 年的批准预售面积为 2.39 亿平方米，登记销售面积为 2.61 亿平方米；2008 年的批准预售面积为 2.45 亿平方米，登记销售面积为 1.73 亿平方米；2009 年的批准预售面积为 2.27 亿平方米，登记销售面积为 3.05 亿平方米。我们把批准预售面积看作"供给"，而登记销售面积看作已经实现的"需求"。那么供不应求和供过于求的状态逐年更替，呈现出波浪起伏的景象。供不应求必然预示着房价猛涨，这同我国的宏观调控的临时性和短周期密切相关。这种历史经验给予开发商的启示：价格能扛就扛，以期望峰回路转的时刻，这也预示着我国房地产宏观调控的艰难性和长期性。

第二，房地产暴利惯性使然。房地产暴利是与我国房地产融资制度分不开的。从历史角度来看，我国当前的房地产开发融资制度是基于房地产业发展初期民间资本稀缺且政府急于扶植房地产行业的产物。1998 年在深化住房制度改革、推动住宅商品化社会化的过程中，为了促使住宅业成为国民经济新的经济增长点，我国采取了房地产"幼稚行业保护"政策——出台各类配套政策都是为了较快促进房地产行业迅速发展，其特征是过度利用土地和金融杠杆，造成风险和收益单向积聚。观察一下当前房地产开发流程可以得知：房地产开发商先以企业自有资金为启动资金，支付土地价款后及部分前期费用，取得土地使用权之后再以建筑承包商的部分垫款来过渡要支付的工程款，四证齐全后从银行提取房地产开发贷款作为项目建设的主要资金来源，达到预售条件后，预售房款成为项目的最主要资金流入，在竣工交付结算后，资金盈利部分将成为项目的自有资金，再投资其他项目。通常在不满两年的时间里即可完成一次这样的快速资金循环。这样开发商的自有资金利润率被银行的金融杠杆急速放大。这些大大小小的公司都是被特殊的营养品"房地产融资制度"养大的。由于暴利的惯性，房地产开发商难以接受利润率的下降。假如开发商的开发总费用（包括建安成本、开发费用、财务成本等）为 X，利润为 θX，住宅价格为 $(\theta+1)X$，那么利润率为 θ。如果房价下降率为 β，那么现在住宅价格为 $(1-\beta)(\theta+1)X$，开发商的利润率为 $\theta-\beta$，也就是说开发商的利润率下降得比房价下降率更快。这对于开发商是不能容忍的，他们宁可找民间高利贷也要渡过这艰难的一关。而历年来积累起来的暴利已经足以让房地产商熬过一阵，就像冬眠的动物消耗脂肪也可以维持一段时间。

第三，房地产行业的本性使然。房地产企业吸纳的就业人数有限，这对于宏观调控有啥含义呢？它可以不用支付那么多的人工成本。房地产行业是属于第三产业，其性质是整合各方面的资源。购地以后，请规划设计院规划设计，请建筑商施工，请监理公司监理。其自身雇佣的员工也有限。譬如，房地产企业数量从 2000 年 27303 个上升到 2009 年 80407 个，同时房地产从业人员从 2000 年的 971900 人上升到 2009 年 1949295 人[1]。由于如前所述的融资制度不需要太多自有资金，小企业反而增加得更快更多，因此，平均每个房地产企业就业人员从 2000 年的 36 人反而下降到 2009 年的 25 人。俗话说"船小好掉头"，开发企业无须付出高昂的固定人工成本（这点与其他行业如家电行业不同）。此外，开发企业还可以采取策略

[1] 中华人民共和国国家统计局.中国统计年鉴 2010[M].北京：中国统计出版社，2011.

性措施，如在二三线城市布局等措施以减少政策风险以及缩量保价、不去竞标土地等维护资金流的手段。所以，我们看到土地价格波动比房价波动更剧烈。

四、一手房价刚性与二手房价刚性比较

笔者认为，两者刚性不同是由于宏观调控政策在一二手房市场中的传导机制不同。虽然在二手房上，也可以通过首付、利率、税收予以调控，但是调控新房市场更加便捷。二手房交易往往分散在各个私人手中，这些私人越分散，那么抗拒房地产宏观调控能力也越强。拿我们周围观察到的事实来说，很多较为富裕阶层缩衣节食，买了一套又一套住房，存在着"住房投资饥渴"现象。这些阶层购房必定在其家庭财务安全控制范围内，每月的月供必定在其收入覆盖范围之内。在没有其他投资渠道的时候，这些群体把住房作为"储蓄资本"保留着。通俗地说，"一个家庭购买二三套住房，没有必要降价，除非家里特需要钱"。国家的宏观调控对其难伤皮毛，税收可以转嫁，业主本身也可以支撑较长时间。如果购买多套住房的群体是资金较为薄弱的群体，除非作为个人投机者投资大量的住房，利率提高使其不堪重负，其收入不够覆盖其月供，如果未来房价下跌预期越来越重，那么这部分群体可能抛售二手房。简而言之，二手房房价刚性在于购房群体的结构组成，如果资金雄厚的小康之家占比例较多，那么二手房表现出刚性特征；如果资金薄弱的炒房者占比例较高，那么该地二手房房价可能下降得更为迅速一点，则为"弱刚性"；如果住房为异地资金雄厚的资产所有者所占据，譬如山西、鄂尔多斯、陕北等煤矿主所有，其所持有的房价将呈现"绝对刚性"特征。整体上说这些二手房的业主抗拒着不降价，表现出二手房价的刚性。我们如果抛开二手房业主的阶层构成和资金来源来讨论房地产泡沫，是毫无意义的。各地由于购房人群的组成不同，因而显示出不同的价格刚性特性，有的城市房价可能下降得快点，有的城市房价岿然不动。

不同城市由于各类购房者的构成呈现出不同的特征，我们以北京为例来判断各类购房者的组成，我们用按揭贷款层数表示。按揭贷款层数越低，越可能是富裕者购房。2010年链家地产和光大银行联合发布的报告显示：二手房的全额付款率达到60%。当时恰逢实施第三套禁贷政策，这种二手房全额付款率的增加在很大程度上反映的是拥有第二套住房以上的居民的购房需求。即使2011年实施第三套禁购政策，链家地产数据显示全额付款率仍达到40%左右，这说明富裕者购房占有较大比重。这种富裕者购房仅仅是由于通货膨胀背景下进行资产避险的手段，并不会轻易降价，从而整个二手房市场显示出刚性特征。

对于一手房市场来说，虽然一手房具有一定的刚性，房地产开发商资金链却具有一定的脆弱性，建筑商垫支要偿还、银行贷款要付本还息、土地款要交纳以及土地要及时开发等，纵然开发商能够通过销售回款，但是又把资金通过购买土地的形式输送出去。纵然开发商能够通过新的融资形式譬如私募基金、海外上市等形式融得部分资金，但是目前来说房地产开发企业对银行依赖度较大，因此，政府对开发商的资金链具有相当的控制权。可以说，目前以房价为核心目标的房地产宏观调控是通过控制房地产开发商的资金链，引导新房降价进而导致二手房降价的连锁反应。譬如土地抵押贷款收紧、预售资金受到监管、开发贷款大大减少、购房资格受到限制（限购令）等政策措施，都是以遏制开发商的资金链为出发点，进而促使其降价。因此，目前政策手段弱化了一手房房价刚性，出现"一二手房房价倒挂"是必然的现象。

五、当前房地产宏观调控缺陷以及政策建议

当前对二手房业主缺乏有效的制约机制。拥有三套住房以上的投资者保有房产的成本很低。现在的政策还不能把拥有第三套以上投资者的住房逼出来。因为当他们出售一套住房以后，就没有权利购买新一套。只有两套住房以内的住户才能进行换购。笔者认为我国目前的房地产税收应该从

"重流转"，尽快转向"重保有"阶段。流转税容易被转嫁，譬如按不同年限征收的营业税征税对象是业主，其目的抑制短期炒作，在供不应求的前提下，很容易把税收转嫁给买方，从而失去了税收征管的原旨。而国外流转税譬如韩国推行资本利得税等，如果在我国推行的话，阴阳合同就可以回避这个税收。因此，目前最重要的是加强保有环节的征收，像重庆、上海试点的房产税应该逐渐从增量转移到对存量征收，并向全国推广，这样就增加多套住房拥有者的成本，从而增加二手房的供给。此外，还有一些保有环节的税收譬如遗产税、空置税等，都可以在我国试点，以优化住房资源配置，恢复住房的居住功能。

在一手房市场上应该逐渐改变"全面扼杀开发商资金链"的做法，这种做法虽然短期能截断开发商的资金链，但长期来说减少了供给，反而加大了未来的供求缺口。而是，彻底改革房地产融资制度，减少开发商利用金融杠杆，继续完善预售制度，防止信托"明股权暗债权"，开发各类金融产品，譬如 REITS、基金、抵押贷款证券化等，与房地产融资制度相对接，使得中小投资者共享房地产发展的成果。但是，如何选择一条新的融资道路还值得学者们进行比较和探索，有待进一步研究。

第八节　房地产宏观调控面临的约束
以及"新国八条"特色

2012 年 10 月召开的国务院常务会议上提出："要抓紧研究制定符合我国国情、系统配套、科学有效、稳定可预期的房地产市场调控政策体系。"房地产调控只能根据本国的具体国情而相机采取不同的调控手段，不能盲目仿效西方国家的经验。即使同一国家在不同历史条件下，调控房地产的政策也各不相同，何况政治经济制度架构差异甚大、房地产制度迥异的不同国家。因此，借鉴其他国家的经验尤需谨慎。我国房地产宏观调控经过多年的摸索，已经形成了一些独具特色的经验，有必要加以总结。

一、房地产调控面临的三重约束

我国房地产调控所依赖的社会政治文化基础与西方国家不同，笔者认为房地产调控的社会政治文化基础，可以细分为技术约束、制度约束以及人口约束。这是与西方国家迥异的国情，必须时时加以考虑。

技术约束。房地产宏观调控首先必须弄清房价上涨的原因，然后采取针对性措施。我国房价上涨的原因是投资性需求导致，而追踪和确定投资性需求是以技术作为支撑的工作。住房分布在哪些家庭手上是非常重要的，这些家庭收入、购买方式都是宏观调控所依赖的基础。我国目前有一些信息技术从各个侧面对投资性需求、刚性需求做出了描述。这些信息系统的完善是非常重要的事情，譬如家庭收入核查技术、住房个人信息系统（有的住房尚未登记在内）完善以及联网、住房普查数据、住房个贷数据等。如何识别投资投机性需求，技术性条件非常重要，政府要依赖技术才能有效鉴别何者为消费性需求，何者为投资性需求和投机性需求。各项技术完善以及各部门密切配合，这样才能构成完整的抑制投资投机需求的大网。

我国房地产宏观调控的技术支撑不够。首先，个人住房信息系统不完善。技术支撑最重要的是住房个人信息系统。目前各地城市房屋登记信息系统均不完善：一是基础数据较为薄弱。大部分城市的数据采集没有实现辖区全覆盖，绝大多数城市的登记系统未含所辖县的数据；多数城市的历史数据整理录入尚未完成。二是互联互通程度不够。一些城市没有实现统一系统、统一平台、统一数据，存在市区县分设系统、独立管理，系统间数据不能共享互用。三是地区间发展不平衡。县一级系统建设严重滞后，全国尚有 891 个县未建立房屋登记信息系统，占全国的 55%，其中大多数集中在中西部地区。四是信息应用亟待加强。信息发布及时性、准确性、全面性不够。其次，家庭收入核查系统不完善。我国经常参照发达国家的住房制度，这些国家譬如新加坡建立了集合个人税收、房屋权属、个人信用、身份证管理的智能信息系统，能实现对居民资产变化的动态管理。我国只有上海于 2009 年成立了国内首家"居民经济状况核对中心"，用于查询家庭的银行存款、股票交易、纳税记录、房产拥有、公积金等信息。最后，各部门的配合不够。譬如，虽然我国在限购上实施"认房又认贷"的原则，但是金融机构和房管部门之间协调和配合存在一定问题，造成贷款银行无法按照国家要求对贷款人家庭的房屋权属信息进行及时查询，在实际操作中商业银行要求贷款人附带个人声明，其实质还是"认房不认贷"。对于改善型住房，商业银行如果与房管部门配合不力，很难认定购房前的家庭人均住房面积是否低于当地人均住房面积。此外与规划、土地、金融、公安等方面的数据联通和整合还需加强。

制度约束。制度也是影响房地产宏观调控的重要因素。笔者简单将其划分为经济制度层面和政治制度层面。首先，从经济制度层面看，又可细分三类。第一类是中观层面（产业层面）。房地产业只是众多行业中的一种。如果产业均衡发展，即每个产业都有平均利润率的话，那么不会有过多的资金流入房地产业。但是实际上我国普通行业企业利润率过低，导致大量社会资金流入房地产。就是我们平常所听到"某企业家把工厂卖了去购买了几套住房"。第二类是从宏观层面上看，国家为了调节经济，实施相机决策的财政政策和货币政策，这些政策对房地产业都有着巨大影响。2009年原本刺激实业发展的政策，却由于产业不均衡，导致大量资金并非流入实业，而是流入房地产业。第三类微观层面主要是指个人收入分配结构。从纯粹经济学看，个人收入分配是宏观层面的问题，但是购房的主体是个人，因此，笔者将其视为微观层面，个人收入分配越不均，对住房的占有越不公平。从房地产长期制度建设来看，不仅仅是自身制度完善的问题，而且是包括宏观、中观和微观整体经济体制的循环运转良好，才能为房地产运行提供良好的背景和基础。

其次，从政治制度层面上看，我国房地产宏观调控实施并非如新加坡小型国家直接实施，而是通过地方政府实施的，其中就存在委托代理关系问题。作为代理机构的地方政府不仅仅是省级政府，更重要是市级政府。各国中央和地方的政治关系各不一样，实施手段也不可能相同。我国中央对地方政府的控制力与西方国家相较，更有利于贯彻中央的意图。但是，从地方政府和房地产业关系来看，与西方国家相比，地方政府形成土地财政依赖症，其实削弱了地方贯彻中央政策的动力。这一对正反之力表现在近几个月来若干地方政府屡屡挑战中央限购政策，其实质上地方政府在政治与经济之间权衡。

人口约束。住房需求是与人相对应，人口迁移流动、家庭结构规模变迁、人口老龄化等人口因素都会导致对住房需求的变化。发达国家的城市化进程已经缓慢，城乡流动人口缓慢，因此，其房地产宏观调控方式对我国启示意义有限。根据我国第六次人口普查数据，我国城镇人口呈现如下特征：其一，城镇人口增长迅速。全国总人口增长缓慢，与2000年相比，10年共增加7390万人，增长5.84%，年平均增长率为0.57%。但是城镇人口增长迅速，从 2000 年的 36.22% 增长到 2010 年的 49.68%，增长了 13.46%。其二，城镇家庭户均人口规模变小。从城市家庭户规模角度看，2000 年城市家庭户户均人数为 3.03 人，2010 年城市家庭户户均人数为 2.72 人，下降了 10.23%。其三，城镇人口更年轻。全国老龄化趋势加剧，但是城镇化却延缓了老龄化趋势，城镇人口年龄更加年轻，增加了对婚房等刚性需求。2001 年到 2010 年是我国城镇化速度相对较快的时期，对住房产生较大需求。其中大城市供求矛盾更加尖锐，表现为三大特征：其一，大城市总户数以及家庭户数增长速度超过全国城镇平均水平。其二，大城市对外来人口吸引力越来越强，表现在集体户快速增长。其三，大城市家庭户规模小型化的趋势更加明显。这些城镇人口规模、结构以及区域分布的变化需要房地产制度以及房地产调控具有相当弹性，以适应这些变化。

二、计划类需求侧管理的政策特征

各国这三个条件大相径庭，所使用的房地产宏观调控政策工具也大不相同。即使采用同样的政策工具，效果也大不一样。房地产基本制度如果缺乏弹性，只能靠房地产宏观调控来调节。

为了把房价控制在一定幅度上，无非是调节供给和需求。增加供给和抑制需求是各国平抑房价的基本方向。但是增加供给包括增加商品房供给、保障性住房供给。但是这些供给量增加具有滞后性；供给量增加受制于土地增加以及开发商对开发节奏的控制。由于地方政府与开发商的密切关系、囤地囤房原因难以判断，开发商可以把囤地的原因推到地方政府身上。实际操作中存在两层制度：明制度和潜制度。明制度就是法律规定的制度，譬如土地未开发，两年后收回。潜制度，就是实际运行并未以规章制度显示出来的制度形式。像囤地囤房难以查处，就是这种潜制度在运行。法律规定囤地两年便回收的制度，原来设想政府源源不断地供给土地，从而形成源源不断的商品房供给，但是实际上这种潜在的供给由于潜制度阻碍未完全转化为现实的供给。供给管理是在一定的时间内生产一定质量的住房的能力。但是预期供给—潜在供给—现实供给是一个复杂而漫长的过程。如何改善供给效率、供给结构是一项长期的任务，属于长期制度建设。简而言之，由于需求管理和供给管理种种特性，这种宏观调控的手段特点是需求侧管理。具有以下两个特点：

其一，行政手段和经济手段相结合。收入分配不公是已知的现象，我国基尼系数在世界前几位。笔者认为，货币政策失误、产业发展不均衡最后都表现在收入分配不公上，因为买房的主体是以个人进行的。由于我国刚从经济体制下脱胎出来，我们对计划、行政手段产生了无端的畏惧，唯恐避之不及。官方发言人认为"限购"迫不得已，调控则言必称"经济手段和市场手段"。经济手段包括税收手段、金融手段等，无非是增加投资投机性需求的经济负担。经济手段一般调节收入分配较为均衡的社会，居民对经济手段较为敏感。但是在收入分配差异较大的社会里，富裕阶层对经济手段并不敏感，经济手段的效力便大打折扣。譬如一个家庭年收入1000万元，与一个家庭年收入10万元相比。即使征收1%的物业税，也很难伤及富裕家庭皮毛。我国在逐步试错的过程逐步摸清房地产调控的规律。我国房地产宏观调控政策从提高第二套首付到新购政策再到热点地区第三套禁购政策，实践也同样证明热点地区平抑房价利用经济手段效果有限。行政手段还有一个表现是突出行政问责制，落实住房保障和稳定房价工作的约谈问责制，特别是在像我国这样的中央集权制国家，相对有效。

其实，笔者倾向于用"计划手段"替代"行政手段"，更能表达对目前限购政策性质的描述。行政手段即指通过行政指令详尽规定资源分配方向（譬如指标、配额、命令）。而计划手段，没有那么细，规定需求优先劣后原则，从而让市场之手引导需求的实现。

其二，需求细分与差别对待相结合。与前面数次房地产宏观调控不同，这次将住房需求进行仔细的划分，并相机采取不同的政策。根据人口流动特征，体现两个原则：首先，在需求层次上，优先满足刚性需求，限制改善性需求，抑制投资投机性需求。由于刚性需求、改善性需求和投资投机性需求较难划分，之间有较多重叠之处。因此，国家把第一套住房视为刚需，第二套住房视为改善性需求，第三套及以上则为投资投机性需求，这种划分极大节省了政策执行成本。并采取不同的金融税收等措施，第一套住房首付 30%，第二套首付 60%，贷款利率不低于基准利率的 1.1 倍。第三套禁购，在非限购城市是第三套禁贷。其次，在内外关系上，注重保护本地户籍人口刚性需求（无房的本地户籍家庭可购买二套以内的住房），并保护外地人口刚性需求（能够提供当地一定年限纳税证明或社会保险缴纳证明的非当地户籍居民家庭能够购买 1 套住房）。这种对内对外不一致的政策措施，实际是把居住性需求和投资性需求区别开来，特别是抑制外地投资投机性需求。

三、本轮房地产调控的实施特征

经过多年房地产宏观调控的摸索，我国已经探索出了从供给管理到需求管理的转变，并形成了有效的实施体系。当前正在形成三个执行主体（三线）、两网为主体的房地产宏观调控实施体系。

执行主体之一：住房和城乡建设部—地方政府—房管局（区域性政策）。国发 11 号文指出"各直辖市、计划单列市、省会城市和房价过高、上涨过快的城市"要从严制定和执行住房限购措施。具体城市的名单由住房和城乡建设部划定。尽管地方政府已经形成了较为严重的土地财政依赖，对出台限购令不情不愿。但是在住房和城乡建设部的催促下，被迫出台限购令。但是绝大多数城市把限购的年限定为一年，除了北京把限购定为五年之外。这可见地方政府出台限购令不太主动。限购政策仅仅是区域性政策。限购城市的限购力度不太一样，因此，体现出针对性和重点性。由于这次宏观调控重点调控的四类城市都是人口流动指向的目标地，也是全国民间资金流动的目标地，因此，这四类城市实施限购令非常有必要。但是不同的城市，人口流入和人口流出的情况不同，这构成宽松不同的限购令基础，今后有待于继续完善限购令。

执行主体之二：银监会、中国人民银行—商业银行（全国性政策）。

银监会和中国人民银行实施住房金融政策。限购如限贷政策，第一套首付30%，第二套为60%，利率提高到基准利率的1.1倍，第三套禁贷。这个政策是银监会、中国人民银行在全国统一布置的，属于全国性政策。无论是东、中西部，毫无例外地实行。这是有别于地方政府的宏观调控措施。因为这是银行部门通过垂直系统实施的房地产宏观调控，脱离于地方政府的控制。

执行主体之三：国家税务总局—地方税务局（全国性政策）。国家税务总局到国税局、地税局的另一垂直系统。如根据交易年限征收不同税率的营业税、契税等。由于我国的房地产税负主要在于交易税。交易税极为容易转嫁，特别是在供不应求的卖方市场上。因此，我国的税收还难以起到宏观调控的作用。而在西方国家，保有环节的税负起到很大的作用。今后宏观调控的实施主体应该逐步从地方政府上转移到金融机构和税务机构上，进一步完善金融支持政策和税收政策。

两网。一网是人民银行征信局实施个人信用记录。这已经在全国各大商业银行联网。凡是通过银行按揭买卖住房者都能从此网中查到记录。其弊端是难以对一次性付款购房的客户资料进行监控。一网是由住房和城乡建设部牵头的40个重点城市房屋权属关系登记系统。此网可以起到对人民银行个人征信网补充的作用，对一次性购房的客户都能清楚记录。但是此网遇到有形无形的障碍，难以迅速联网。人民银行个人征信局通过垂直控制商业银行，能够获取相当多关于住房买卖的信息。而住房和城乡建设部依托建设系统，但是受到众多块块的制约，难以迅速推进此项工作。

四、小结及展望

我国目前已经形成了住房需求侧管理的调控特征以及"三网两线"的实施特征。虽然地方政府屡屡有小动作，但是房地产宏观调控主动权把控在中央政府手中。中央不仅仅具有脱离地方政府控制的金融调控手段和税收调控手段，而且还根据房价上涨程度制定了区域性政策。像鄂尔多斯等地，即使没有限购政策，但是第三套禁贷政策已经使得当地房地产泡沫受到严重打击。因此可以说，我国房地产宏观调控形成了较为独特的特色是根据我国经济社会国情，并根据我国住房需求特征采取了不同的政策措施，因此取得较为显著的成绩。

在我国从长期趋势看，是用市场手段逐渐替代行政手段，但没有否定在"一定时期内行政手段还是起到一定的作用的"。我们大可不必为采取行政手段而羞耻。经济手段适用范围有限，行政手段在一定时期内在我国已经起到和正在起到一定的作用。为百姓福祉考虑而设置住房需求区别对待，不仅仅是利国利民的大事，也是适应现实国情的重要手段。

为了抑制投资投机性需求，今后工作应该放在完善个人住房信息系统等技术系统，并加强各部门的配合。根据人口、技术以及制度约束，完善限购限贷体系；推广房产税，提高对持有环节的税负；从外部环境上，通过改革实行产业结构升级、创新金融投资产品等，以便为房地产宏观调控创造良好的外部环境。

第四章
住房保障

第一节　保障性住房的顶层设计[1]

顶层设计是当前风行一时的名词，无论房地产制度还是经济体制改革，使用频率最高的名词无非是"顶层设计"、"顶层制度设计"等。但是，顶层设计又是一个非常玄乎的名词，难以有合适的研究视角。如果缺乏方法论作为指导，那么谁也难以对顶层设计说个道道出来。顶层设计于是只能变成了空中楼阁，中听不中用。但是我们又不得不要加强顶层设计的研究。因为顶层设计应该是最基础的，是哲学层次的阐述，房地产经济学、房地产制度设计都建立在这些基础学科上。此外，现在的地方政府都希望中央对"住房制度的顶层设计"有个说法，以便指导地方政府的实践。因此，有必要对住房制度的顶层设计提出一些建议。而住房制度的顶层设计主要是保障性住房的顶层设计，因此，有必要从保障性住房顶层设计为切入点作一粗浅的分析。

广义上的顶层设计应该包括三项内容：顶层设计（狭义）、系统设计以及结构设计。狭义的顶层设计是指中央和地方在保障性住房的关系上处理的原则，中央对地方奖优惩劣并鼓励地方积极创新；系统设计是保障性住房在生产环节和流通环节应该具备的原则，应该从保障性住房的生产环

---

[1]　此文节选于笔者负责的住房和城乡建设部住房改革与发展司《"十二五"住房发展规划与房地产市场健康发展机制、保障房建设管理机制研究》课题。感谢倪虹司长、王永辉副司长、张强处长、马庆林副处长以及蒋俊锋、王敬颖的支持。

节和流通环节特征推导出系统设计的原则；而结构设计则是针对不同保障性住房品种之间的关系而言。顶层设计太抽象，只能以原则加以阐释，而地方的制度创新则需要遵循这些原则。

一、顶层设计

1. 因地制宜的原则

第一，产权性保障和租赁性保障的比例，中央政府不宜做绝对性判断。从 1998 年房地产全面市场化改革以来，中央政府先后提出以经济适用房、廉租房、公租房为重点，显示出保障性住房主要供给品种的不稳定性。其实笔者认为不应当过分强调以何种为主。地方区情不同，不宜一刀切。无论是以产权保障为主还是以租赁保障为主，取决于地方情况，不宜由中央做绝对判断。产权性住房的好处在于卖出后能迅速回收资金，实现资金滚动开发，也是吸引社会资金投入保障性住房的一种方式。租赁性保障房的特征是政府（或其他实体）持有时间长，如果政府管理效率难以跟上，则需要政府补贴得更多。但是租赁性保障比产权性保障能在单位时间内保障更多的人群。对于地方政府来说，租赁性保障维护性成本过高。在实际中，为了应对中央政府要求以公租房保障为主的政策，地方政府的保障性住房往往是以公租房或廉租房的面目出现，然后短短几年后卖出，换回资金，取得收入成本平衡。地方政府之所以这么做，往往出于资金短缺的缘故。在地方财政不足的条件下，地方只能采取这种"缓兵之计"。因此，建议今后中央政府不宜过多干涉租赁和产权保障比例。产权保障以及租赁保障之间比例是地方政府寻找资金平衡的关键点。像上海建共有产权保障性住房，以产权保障为主，只要以民生为始点，也值得中央鼓励。第二，从实物保障还是货币保障来看，也应该将一定的自主权下放给地方政府。我国目前存在巨大的人口流动，人口从中西部地区、东北地区向东部地区流动，从农村流向城镇，从中小城市向大城市流动。与 2000 年人口普查相比，只有东部地区比例出现明显的上升，而其他三个地区人口比例呈现梯度下降，下降最快的是西部地区。有些省份成为人口净流出省份，譬如湖北省。原有的住房可能空置出来，这时宜采取货币保障的方式，而不是建设实物保障性住房。

2. 分类考核的原则

虽然中央不对产权性保障和租赁性保障做出硬性规定，但可以有三个分类考核维度：其一，考核原则是以公平性为主。保障性住房只能一次性享受，应该严厉查处享受保障性住房的高收入者或原有住房超过平均水平者。对暴露出的不公平现象，如六连号事件要严加查处。在上级部门考核下级部门的同时，应增加新的考核方式如相关利益者考核。我国政府考核方式存在较多弊端，这种考核方式以各种各样的巡查、抽查的形式进行。过多过频的巡查制度往往会造成保障性住房的沉重负担，造成成本的上升。应该充分发挥和动员群众，对入住者满意度以及相关利益者进行考核，重点考察投诉率等。其二，考核指标应做适当改进。当前考核比较多的指标是保障性住房的覆盖率等，笔者认为这个覆盖率太含糊。如果以覆盖率作为考核指标的话，有的地方实施普惠式的保障，譬如发放极少的补贴资金，这样提高了该市保障性住房覆盖率，但是无助于住房保障水平的提高。应该像日本设定最低居住水平、基本居住水平、诱导居住水平，实施结构式考核，每过一段时间（譬如五年），考核家庭户占多少平方米的比例提高到什么程度。人均面积、户均套数、覆盖率等平均类指标，往往容易掩盖巨大的住房占有不公的现象，像日本这种考核标准有利于避免平均类指标考核弊端。其三，保障性住房成本应作重点关注。地方政府建设保障性住房通常成立地方融资平台以及专门建设保障性住房的国有企业，由于管理效率低下，造成保障性住房成本上扬，甚至高于商品房成本。我们在调研地方公租房建设时，发现有的地方公租房的土建成本比同期的普通商品房和经济适用房高。中央政府考核地方的保障性住房时，要将保障性住房建设运营成本和商品房、经济适用房相比较，把商品房作为参照系，这样能促进地方提高管理绩效或者直接利用市场机制。

3. 基本保障的原则

我国的保障性住房占比提高到何种程度，应该根据各地的情况综合确定。各地住房历史情况不同，不宜做硬性规定，但必须坚持两项小原则：一是保基本。我国住房水平尚不高，需要保障的人群数量较多（从收入分配来说，国外的中产阶层比较多，但是我国低收入群体较多、处于城市化进程中，特别是外来流动人口较多）。据我国的中央财力和地方财力，在住房保障问题上只能保基本。何谓"基本"，有两个角度：第一，从住房年代来说。从不同年代住房家庭户占比来看，1949 年以前占 1.03%、1949—1959 年占 0.82%；1960—1969 年占 1.57%，1970—1979 年占 5.32%。即如果 30 年前的住房都需要更新换代的话，这些亟须改善的住户占城镇户数比例为 8.74%。第二，从建筑面积来说。根据六普数据，人均建筑面积为 30.33 平方米。我们把基本保障定义为 8 平方米以上。根据"六普"数据，低于 8 平方米和无住房占总户数的 8.42%。可以优先保障这部分群体的住房，这是亟待解决的。二是循序进。新加坡、日本等人多地少的国家为了解决住房问题，都经历了长达十个五年计划，最终解决了住房问题。我国的保障性住房建设也应该有个明确的规划，根据中央和地方的财力情况，逐步解决住房问题。现在有股急躁情绪，认为"十二五"期间就能解决保障性住房问题。循序进包含两层含义：其一，在每个五年计划逐步提高住房保障基本面积。先在十二五规划中解决 8 平方米以下的住户，然后在"十三五"住房规划中住房面积设定得更高一点。覆盖面可以随着中央和地方政府的经济实力逐步扩大，新加坡 89% 居民居住在政府的公共组屋，也是经历了十个五年计划，我国住房保障面和程度也不可一蹴而就。其二，保障性住房的资金数量是中央和地方财力可以承受的。我国在处于发展阶段，财政支出的范围很广、需要用钱的地方很多。现在有种趋向，要求中央不断提高补贴的数量，如果这样，中央的财政会不堪重负。

二、系统设计

1. 要素齐备的原则

从国际经验看，保障性住房所应该具备两种基本要素：低价土地和低息金融。但从我国具体实践看，这两种基本要素较为残缺。首先，保障性住房用地和土地财政相矛盾，导致地方供给保障性用地积极性不高。土地既可以用作保障性住房用地又可以用作商品房用地，那么地方政府就面临着将土地转变为保障性住房用地的巨大机会成本。地方政府自然而然偏向于少建保障性住房，而多建商品住房。这需要彻底转变土地财政，使物业税逐渐成为地方的主要税种，慢慢割断地方政府和土地出让金的联系。同时，中央政府不断完善保障性住房考核标准，那么地方政府更有动力供给保障性住房用地。其次，政策性金融缺位。现在通行的住房开发贷款模式是开发贷款形式，针对的是商品住房，并不适合公共租赁住房。其特征是：一方面，利息高。通常开发贷款利率较高而公共租赁房的租金低于市场租金，需要较为优惠的利率水平。另一方面，时间短。开发贷款仅仅两三年就收回，不适合公共租赁住房长期投资的资金循环模式。国外通行的公共租赁房融资模式，是由中央银行提供长期低息贷款形式予以解决，譬如，韩国公共部门开发的国租房，是由国民住宅基金提供长达 20 年，利率仅为 4% 的中长期贷款。对私人开发的国租房则提供 15 年期，利率为 4% ～ 5% 的中长期贷款[1]。如果没有长期低息贷款，那么地方政府建设产权性住房肯定多些，而租赁性住房肯定会少些。地方政府可以努力在审核申请者、保障性住房退出等具体事务上有所创新，而中央政府应该把更多注意力放在低息开发金融、物业税等宏观制度创新上。地方政府做不到的事情，由中央政府去做，完善保障性住房有效运行的宏观环境。如果中央政府仅凭

[1] 陈杰，张鹏飞. 韩国住房金融市场的发展历史、现状分析及其启示 [J]. 中国房地产金融，2009（12）.

行政权力强压地方政府，难以取得良好效果。

2. 良性循环的原则

又可以称为进入退出均衡的原则。系统论告诉我们，进入退出应该均衡（流入流出平衡），否则会造成秩序紊乱。计划经济体制下的福利分房其实包含着系统守恒定律，单位福利分房是租赁性保障，暗含着精巧的设计，是建立在子承父业的基础上。父业子替的原则保障本单位的住房难以流入外人之手，因此，保障了单位福利分房的良性循环原则。1998年央产房上市其实违背这个规律。以某中央部委公务员小区为例，如果产权归个人所有，可以随时出售，那么该部委新进的公务员越来越多，迫切需要住房的公务员也越来越多。当退休后的公务员的后代不是该部委公务员时，那么该公务员住房将变成非公务员的小区，管理混乱，那种"前店后厂"的单位自建房模式将不可持续。如果公务员住房仅仅是长期租赁性，那么在公务员退休时必然要采取补偿性措施，包括赎买性或一次补给性。这样才能完成进入退出均衡。此外，保障性住房也可以利用市场原则，政府审核进入标准，让有资格的人在此市场内自由交易，以达到满足消费者偏好的目的，也实现进入退出平衡的目的。新加坡建立了居屋第二市场，旨在增加居屋的流转量，以满足社会对自置房产的需求。凡购入满两年或以上的居屋及通过"租者置其屋计划"买入的公屋都可以在该市场出售，不过买方只能是公屋居民或公屋轮候人士。买卖双方都要向房委会申请"资格证明书"，其中房主须先取得"可供出售证明书"，而买家则要有"购买资格证明书"。这种流出流入位于同一封闭系统内，其实是在模拟市场运行机制，新加坡政府也很注重发放证明书之间的平衡，否则会造成公共组屋价格的起落。

三、结构设计

1. 合理衔接的原则

按照国际惯例，产权性保障和租赁性保障结合是很正常的现象，譬如日本的公营住宅和公团住宅，香港的居屋和租屋以及新加坡的公共组屋（又有租赁性的组屋）。但是遵循的普遍原则是低收入者租住租赁性住房。收入高点的住户购买产权性住房。与之相比，我国现有保障框架尚存在逻辑漏洞。目前我国的保障性住房品种繁多，对于低收入家庭来说，既有供出售的经济适用房，也有供出租的廉租房；对于中等偏下收入群体的，既有供出租的公共租赁房也有供出售的限价房。中等收入的群体反而去租住房，而收入低点的群体，反而有产权房。这在逻辑上是难以行得通的，无疑鼓励了被保障者的"懒人行为"。国外称之为"贫困和失业陷阱"（Poverty and Unemployment Trap）。如图 1 所示，下面一道线是低收入线，上面一道线是中下收入线。地方在具体实施保障性住房政策，应该适当简化保障性住房品种。

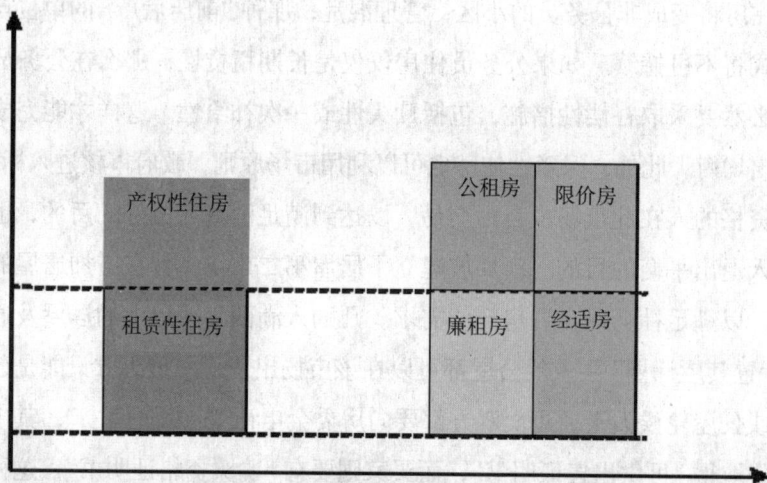

图 1　我国保障性住房品种结构构成

2. 优先劣后的原则

纵观世界上的公共住房制度，尽管有普惠制和特惠制之别（前者如新加坡、瑞典，后者如美国），但大多数国家都是特惠制，供给对象一般是收入较低的缺房户。而我国的住房保障对象往往是针对特定的群体，是与身份相联系的，而不是针对社会弱势群体的。譬如部分高校教师、垄断企业职工本身不属于低收入群体，却有相应的住房来保障，这是传统住房福利分配制度的沿袭；重点工程的拆迁户、旧城改造的拆迁户等本身并非一定和低收入无房户相重合，但是都能得到回迁房，而针对社会的经济适用房、限价房等又有部分比例落入了关系户的手中。保障性住房的资源本来用于社会最底层缺房户，但是由于各项制度不严密、不严谨，导致了部分稀缺资源的错误配置。这就像一个巨大漏斗，真正进入社会循环分配系统的保障性住房仅占部分比例，这也是和中央对地方进行公平性考核时的重要内容之一。

四、三者关系

其实，顶层设计、系统设计与结构设计是三位一体的。顶层设计着重解决中央层面和地方层面的关系，有利于发挥各自的积极性，各自解决有能力解决的问题。中央对地方不做硬性规定，但是设定了基本保障原则和考核标准，有利于界定权责，允分调动地方积极性。系统设计着重解决制度本身设计完备的问题，制度如果残缺，难以运转良好，地方政府在具体运作难以有强有力的制度支持。结构设计则主要解决各类保障性住房衔接的问题以及衔接的方向和原则。三者从各个层面对保障性住房系统做了优化。

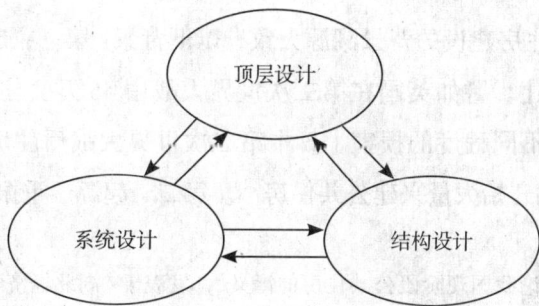

图 2　顶层设计、系统设计与结构设计关系

第二节 转轨时期公共住房制度的含义[1]

我国已经基本建立起了公共住房的框架和体系，但是，无论学术界还是决策界，对公共住房的含义尚缺乏清晰的认识。实践层面也努力探索公共住房制度的含义以及实现形式，譬如成都市在成府发〔2006〕50号文尝试定义："公共住房制度是政府在住房领域履行社会公共职能，解决城市中等偏低及以下收入家庭居住问题的相关法规、政策、措施的总和。"理论模糊往往导致实践上的错误操作，人为扰乱正常的房地产秩序。因此，有必要尝试对国外公共住房的特征加以归纳，结合我国国情对公共住房起源和背景加以分析，以便今后为决策层提供借鉴。

一、我国公共住房制度起源和背景

世界公共住房建设的背景溯源大致有以下背景：第一，起源于第二次世界大战后重建。譬如英国在第二次世界大战中45万套住房被毁，300万套住房受到不同程度的损害。日本第二次世界大战后住房短缺缺口为420万套，由此开始大量兴建公共住房[2]。第二，起源于重振经济。譬如，

---

[1] 原题名为《论我国现阶段公共住房的涵义》，发表于《湖北经济学院学报》2010年第6期，人大复印报刊资料《体制改革》2011年第4期全文转载。

[2] 陈劲松.公共住房浪潮：国际模式与中国安居工程的对比研究 [M].北京：机械工业出版社，2010.

20 世纪 30 年代的世界经济大萧条使得美国政府制定了《临时住房法案》，开启了公共住房建设的大门。第三，起源于灾难救助。譬如香港 20 世纪 50 年代的大火使得五分之一的城市居民无家可归，港府开始着手于廉租房计划[1]。第四，起源于城市化。在工业化和城市化的进程中，人口向城市迁移的数量远远高于城市建设的速度，造成住房短缺，进而出现住房供求结构矛盾。如 1915—1936 年的英国。我国公共住房建设则是出于城市化进程、体制转轨阶段、贫富差距加大的需要。

首先是城市化的需要。由于大城市能提供较好的工资待遇、基础设施，具有较大的聚集经济，我国的超大城市和大城市成了人口流动的主要目的地。譬如，我国特大城市人口（100 万人以上）占城镇人口比重为从 2000 年的 38.1% 提升到 2005 年的 44.8%；大城市人口占城镇人口比重从 2000 年的 15.1% 提高到 2005 年的 19.2%，中小城市的人口比重则呈下降趋势[2]。这部分新增人口包括流动人口和新增户籍人口。相当多新增城市人口购房能力是不足的，这说明超大城市和大城市需要提供的保障性住房规模远比中小城市大得多，这对超大城市和大城市的财政能力提出了挑战。巨大的城市人口增量不仅增加了对商品住房的需求，也增加了对保障性住房的需求。

其次是转轨体制的需要。其一是传统住房福利改革亟待建立公共住房体系。传统体制内单位始终在住房供给上扮演重要角色，这些需求被自我生产满足，而不被释放到商品房市场上。改革的过程就是单位供房制比例逐渐缩小，市场化供应逐渐扩大的过程，也就是刚性需求逐步在市场上释放的过程。特别是 1998 年取消福利房全面实行市场化，事实上逼着、赶着这部分居民走向商品房市场。但与之配套的制度尚未到位，如工资改革不到位，房贴和公积金改革不到位，导致形成了大量的"夹心层"，需要

[1] 陈劲松.公共住房浪潮：国际模式与中国安居工程的对比研究[M].北京：机械工业出版社，2010.

[2] 罗楚亮.居民收入分布的极化[J].中国人口科学，2010(6).

政府提供的公共住房来保障。其二是企业改革的需要。企业公司化改革和减员增效等改革也释放出大量低收入者的住房需求，包括城镇原户籍人口中在各种体制改革和产业结构调整中逐步被淘汰下岗的职工以及 1998 年以后参加工作的没有享受到公房分配的人员。这部分职工已经失去了单位提供住房的屏障，靠相对微薄的工资难以提高住房水平。

从城乡收入差距来看。中国与其他国家相比，如果仅仅看货币收入差距，或者说名义收入的差距，非洲津巴布韦的城乡收入差距比中国稍微高一点，但是如果把非货币因素考虑进去，中国的城乡收入差距是世界上最高的。这在住房政策上的含义是，从农村流向城市的农民工，由于缺乏工作技能和财产性积累，难以通过房地产市场获得住房，必须通过企业职工宿舍、工地工棚以及某些特定的公共住房才能解决住房。再从贫富差距拉大的特点来看。就全国而言，全国收入差距的扩大并不是表现为低收入人群收入状况的恶化，而是表现为高收入人群收入超高速增长。这说明富人更容易通过购买多套住房，实现对稀缺的住房资源的占有。如果不对住房资源的占有进行限制性规定，必然导致穷人无房可住和公共住房压力的增大。其三，从城镇内部收入差距来看。在 1995—2002 年期间，城镇内部收入差距的贡献率，提高了 7 个百分点[1]，也同样加大了公共住房的压力。

二、转轨时期的公共住房制度目标

西方国家的公共住房发展经历表明，任何一个国家在住房短缺的年代里，都必须依靠政府通过大规模兴建公共住房来改善和提高国民的居住水平。譬如日本政府从一五计划到六五计划，公营住宅占比为 44.7%。新加坡从 1961—1995 年公共组屋占比为 90%。英国在 1946—1959 年之间公共住房占比甚至达到 70%，后来在供求矛盾基本解决，政府推行私有化后，公共住房占比逐年下降，1960—1979 年间为 46%，1980—2004 年

---

[1] 李实，宋锦 . 中国城镇就业收入差距的扩大及其原因 [J]. 经济学动态，2010（10）.

间为 20%[1]。通过对西方国家历史上的公共住房占比分析，我们认识到我国同样在经历这种过程，不可能跨越阶段。正是由于我国当前面临着城市化的压力、体制转轨的压力以及贫富差距拉大的压力，决定着我国的公共住房建设可能比历史上的其他国家公共住房建设的规模和比例都大。但是我国目前的实际情况是截至 2009 年年底，住房保障仅覆盖城镇家庭的 4.2%。目前全国有 10% 的城镇家庭人均住房建筑面积低于 13 平方米，还有 2500 万户家庭居住在集中成片的棚户区内，居住条件亟待改善。因此，我国目前的公共住房政策主要目标应该定位为：逐步提高中低收入者的居住水平。

为了实现这一个目标，必须提高公共住房占比。至于我国的公共住房占比提高到何种程度，应该根据各地的情况综合确定。从国际经验来看，一个地区的公共住房占比，主要依赖于以下因素：其一，人地关系紧张程度。人地关系紧张，如果过度市场化，容易加剧供求矛盾，像新加坡地域狭小、人口众多的国家容易形成以公平地保障公民居住权利为目的的福利性住房保障模式。像我国存在巨大的城乡差距，劳动力和资金不断流向超大城市和大型城市，这些城市的人口密度远远超过西方国家的城市。人地关系越紧张，越可能是投机性需求猖獗的地方，除了房地产市场上要抑制投机之外，还要提高公共住房的占比，以便保护每个居住者的公平权利。其二，外来人口占比。住房条件解决的好坏，不仅仅是纯粹收入的问题，而且还是代际积累的问题。在一个相对封闭的城市中，子女往往通过继承和亲属帮衬来获得住房。而在流动较为频繁的城市中，外来新增户籍人口和流动人口，难以迅速提高购房能力，对公共住房的需求更为强烈。根据 2005 年 1% 人口抽样调查数据以及相关年份的统计数据，全国流动人口规模从 1982 年的 660 万人增加到 2005 年的近 1.5 亿人，增长了 21.4 倍。而且家庭化、长期化的趋势非常明显。流入地居住 5 年以上流动人口的数

---

[1] 贾祖国，孟群. 中国当代房地产研究专题之七——保障住房的国际比较 [J]. 招商证券，2008.

量从 1987 年的 700 万增长到 2000 年的 3400 万人，2005 年进一步增长到 4600 万人。这无疑给保障性住房带来巨大的压力。其三，地方财政实力。目前除了廉租房以外，地方财政承担了经济适用房、限价房和经济租赁房的融资和建设任务。地方政府实力越强，越有能力改善民生。

我国公共住房的主要目标很容易被其他目标替代。我国的公共住房建设经常被利用来拉动经济。譬如 2009 年我国提出三年解决 747 万户城市低收入家庭的住房问题，中央财政累计投入 1200 亿元用于保障性安居工程建设，投资力度为历年之最，其原旨是为了挽救濒临下滑的国民生产总值。2010 年全国计划建设各类保障性住房和棚户区改造住房 580 万套，改造农村危房 120 万户，可能带有较为明确的对冲因房地产市场调控而导致商品住房投资下行压力的动机。政府目标决定政策的手段，如果公共住房仅仅作为拉动内需的工具。一旦国民生产总值上升，公共住房建设的动力便大为消减，那么中低收入者改善住房条件的愿望仅仅是一泡影。因此，公共住房建设的主要目的必须定位在解决中低收入者的住房短缺，其间接效应是对国民经济起到一定的拉动效应。公共住房建设规划应该独立于房地产宏观调控的目的，切实提高中低收入者的住房水平。

三、我国公共住房制度与其他住房保障制度的区别

公共住房制度实质是保障公民的基本住房权利，但理论界容易把住房保障和社会保障归为一类。其实，住房保障和社会保障是既相联系又有显著区别的两个概念。第一，从传统观念上看，把住房保障和社会保障混为一谈是传统的计划经济思想的体现。在传统计划经济体制下，以户籍制度把城乡分开，对城市的工人群体予以低工资高福利的待遇是为了实现重工业更快的积累。生活用品的配给制以及住宅的实物分配制度是这种低工资高福利制度的具体体现。在当时条件下，住房保障和社会保障其实是捆绑在一起的，也是由当时的宏观经济环境决定的。第二，从两者的特征来看。社会保障的形式无非有两种，一是互助，譬如保险，就是利用市场机制互

相保障个人生活质量不至于波动过大。二是救助，即对市场失败者包括老弱病残者予以转移支付，如城市低保户、农村五保户。住房是一种价值量大的物品，为了达到住有所居的目的，不能仅仅针对市场失败者而进行救助。即使市场成功者或者正走向成功途中者，也鲜见一次性支付能力的购房者，因此，政府不仅要帮助市场失败者租得起房，还要让部分支付能力不足的居民通过援助等诸多手段帮助实现有其居的目的，完整的住房保障体系应当包括救助性保障、援助性保障、互助性保障和自助性保障[1]。正是因为住房保障的形式多样性、层次丰富性，使得住房保障有别于一般的社会保障。第三，从国际经验上看。社会保障并非和住房保障画等号，社会保障力度大的国家，住房保障力度并非就大。社会保障是政府对市场竞争失败者的托底，其保障程度受福利主义思想影响甚深。但是住房保障程度却是与住房短缺程度、人地关系紧张程度相联系的。譬如，美国的社会保障非常发达，但其对居民的实物住房保障却非常稀少。因此，公共住房有别于社会保障，也是住房和城乡建设部的职能有别于民政部、劳动和社会保障部职能的所在，也是建设部更名为住房和城乡建设部的重要原因所在。

公共住房制度有别于计划经济体制下的传统住房保障制度。传统的住房保障分配制度的特征是国家把本应纳入职工工资的用于住房消费的部分实行了统筹，然后根据基建计划等方式划拨给各单位用于建房，最后由各单位按某种标准分配给各个职工使用。由于不能形成住房资金的良性循环，导致人均居住水平越来越低。从改革开放到1998年，笔者将其视作传统的住房保障制度的延续，主要是因为这时投入的资金利用了企业留利，单位保障的方式并未改变。而1998年房地产全面市场化改革以后需要建立的公共住房制度，不同于传统的住房保障制度。首先，保障对象不同。公共住房保障的是该城市的中低收入者和无房户。而传统的住房保障制度保障是以单位为核心，保障的是单位职工住房，具有普适性。由此决定的分

[1] 陈淮，等．地产中国 [M]．北京：企业管理出版社，2008.

配方式也各异，公共住房的分配往往在中低收入无房户进行摇号分配，而福利性住房是在单位内部根据工龄、学历、人口等因素综合考虑进行分配。其次，生产方式不同。福利性住房是在单位的土地上找施工队修建，而公共住房是城市政府划拨土地通过招拍挂兴建的。因此，我们现在的住房保障的名称也最好改变为"公共住房"，以免与传统的住房福利保障体制相混淆。统一"公共住房"的概念也是实践的需要。我国房地产决策层在保障性住房的概念上有较大的歧义。譬如，住房和城乡建设部把经济适用房和廉租房归为保障性住房，而把限价房和公共租赁房称为政策性住房。而国土资源部在若干文件中均把各类保障性住房、中小商品房的用地统称为"保障性用地"。概念的不一致容易导致政策的误读和曲解。因此，有必要把各类保障性住房和政策性住房都界定为"公共住房"，便于政令的统一和贯彻，也便于与国际接轨。

公共住房也不同于企业集体宿舍，也不同于企业为社会提供的保障性用房。其一是保障对象不同。企业集体宿舍是企业福利的一种体现，它保障的只是某企业职工的住房，只是社会群体的一个小部分。它保障对象的片面性和狭隘性决定它并不是公共住房的一个组成部分。企业为社会提供的保障性住房，由企业或政府根据该城市的住房状况加以分配，具有较宽的保障面，如万科的"万汇楼"为大学生提供住所，但是不具有长期性的特征。其二是资金稳定性不同。公共住房的资金来源稳定，主要来源于国家财政资金，而企业集体宿舍或者企业为社会免费捐赠的住房则不具有长期性的特征。随着企业的经营不善或者倒闭，企业的集体宿舍或者企业捐赠的保障性住房也随之烟消云散。

四、我国公共住房制度应具备的阶段性特征

1. 公共住房保障形式应具备的特征

目前我国保障性住房的主要形式是廉租房和公租房。我国的经济适用房"只售不租"的模式是由于当时的宏观经济环境形成的。国际上通行

的经验是公共住房出租是一个必经的历史过程，像新加坡的公共组屋、美国、英国、西欧的公共住房开始仅仅用于租赁。随着供求矛盾的解决，这些公共住房可以出售。只有租赁才能使公共住房在内部循环，特别是在供求矛盾尖锐的时期更快解决低收入人群住房问题，但其缺点在于不能及时回收投资。当时经济适用房本来是售还是租，我国决策层争论比较激烈。由于当时处于亚洲金融危机的影响，由决策层定位成"以售代租"[1]。当时思路是经济适用房出售能够快速回笼资金，就能积极拉动国民经济。限价房也是国家旨在抑制房价过快上涨的宏观调控背景下出现的，它的出现在于协调了地方政府、开发商以及购房者的利益。限价房保障了地方政府的一部分土地财政收益，也保障了企业的部分利益。但是经济适用房和限价房的弊端都在于其产权归属的私有性。经济适用房和限价房的价格与商品房之间的价格差距，无疑创立了巨大的租金空间，特别是在我国以人治为主的国家，巨额利润容易诱导权力阶层对公共住房的占有。使得这种可能变成现实是我国居民实际财产数量取证难度极大。由于居民财产备案、申报基本处于真空地带，加上审查环节不严格，这就注定了难以达到经济适用房和限价房保障中等收入家庭基本自住需求的初衷。因此，笔者认为，"十二五"期间以及今后相当长的时期，住房的保障形式应该是租赁保障为主，产权保障为辅的保障方式，并且这些租赁房的标准应该以低标准为其特征，防止权力阶层从公共住房中获得好处。

2. 公共住房生产环节应具备的特征

数量稳定，规划明确。根据国外经验，公共住房的数量是根据住房目标和国家财力来确定的，但是数量都呈现稳定性的特征。譬如，日本迄今为止共进行了 9 个五年计划，各个五年计划的目标各不相同，但是每五年计划兴建的公共住房都在 250 万～ 400 万套之间，公有住宅占比控制

---

[1] 谢家瑾. 中国房地产这十年 [M]. 北京：中国市场出版社，2009.

在 35% ～ 50% 之间[1]。在住房短缺的时代更需要将其作为一种长期规划来加以考虑。国外公共住房建设往往以五年计划的形式进行，譬如新加坡HDB 进行了 8 个连续的五年住宅建设计划，共建造了 22 个新镇，每个新镇提供 2 万～ 5 万套住房，为 12.5 万～ 25 万人提供寓所。特别是像我国正处于城市化加速期，需要保障的家庭比较多，更需要以长期规划的形式把每年保障性住房建设量固定下来。数量稳定、规划明确，有助于消费者形成稳定的预期，有利于稳定房地产市场。公共性住房不要有时多有时少，过多的公共性住房冲击市场，可能扰乱正常的市场秩序。

　　资金稳定，供给多元。首先，要形成政府财政资金为主导的资金来源。从一些市场经济国家住房政策的实践来看，住房保障要定位为政府的重要职能。新加坡政府财力不仅承担居民住宅区的公共配套建设，还要担负"组屋"的维修与定期翻新，国民住屋计划占政府常年预算拨款的 3.8%[2]。香港从 20 世纪 50 年代到 70 年代，在公共住房方面的开支一直保持在 20%以上[3]。在这些形式多样的建设模式中，政府的财政支持是至关重要的。其次，要形成以政府为主导的多元化供给格局。从西方发达国家的经验来看，引入大量非营利组织等民间力量参与公共住房的开发、建设与管理，是解决公共住房难题的有效途径。瑞典非营利住房企业拥有住房比例为21.88%，住房合作社住房比例为 16.88%，挪威住房合作社大约拥有 40 万会员，建房 25 万多套，占全国住宅总量的 15%[4]。

3. 公共住房分配环节应具备的特征

　　首先是实质公平。实质公平的内在要求有两个：一是应保尽保，既经申请受理，凡符合城市公共住房条件的，就应按规定给予保障，否则就不

［1］吴东航，章林伟. 日本住宅建设与产业化 [M]. 北京：中国建筑工业出版社，2009.

［2］忠仁. 新加坡住房保障的启示 [J]. 江南论坛，2008（1）.

［3］谢伏瞻，Gregory K. Ingram. 土地与住房政策 [M]. 北京：中国大地出版社，2008.

［4］程建华. 瑞典、挪威住房情况探究 [J]. 北京房地产，2004（3）.

予保障；二是同类对象相同对待，即对保障范围内的同类对象，在城市住房社会保障政策上要给予公平对待，不应有任何的歧视性对待。我国目前公共住房的分配很大程度是和身份相联系，并没有体现实质公平：一方面，国家公务员的经济适用房以及某些单位的自建房都是针对某些特定的群体，但是这些住房都以该城市的经济适用房的面目出现。另一方面，相当多城市的公共住房仅仅被用于保障那些拆迁户的需要，而没有被分配到无房户的手中。

其次是程序公平。要在城市住房保障的申请、受理、审核、审批程序上尽量做到公平，让符合公共住房条件的每一个城市住房困难家庭，都能按照规定平等地享受到城市住房社会保障政策。另外，对不再符合城市公共住房条件的居民家庭，在进行公共住房清退时，也要规范条件设置和清退程序，尽量做到程序上的公平。我国在程序公平上也做得不够，譬如某权力部门定向分配限价房事件和经济适用房六连号事件等，这些都是程序不公平的表现。

五、小结

我国正处于体制转轨时期，我国的公共住房起源迥乎西方发达国家，城镇化进程加快、较大贫富差距以及转轨的经济体制决定了我国公共住房的任务可能比西方国家历史上的公共住房建设更加繁重。我国公共住房制度不仅不同于传统计划经济下的住房福利制度，也不同于企业集体宿舍制度。在 1998 年推行房地产全面市场化之后，我国亟须建立与房地产市场化相配套的公共住房制度，在保障形式上，要以租赁保障为主，产权保障为辅；在生产环节上，要做到数量稳定、规划明确，资金稳定、供给多元；在分配环节上，要做到实质公平和程序公平兼顾。

第三节　限价房的性质与定位[1]

一、与限价房紧密相关的四组概念

"限价房"在各地的实践探索过程中，出现了许多与"限价房"相关联但不同的概念，如宁波提出以"四限定、两公开"为核心的"限价房"政策，福州提出包含"限价房"的"三限房"概念，广州提出"双竞双限"、"两竞一限"、"三限双竞"等"限价房"操作模式，北京也提出"两限房"，等。这些概念都围绕着"限价房"政策，但实践中有着许多的不同之处。这些限价房形式都披上了"限价"的外衣，然而可能不是公共住房体系的一部分。

限价房的性质究竟是什么？什么条件的限价房才是真正的限价房？在丰富的社会实践中，各地建设系统对限价房的理解和开发模式亦有所区别。不对限价房进行正本溯源和概念界定，不对形形色色的丰富限价房形式进行归纳分类，我们无法得到这个新生事物的内在本质，很容易迷失在概念混乱的丛林中。

按照国家公共住房政策设计，限价房应该是专门针对中等收入群体的保障性住房，属于公共住房政策的一部分。公共住房的特征是利用转移支

---

[1]　原题名为《论限价房的定义、性质与判断标准》，发表于《建筑经济》2008年第11期。

付的形式为购买能力不足的中低收入者提供基本保障性住房，要体现公平公正的原则。为了明确限价房的含义，我们必须区别四组概念。

就像经济学中的完全竞争市场一样，即使在现实中不存在完全竞争市场，其作用也是测量市场垄断性的标准。限价政策性住房作为一个基准，提供了衡量保障性程度的一种客观尺度。限价政策性住房与普通商品房相比，具有以下特征：一是在价格形成上，普通商品房是在市场供求关系下形成的市场价格，限价政策性住房是在政府参考周边普通商品房的价格基础上制定的政府指导价，一般比周边普通商品房低15%～20%（各地规定不一致）。二是销售对象上，普通商品房针对是任何具有购买力的顾客，限价政策性住房一般仅仅针对无房户或低收入人群。三是从组织上看，普通商品房都是开发商主导进行的，限价政策性住房是由政府主导下进行的，其生产、分配、消费环节都在政府的严密控制下进行。四是在上市问题上，普通商品房基本特征是在其生命周期内进行不断的重复性交易，限价政策性住房上市则有年限限制等附属条件。因此，各地出台的限价房政策，要符合以上四个要件，才能称之为"限价政策性住房"，而不是"限价商品房"。

限价商品房是指由地方政府主导的限价的住房。限价商品房的保障性质，比限价政策性住房弱一些。不能完全满足以上四个条件，可能缺乏某个条件，例如，在销售对象上可能针对特定的拆迁户，或者对限价房上市并没有严格要求。譬如，福州市的限价政策性住房其实是回迁房的变种，福州市的限价房在套型、价格、规划、设计、生产等方面由政府主导，但是在销售对象则是针对中心城区市政建设、土地收储和旧屋区改造等建设项目被拆迁户。拆迁户并非是住房困难户，因为有的拆迁对象由于拆迁面积较大，甚至能够分到二套住房。在上市规定上，福州的限价房也没有规定，只要产权证到手，即可以转手，没有政府优先回购的规定。因此，我们说这种性质的限价房是"限价商品房"，具有更多的商品房的特征，如自由交易而不是"限价政策性住房"，很容易流入商品房市场。

商品限价房是指由开发商主导对价格进行一定限制的住房。这种商品限价房的商品性质更加浓厚。在这里所指的限价是指同质同价，并非因为住房质量上低一等因此价格更低。无论是在房价上升过程中还是下降过程中，可能一部分开发商出于人道目的，主动要求解决一部分的住房困难户的住房需求，将其价格限定低于周边的商品房。这种商品限价房无论出于营销的目的，还是标榜企业社会责任，客观上还是解决了部分困难户的住房。因此，我们把这种形态的住房称之为商品限价房。虽然在现实中还没有出现这种对应的住房形态，但是还是具有出现的可能性，因此，并不妨碍我们事先对其进行定义。商品房的定义较为容易。由开发商进行自主开发，生产什么生产多少都是由开发商根据市场需求确定，根据供求状况定价，购房者有自由选择的权利。

我们把"限价政策性用房"称为纯粹意义上的"限价房"，是公共住房体系的一部分。限价商品房和商品限价房是滋生在"限价政策性用房"的两个变种，我们可将其视为"限价房"的外延，从广义上看，也属于限价房。我们对住房的商品属性进行定义时，不能片面认为仅仅存在商品和非商品两类。在两个极端之间存在广阔的混合产权性质，有限价政策性用房（确定一个基准）、限价商品房、商品限价房、商品房四组概念。越向左，越带有保障性质；越向右，越带有自由市场性质。

二、判断限价房的标准

判断限价房必须根据限价房的价格形成方式、销售对象、上市条件和政府组织四个标准。这是严格意义上的"限价房"。但是由于我国的中等收入群体众多，单靠政府之力，很难扩大限价房的覆盖范围。在实际中，限价房覆盖范围也仅仅是"低收入者"。例如，北京限价房的销售对象是"家庭年收入在8万元以内"，按两口之家算，这在北京属于低收入者。因此，把限价商品房和商品限价房都归为限价房的外延，有利于利用社会力量，扩大覆盖范围。

限价房的标准不能根据要素的获得形式、项目开发主体的确定等为准。限价房标准的选择是根据公共住房的特点和定义而进行的。至于要素的获得形式和开发主体的确定并不能影响限价房的本质。

要素获得方式并不决定产品性质。只要具备了以上四个条件，无论土地这种要素是由政府直接划拨的，还是通过"招拍挂"取得的，都不能影响住房的性质。现在社会分工发展表明，要素的生产不常采用自己生产的方式，而是通过外购的形式，就像开饭店并不需要自己种菜。土地要素的生产，通常通过不是自产（譬如旧城拆迁或者以前私产拆迁），而是经过市场购买而得。在限价房的建设中，各地的土地供应方式各不一样。譬如，北京通过"招拍挂"形式出让土地；成都市指定若干国有房地产开发企业提供早年划拨的土地；福州采用划拨的方式。这些都不妨碍限价房的性质。

开发主体的确定并不能影响限价房的性质。在政府主导下进行限价房建设，把价值链上的专业环节外包出去，有利于减少生产成本，但是可能增加监管成本。因此，在限价房政策的实施中，政府监管需要贯穿始终。从土地拍卖、建造标准到客户购房，任何一个环节都需要严加监管，特别是在限价的条件下，开发商容易在住房质量和住房品质产生机会主义行为，利用国有企业开发则容易保证限价房政策的有效实施，减少监管成本。因此无论开发主体是指定的还是通过市场确定的，仅仅影响成本，并不影响限价房的性质。

有人说限价商品房是行政和市场结合的怪物。这种说法有悖于现实，从来没有单纯的行政行为，也没有单纯的市场行为。这在经济学上的术语是政府和市场的边界问题。政府和市场各自有其优点，既存在市场失灵也存在政府失灵。国际经验表明政府往往利用市场力量来组织生产从而达到较好的效果。譬如，监狱管理本来是政府分内的事，但通过公司运作能大量减少成本，海外运兵也是政府和公司签订协约进行的。因此，在政府行为中引入市场力量能达到较好的效果。通过市场竞争来确定限价房开发主体，利用市场主体高灵活高效率的机能服务于限价房的建设。这是政府改革的主要方向之一。

三、投资主体与限价房性质

虽然公共住房是以政府为主体，并不意味政府为公共住房的唯一的投资主体，这是由我国国情决定的。我国收入差距大、需保障的居民多，单靠公共财政之力是难以覆盖社会大多数人群的。特别是夹心层人数巨大，因此，必须采取政府、个人、开发商各自分担一部分的形式，这就是限价房的雏形。

从投资主体来看，政府在限价商品房还是让了不少利的。首先在土地收入。每个城市采取的土地政策是不一样的，譬如，北京是"两限两竞"，就是竞房价竞地价，表面上看土地竞价是最高价者得，其实在限制房价的基础上是竞地价，地价肯定是要低于自由市场上的土地竞拍价。成都限价房的开发是利用国有企业储备的土地，这些土地都是政府以前划拨给国有企业的，国有企业承担了供给限价房的责任。福州市限价房的土地是通过协议价出让的，远低于市场招拍挂的价格。因此，可以说政府牺牲了较大的土地收入。其次，在税收上也损失不少利益。贯彻"国八条"，地方政府一般都规定了高档房要缴纳营业税，譬如福州就规定凡是价格超过5500元每平方米，面积超过140平方米的高档住宅都要缴纳营业税。限价房都是90平方米以下，不用缴纳营业税，从这个角度说，地方政府损失了不少机会收益。

房地产企业也牺牲部分利益。经济适用住房控制价格是通过限定开发商利润并以核价方式来实现的，但由于成本构成复杂，政府很难核清其成本及利润，导致开发商钻空子牟取高利，政府给中低收入者的购房优惠并没有传递到位。而限价房在土地出让前将房价一次性定死，再让开发商公开竞争地价，最大限度压缩开发商利润，既实现了土地收益的最大化，又使政府控制房价成为可能，让购房者实实在在享受到实惠。

以上论述的是以政府为主导的限价房开发。在我们定义的"商品限价房"中，还可以利用社会力量来积极修建限价房，由社会力量出资，价格由政府核定，申购资格由政府审核，由社会力量来组织开发，保持微弱赢利和盈亏平衡的水平。这样能发挥各方面的力量，减轻政府的财政压力，也是扩大保障性用房的一种良好渠道。

四、限价房的风险分析

限价房是一种新生的事物，同时利用行政力量和市场力量，在发挥市场性导向，解决部分住房困难户的基本住房问题的同时，也应该看到它所蕴藏的风险。

1. 价格波动风险

不同于经济适用房成本定价的方法，限价房参考市场定价。譬如，成都市限价房定价原则上参照成都市上年度同区域同类住房的房价，并低于售房当前全国房价的平均涨幅。这种盯住市场价的定价方式很容易带来价格波动风险。参考市场定价的假设前提是房价一直会上升的，预先所定的价格在出售时往往与市场价差距更大，购房者获益更多。譬如，福州市限价房在预售时价格为周边商品房的 80%，在入住时价格仅仅为周边商品房的 60% 左右。如果一旦房价下滑，限价房就面临着价格波动风险，譬如，广州的限价房原定 6000 元，在出售时高出周边商品房 1000 元左右，失去了限价的意义。

在什么阶段限价也是一个问题。有的地方在土地招拍挂阶段就对限价房定价，如广州。有的地方是在预售阶段对限价房定价，如成都。定价的时间不同对价格影响也不同。在土地招拍挂时定价面临的市场风险远比预售阶段面临的市场风险大得多。因为市场价格是不断在波动，不同的时间段涨幅也不一致，时间越长，价格就定得越不准确。

2. 品质风险

这里所说的品质并非仅指工程质量，还包括小区规划设计、小区布景、绿地率、基础设施、配套设施等一系列多维度的质量。工程质量可以通过标准、竣工验收等控制，但是小区布景、规划设计等却难以有尺度来衡量，这就为开发商提供了投机取巧的渠道。

品质风险和开发模式相关。像成都市是通过指定国有企业的储备用地来进行建设的，其储备用地大多数都是当年划拨的形式拨付的。因此，国有企业进行限价房开发不降低限价房的品质，也能获得一定的利润，降低限价房品质的机会主义不是很严重。福州市的限价房开发也具有同样的优点，他们主要是通过协议出让来获得土地，有一定的利润空间。但是像北京、上海的限价房开发模式通过竞地价的形式进行，土地成本占总成本的比例往往高于商品房的土地成本比例。因此，如果开发商不对成本控制及整体运作加强控制，很可能导致亏损。降低限价房的品质是降低成本的便捷途径。因此，我们可以说限价房的品质风险比普通商品房大得多。

3. 销售风险

由于限价房的售价比周边商品房低20%左右，因此，销售风险远比普通商品房要小，但是还在一定程度上存在销售风险。很多地方的限价房都是较为偏远的地方。因为周边较少商品房作参照，定价可能比市场价还高。加上基础设施、生活服务设施不配套，没有人气聚集，很可能销售不动。因此，在选址时要特别注意限价房的布局和配套设施。特别是在房价下滑的时候，地方政府要注意供应限价房的节奏，减少市场销售风险。例如，成都市看到2008年房价下滑趋势，迅速果敢中止了原定的若干限价房开发。

五、限价房的功能

限价房是在房价日高的背景下出现的，因此，很多人对限价房抑制房价的功能寄予了过多的期望。我们认为限价房的主要功能有四点，不同地方住房压力不同，因此侧重点不同。

1. 公共住房体系的完善

我国已经初步形成了廉租房、经济适用房等组成的公共住房体系，但这个体系还是残缺的。在现阶段我国住房政策，低收入家庭主要通过廉租住房解决，外加经济适用住房；高收入家庭主要通过市场解决。但是中等收入者的住房问题却是一个夹心层，没有相应的保障方案。夹心层的范围逐渐扩大，给公共住房体系带来很大压力。一是经济适用房比例相对缩减造成夹心层的范围逐渐在扩大。近几年来面向中低收入群体供应的经济适用房供应占住宅供应总量的比例是呈下降趋势。经济适用房供应比例的缩小无形中扩大了"夹心层"的范围。二是房价上涨剧烈造成夹心层的范围逐渐在扩大。三是大城市住房夹心层的比例高于中小城市，大城市公共住房体系建设任务更加繁重。

中等收入家庭是一个夹心层，现在对限价房和经济租赁房的探索就是为了解决中等收入家庭的住房支付能力与日益房价上涨之间的矛盾。应该说，限价房的出现是对公共住房体系的完善。

2. 供给结构的完善

随着住房制度改革进一步深化和房地产市场的发展，以房地产开发商为主体的商品住宅供给迅速替代了各种基本建设单位的住房建设，代表着以市场化方式替代了非市场化方式来配置资源。这种市场力量形成的供给结构往往会造成结构失衡，近年来高档公寓和别墅占较大比例就是明证。

虽然国家规定 90 平方米以下的住房要占住房总面积的 70% 以上，政府往往希望利用规划手段和行政手段一劳永逸解决"供给结构"问题，但是实践证明，这种方法往往收效不大。譬如，开发商通过改变户型的布局，两套起卖或者增加层高的手段来逃避"九零七零"政策。限价房一般都在 90 平方米以下，是属于符合国情的住房消费模式，从住房供给结构来看，它弥补了供给结构的不足，满足部分群体的住房需求。

3. 满足部分住房需求

政府此次推出的限价房主要是解决中低收入人群的基本住房问题，而非房价问题。"房价的升降"不是衡量国家宏观调控政策成败的标准，房价只是房地产市场上供求关系及预期等综合因素影响的表现，高涨的房价背后反映的是住房需求问题，而国家调控（限价房）的目的就是解决民众住房需求。所以，不能简单地把房价看成解决住房问题的障碍，而是要着重于调节商品房的供求关系和供应结构，利用税收、财政等手段解决中低收入者的住房问题，这也是今后我国宏观调控的大方向。民众的住房问题解决了，房价自然会与国民经济的发展相适应。

4. 平抑房价

应该说，完善公共住房体系、完善市场供给结构是限价房的主要功能，而平抑房价是限价房的附属功能，对于平抑房价，我们不能寄予过多的希望。各地面临的供求关系和住房压力不同，对房价的抑制作用大相径庭。像在成都供求相对平衡、土地储备充足、房价收入比并不是很高的城市，政府供给限价房往往能起到迅速遏制房价上涨的作用。限价房的供给相当于压死骆驼的最后一根稻草。而在供求关系严重不平衡、土地储备不足的城市如北京，抑制房价则难上加难，特别是限价房的体量难以达到抑制房价的作用。而在另外一些城市，限价房则起到价格导向和警示作用。

第四节　公共租赁住房的性质和定位[1]

2010 年 6 月，住房和城乡建设部、国家发展和改革委员会等七部委联合下发了《关于加快发展公共租赁住房的指导意见》，对发展公共租赁住房的基本原则作了阐释，并对租赁管理、房源筹集、政策支持等作了规定，但是似乎还没有引起各地政府的高度重视。国际经验表明，公共租赁住房不仅仅是官方文件所认为解决夹心层和外来务工人员的住房需求，而且具有重大的战略意义。因此，从宏观角度阐述公共租赁住房建设的战略意义实属必要。

一、公共租赁住房与房地产行业发展道路

无论在发达国家还是发展中国家，政府对住房市场的干预都是不可避免的。在社会住宅 (Social Housing) 这一特殊的领域，每个国家和地区都有其独特的管理方法和相应的组织机构。但是普遍的经验是公房租赁或者非盈利组织的住房租赁占了较大的比重。譬如德国从第二次世界大战后到 2001 年之间，所建 1800 万套住房中有 580 万套为公共租赁住房，比例高达 32%。北欧国家，如丹麦、芬兰、挪威、瑞典等国的出租公房和

---

[1] 原题名为《从战略高度重视公共租赁住房建设》，发表于《住宅与房地产》2010 年第 12 期。

合作社住房所占比例均在22%以上[1]；1994年荷兰住房合作社租用比例为38%。香港的社会保障房分公屋和居屋两类，前者相当于廉租房，覆盖人口30.9%，后者相当于经济适用房，覆盖人口18.3%，合计共覆盖总人口的49.2%[2]。日本公屋出租和公司持有针对职工的出租屋占总量比例从1963年到1998年一直保持在12%左右。

国际住房经验告诉我们这样一个普遍现象：租售比占有较大的比例。这里租售比并非是指同一住宅的售价和租金之比，而是由政府或非营利性组织持有的租赁性住房与用于出售的住房数量之比。这些非营利性组织包括住房协会、住房合作社等组织。这些政府持有和非营利组织持有的出租房其实有息息相通之处，譬如，英国政府于1988年允许非营利组织注册社会业主（简称住房协会）购买社会住房，供社会出租[3]。与之对比，我国不仅用于出租的公共住宅数量比较少，而且机构投资者拥有的出租住房极少，连1998年房地产全面市场化改革之前正在探索中的住房合作社如今也踪迹全无。这可能是由于制度之间的竞争所致，因为随着住房货币分配制度的全面实施，特别是2004年土地的"8·31大限"，土地储备制度的功利性大大增强，单位和行业逐渐从住房建设领域退了出来，住房合作社无法再通过划拨等形式取得廉价土地，单位型和行业型住房合作社逐步走向消亡。而适合市场经济需要的保障性住房体系由于没有建立有效的激励机制而举步维艰，到2008年年底，我国城镇住房保障覆盖面只有4.2%（包括各类保障性住房）。

简而言之，从房地产行业发展道路来说，自从1998年以来，我国走的是一条过度商品化的道路，这种由开发商竞拍——建设——转让模式主导房地产开发的局面，使得非营利性组织模式难以找到存在的空间和制度基础（非营利性组织模式是指获得划拨或廉价土地——建设——持有的模

[1] 倪岳瀚，谭英.住房合作社在北欧国家住房发展中的作用[J].国外城市规划，1998（2）.

[2] 程毕凡.住房社会保障的香港经验[J].团结，2007（2）.

[3] 谢伏瞻，Gregory K. Ingram.土地与住房政策[M].北京：中国大地出版社，2008.

式）。这种短期的盈利模式不仅使得开发商根据市场形势供给商品房，加大市场波动的风险，囤房囤地的现象难以消除，而且导致了住宅过度资本化的现象。

二、公共租赁住房的欠缺与住房资本化

我国市场化道路就是一条住宅资本化的道路。住宅资本化意味着住宅并不是当作消费品，而是当作资本品来看待。资本化是由于银行资本介入住宅消费领域而产生的杠杆放大效应。我国由于实施了土地招拍挂制度、按揭贷款制度、住宅抵押制度等，导致住宅向资本化的方向发展，表现为过度追求住房自有化率和私有化率。

住宅消费资本的乘数效应包括两个方面。首先，住宅资本抵押的乘数效应，就是住宅资本通过重复抵押而产生的资本倍增效应。譬如一个消费者全款购买了价值为 100 万元的住宅，他将住宅抵押给银行，按照评估价的 70%，即套现 70 万元出来购买商品住宅。他随即又将这 70 万元购买 70 万元的房产，随后又套现 49 万元，如此重复下去。他将获得总额为 333.33 万元的房产。这仅仅是建立在购房者全款购买住宅基础上就能获得了 3.33 倍的住宅资本。其次，住宅资本首付乘数效应。按照常规 30% 的首付计算，仅仅缴纳 30% 的首付而产生撬动银行资金的效应。购房者本来有 100 万元，本来只能购买 100 万元的房产，但是现在仅用 30% 就能够购买 3.33 套住宅，获得价值为 333 万元的住宅资产。住宅资本首付乘数效应和抵押乘数效应的叠加，就产生了巨大的金融加速器效应。其乘数倍数并不再是简单的首付乘数效应和抵押乘数效应的相加，而是两者的相乘。试想，如果一个购房者拥有 100 万元的现金，分别购买 3 套住宅，再将这 3 套住宅分别抵押，又套现一定比例的现金，再购买住宅，如此循环下去，理论上这个购房者将撬起巨大的住宅资本。在我国，按揭贷款和低首付本来是用于提高购房者购买能力，却在无形中无限放大了投机资本操纵住宅市场的能力，留下了巨大的危机隐患。特别是 2008 年年底美国次

级债危机影响我国时，首付降到 20% 以及利率打折等临时型政策极大地刺激了住宅投机性需求。我们看到，即使实施所谓的史上最严厉的房地产宏观调控政策，仅仅是房价艰难的拉锯战。其原因在于由于巨量货币发行导致的通货膨胀预期，民间金融的巨大，即使实现限购政策，仍然存在全款买房的抵押乘数效应，因此，其结果必然是"调控房价的艰难"。正是由于这两大乘数效应的存在导致了住宅投资饥饿症。无论政府如何宣扬"要增加供给"，都满足不了投资饥饿症产生的黑洞。当务之急是就是限购政策。但是限购政策并非是某些城市政府规定了户籍家庭具有新购一套住房的政策，而是规定已经拥有住宅的或者人均住宅面积超过一定面积的，禁止再购买任何商品住宅，这样就能把乘数效应卡死。

有人会问，国外同样有住宅抵押制度和按揭贷款制度，为什么不存在乘数效应或者乘数效应不明显。要知道，我国的住宅消费资本乘数效应是和我国基本国情分不开的。我国房地产领域发挥乘数效应的特殊基础和背景是：其一，绝对短缺。伴随着房地产行业的发展，我国城镇居民的住房条件得到了明显改善，但是并没有摆脱住房绝对短缺的状态。住房绝对短缺表现在两个方面：成套率低和人均间数少。成套率仍低。根据 2005 年 1% 人口抽样调查数据，如果我们把成套率定义为同时具备独立厨房和独立厕所的住房户数，则成套率为 69%，非成套率为 31%。2005 年 1.9 亿户城镇家庭中，约有 5890 万户家庭居住在不成套的住房里，显然改善这 5890 万户就是一个庞大的项目。按每年城镇住宅竣工套数 500 万套计算，改善这 5890 万户的住房水平就需要十多年。人均间数少，根据 2005 年 1% 人口抽样调查表明，我国城镇人均住房间数为 0.92[1]，欲达到日本"二五"期间"一人一间"的标准，按 2005 年城镇户均住房间数 2.73 间 / 户和 5.62 亿人计算，还需要建设 1647 万套才能达到目标，这相当于 4 年我国城镇住宅竣工的总量。简而言之，从总量上看，我国住房供给速度和水平难以

---

[1] 国家统计局人口和就业统计司 . 2005 年全国 1% 人口抽样调查课题论文集 [C]. 北京：中国统计出版社，2008.

赶上住房需求，呈现出总量不足的特征。其二，房价财富幻觉效应。我国正处于市场化改革过程中，工资水平正在调整中。近几年工资调整幅度较快，而且房价上涨亦快，容易产生房价财富幻觉效应。譬如，今年一个购房者的年薪为 5 万元，房价为 100 万元。明年他的工资涨到 10 万元，房价为 200 万元。从住房的购买力角度来说，他的购买力是不变的。用房价收入比来衡量，都需要 20 年来还清贷款。但是在他的主观感觉是工资的上涨幅度赶不上房价上涨的幅度，原因在于工资边际增量为 5 万元，房价边际增长 100 万元，要用 20 年才能还清这多增长的 100 万元部分。房价的增长和工资的增长实际上抵消了提前购房的消费者所动用银行的贷款，因此，购房者都有提前消费的冲动，对延迟消费后悔不迭，导致居民纷纷涌入市场提前消费。

在一个过度短缺的时代过分强调住宅市场化，难免导致住宅资源分配严重不均。这种短缺又和资金流动性过剩、银行住宅金融杠杆推行导致住宅消费资本乘数效应叠加在一起。国家又没有提供足够的租赁房（公共住房）作为保障，私房租赁不规范难以提供有效的租赁权保护，导致居民提前消费、超额消费住宅成为一种普遍的现象。在短缺时期中，私有化程度越强，投资房地产越有可能获得暴利。在国外追求私有化、自有化而导致房地产危机的国家屡见不鲜。譬如，英国撒切尔夫人执政时期住宅市场私有化率大大提高，但同时也伴随着资本价格的大幅上涨[1]。美国推行次级债虽然在一定程度上提高自有化率，但是房价也在不断上涨，最后导致次级债危机，其实都是放任市场导致的恶果。

二、公共租赁住房与住宅民生性回归

我国房地产行业回归民生行业的含义，并非是某些政府部门理解的是

---

[1] 贾祖国，孟群 . 中国当代房地产研究专题之七——保障住房的国际比较 [J]. 招商证券，2008.

多盖保障性住房。回归民生在于把租售比提高到一定的比例。租，最能体现民生性质。租金水平，也是消费者物价指数的一个重要组成部分。老百姓购房并非出于要拥有住宅所有权，而是现实对保护住宅居住权的力量的薄弱，消费者被迫以购买的方式实现居住权的保护。住宅民生性回归包含两层含义：租赁权保护和弱化住宅资本化趋向。

公共租赁住房有利于保护租赁权。在传统的计划经济体制下，住宅是实物分配的。值得注意的是，这种实物分配并没有产权，而是稳定的租赁权。由于以单位为中心，大规模降低了产权保护的成本，所以计划经济体制下即使居民住房都是没有产权的，但是大家住得挺安心。对于当前的买房热潮，学者习惯性认为我国的民族特性就是喜欢买房，并以以前地主买地作为佐证。其实把买房归结到民族性等非经济层面的因素是不成熟的观点。传统的计划经济体制下居民都是租赁公房，在住房市场化改革推进过程中鼓励居民积极买房是非常困难的一件事，这可以在描述我国房地产改革过程的无数文献得到佐证，因此，把偏向于买房归结于民族性等非经济层面的观点显得不科学、不客观。买房的偏好除了住宅资本化的原因，还在于我国对私人租赁保护不力。从制度经济学的观点上看，居民选择租房和买房两种行为，在于保护居住权的收益和成本的比较。从租赁角度上看，我国私人租房市场的不规范导致租赁权保护成本过大，这种不规范表现在随意加租、随意取消租约的现象大量存在，譬如，近年来房东加租的现象非常普遍。因此，消费者更倾向于采取购买的形式来保护个人的居住权不受侵犯。单位福利分房分的并不是住宅产权，而是稳定的租赁权。正是由于稳定的租赁权的存在，避免了大量的消费者不至于忽然涌入房地产市场。假设政府修建大量的公共租赁住房或者企业购买修建职工宿舍，以长期租约的形式来保护个人居住权的稳定，这样就能较大消减对购买住宅的恐慌症。有人提倡"买不起房就租"，这并没有现实的保护租赁权的制度基础。国外通常采用组织手段和租金管制的手段来保护租赁权的稳定，目前世界各国的住房租赁控制大体可划分为两种模式：一种以租金管制为中心，主要通过行政手段对租金、房屋维护、租赁期限等事项进行严格限制；另一种以解约限制为中心，着眼于维护住房租赁合同的稳定性，在此之外，不干涉租金数额[1]。同时国外非盈利组织和地方政府还修建和持有相当比例的公共租赁住房作为保护普通公民租赁权（居住权的一种表现形式）。

公共租赁住房有利于弱化住宅资本化趋向。由于住宅消费资本的两大乘数效应，不仅仅商品房被资本化，而且产权类保障性住房都被资本化。产权类保障性住房包括限价房和经济适用房，在一定年限后就可以上市转让，其中潜藏着巨大利益使得产权类保障性住房也被资本化，这种被资本化表现为：建筑面积超出西方国家保障性住房面积；销售对象往往是"开着宝马买经济适用房"的中高收入群体；转手率高（包括转租、转售）。这种巨大的投资黑洞导致无论我国如何强调增加产权类保障性住房的供给，都不能满足居民对住房的渴求。而租赁类保障性住房，包括廉租房和公共租赁住房，只能用于租赁，在面积上加以约束（譬如，厦门市公共租赁住房仅 60 平方米），大大降低了住宅被资本化的可能性，同时也降低了特权阶层侵入租赁性保障性住房的诱惑性。

四、公共租赁住房与保障性住房体系建设

现有保障性住房体系设计漏洞。首先，我国现有保障框架的逻辑漏洞。目前我国的保障性住房品种繁多，对于低收入家庭来说，既有供出售的经济适用房，也有供出租的廉租房；对于中等偏下收入群体来说，有供出租的公共租赁住房和供出售的限价房。中等收入的反而去租住房，而收入低点的反而有产权房。这在逻辑上难以讲得通，假设中等收入者没有能力购买商品房，终生居住在公共租赁住房里，低收入者反而获得产权房，这无疑会鼓励被保障者的"懒人行为"。国外称之为"贫困和失业陷阱"（Poverty and Unemployment Trap）。其次，各类保障性住房分别被重点强调，显得保障方式和保障重点尚不稳定。2007 年，国发〔2007〕24 号要求加快建立

---

[1] 谢哲胜.中华人民共和国侵权行为法草案综合评析[J].社会科学，2008（9）.

健全以廉租住房制度为重点、多渠道解决城市低收入家庭住房困难的政策体系。随后又提倡限价房。时至今日，限价房的提法仿佛被束之高阁，公共租赁住房似乎又被摆在相当重要的位置。这都说明我国尚未形成保障性住房的主供给模式，也说明了我国保障性住房制度框架尚未成熟。最后，"中低收入家庭"变成一个十分宽泛而模糊的概念。中低收入者占居民的绝大多数，在我国通过住房保障来保障绝大多数的居民住房似乎显得不现实。正因为现有保障性住房体系设计本身就具有不可避免的漏洞，也难以实施和推广，有必要简化保障性住房品种。

保障性住房框架前景预测。世界保障性住房建设经验表明，在短缺时代保障性住房都是以租为主。这一点无须数据佐证，连新加坡公共组屋也是先租后售。只有在供求矛盾解决后，国外才改变这种策略，譬如，英国撒切尔夫人时代出售公房，后来推行分享式产权。以租赁为特征的保障性住房，可以保障更多的低收入群体。尤其在我国目前住宅绝对短缺的时期，保障的方式还是应该"以租赁保障为主，产权保障为辅"的方式。经济适用房定位为"以售为主"是有当时特殊的背景的。1998年住房制度改革政策的制定不是房改本身的问题，而是出于为了拉动国民经济形成新的经济增长点的角度考虑，经济适用房于是定位为"以售为主"，当时决策层在经济适用房的定位上表示"其他的问题以后再作调整还来得及"[1]。经济适用房应该逐步完善退出机制，走向"以租为主"的道路。限价房的难点在于如何根据市场波动对限价房进行定价，如果房价一直处于上升阶段，这个矛盾并不会暴露，但是房价下跌的话，则限价房的房价可能比市场房价还高，这已经在广东的限价房得到了验证。从量上看，仅仅北京、上海、福建和广东4个省（直辖市）建设了限价房，例如，2009年全国竣工保障性住房189万多套，竣工限价商品房套数为15.8万套，仅仅占保障性住房的8.35%，似乎在推广上存在困难。此外，产权保障性质的经济适用房和限价房都无法摆脱住宅资本化的梦魇。廉租房主要针对低收入群体，特

---

[1] 谢家瑾.中国房地产这十年 [M].北京：中国市场出版社，2009.

别是低保户，以租赁为特征的廉租房和公共租赁住房可以无缝对接。例如厦门市规定对不同收入租金补贴的程度不一样。以高林小区为例，对于低保户，补贴市场租金的 90%，而对于一般低收入户仅仅补贴市场租金的 40%。因此，笔者谨慎地判断：未来的我国保障性住房架构应该逐步改变为"以租赁为主"的保障体系，特别应该大幅提高公共租赁住房在保障性住房中的比重。

五、政策建议

重视公共租赁住房，不仅仅是完善保障性住房体系的需要，而且是弱化住宅资本化、回归民生性的必然之路。政府要积极转变传统的开发商拍卖—建设—转让模式，出台包括划拨土地、贴租贴息、中长期低息贷款、税收减免等综合配套措施，积极引导社会力量和非盈利性组织参与建设、持有公共租赁住房。从供应方式上看，目前公共租赁住房应该"配补并举，以配为主；租售并举，以租为主"。从租金标准上看，应该建立分类补贴制度，对于不同收入群体进行不同程度的补贴。从支持手段上看，国家要建立公共租赁住房的金融税收支持框架，可由中央政府直接投资。譬如，由中房集团投资，转交地方政府经营，所有权为中央政府，地方政府经营。在租金上分成，分别享有所有权权益和经营权权益，或者地方建设投资，并由中央贴租贴息。此外，要鼓励地方积极探索公共租赁住房的建设和运营模式，并适当加以推广。

第五节　个人合资建房的性质判断[1]

个人合资建房自从提出以来，一直是有关媒体的焦点。温州个人合资建房协会首次购得土地，更是把舆论推向了高潮。由于缺乏充足的理论准备和成功的个案范例，中央政府实际持有的是一种"静观其变"的观望态度。既没有明确否认合作建房，也没有积极倡导。政府的模糊态度直接导致了理论混乱、立法空缺和实践冲突的现象。如何理解这一现象，如何把这一现象同以往的单位合资建房分开。鉴于国内理论界尚无对这一现象进行规范的经济学分析，本文拟对这一现象进行初步分析，起到抛砖引玉的作用。

一、本文分析的角度

国内理论界对个人合资建房的态度无非三种：支持、否定或折中的态度，但仅仅限于感性认识，一般为实践领域的工作者所撰。虽然能触及一些实质问题，但由于缺乏有力的经济工具论证，给人的感觉往往陷于浅尝辄止。迄今，根据笔者掌握的材料，还没有学者对此进行系统的分析和归纳，并逻辑一致地论证，在理论实证和计量分析上都比较欠缺。鉴于个人合资

---

[1] 原题名为《论个人合资建房的组织困境》，发表于《兰州商学院学报》2008 年第 4 期。

建房还处于初步阶段，不可能收集到成本数据，不可能进行计量分析。理论实证则是较好的分析方法，从中可以推测出个人合资建房存在哪些缺陷以及通过何种方式可以避免。理论实证是指从现实中概括抽象出基本关系或基本假设的阶段和以此为起点进行理论逻辑演绎的阶段，理论实证这一阶段所得出的各种结论，还没有得到经验实际的检验，具有"假说"性质，是尚未被经验实际所验证但在逻辑上能够成立的思维结果[1]。

本节从个人合资建房效用函数以及两个约束条件为起点，利用集体选择经济学和新制度经济学，从个人合资建房组织入手，意图揭示个人合资建房组织本身就具有不稳定性的特征。本节之所以要选择组织作为突破口，是因为：第一，现在个人合作建房也仅仅进展到组成初步的合作组织阶段，具体实践还没有深入开展；第二，经济学上有很多工具可以借鉴用来分析组织问题，如组织经济学、交易成本、集体选择甚至奥尔森的国家理论，也可为我所用。本节原文之所以要取名为"个人合资建房的组织困境"，是受美国经济学家米勒《管理困境——科层的政治经济学》的启发，意指个人合资建房在组织问题上就遇到矛盾的困境，就决定个人合资建房合作成功的概率极小，从而从组织角度论证了个人合资建房不可取。

二、个人合资建房的效用函数以及约束条件

简练的理论是要勾画出各个行为当事人基本的行为特征。我们假设个人合资建房的目标是在城市中建造适合居住的高层建筑。而且只能是这个目标。

这衍生出两层含义：第一是人和建筑之间的技术关系。个人合资建房所建造的住宅质量远远高于自建的农房。在城市供居住用的住宅技术含量比较高，特别是框架结构以及大跨空间结构，包含着防灾技术、环保节能

[1] 樊纲.现代三大经济理论体系的比较与综合[M].北京：生活·读书·新知三联书店，1990.

技术、高科技技术，这不是农村施工队所能为的。这意味着具有相应资质等级的建筑公司才能承担这一重责。此外，城市供居住用的住宅还需要动用规划人才和设计人才等。建房不仅仅只是建的过程，还涵盖了从规划、勘察、设计、施工、维修等全过程，这对建房的专业化日益提出要求，只有专业化生产才能发挥规模优势和集约优势。第二是涉及建房过程中的人和人之间的社会关系。农村建房仅仅是业主、施工队和建筑材料供应商之间的关系，但城市宜居住宅建造的过程远为复杂得多，不仅包括三者之间的关系，还包括了与规划、园林、税务、工商、电力、土地部门、房产部门之间的关系。因此，需要专业的人才处理这些关系，以便降低交易成本。从这两个方面来看，个人合资建房所成立的组织难以承担这两个任务，它必须寻找专业性的组织来解决以上难题。从经济学的角度来看，建房过程中必然存在委托代理关系。

此外还存在两个约束条件：一是个人合资建房必须通过市场方式获得土地。单位合作建房用地是划拨土地，个人合资建房的主体必须花费高额的成本去竞争土地，这对个人合资建房的成员资格提出了要求，只有规定巨额的购房首次筹集款起点才能拥有竞购土地的能力。因此，个人合资建房的成员往往不是住房困难户或低收入人群，而是较高收入的投资者和投机者。如温州进行社会个人集资建房的一次筹资标准是户型约为 80 平方米的存 20 万元，约 90 平方米的存 23 万元，约 120 平方米的存 30 万元，这不是普通住房困难人群所能承受的，因此，社会个人集资合作建房往往会异化成社会富裕阶层投资或投机的工具。二是成员构成复杂。如此高的收入，如此多的成员，又不是以单位为名义统筹进行，只能靠在网上或者通过其他渠道来征集会员。这产生了两个附属问题：其一，拥有较高收入的成员来源于不同的阶层，他们对建筑质量和设计本身认知存在巨大的差异，如何解决公共选择问题；其二，成员之间比较陌生，如何使他们相信别人，避免"逆向选择"和"道德风险"。为了便于分析，我们把个人合资建房分解为"集资"和"建房"两个阶段。"集资"的公共选择问题和"建房"的委托代理问题将是我们分析的重点。前者包含了集资的产权性质、遇到的决策困境以及激励监督机制和信用环境的双缺失，后者分析个人合资建房的代理成本特性。

三、个人合资建房的存在理论基础分析

个人合资建房组织是否能存在并完成建房的任务，迄今为止，尚没有成功的先例，就连拿地也仅仅在温州实现了突破。个人合资建房为什么这么难，排除法律上的模糊、地方政府态度不明等因素之外，笔者认为，个人合资建房组织先天存在残疾，即存在"集资"的公共选择问题，特别是在产权安排、公共决策、信用环境、激励机制等方面存在严重缺陷，导致个人合资建房举步维艰。

1. 个人合资建房的共有权二重性

个人合资建房的基础理论是合作经济。个人合资所建造的房屋的产权证还没有落实到个人名下时，合资建造的房屋、资金等财产属于共有性质。这具有两重性质：一方面，他是所有者，无论从法律意义上还是从经济意义上说，共同占有的权利，是任何个人所拥有的那一部分所有权和一切其他人所同时拥有的所有权共同构成的；另一方面，他又不是所有者，因为它作为个人所拥有的公有权只有和其他一切人的所有权相结合、共同构成共有权的时候才有效，才能发挥作用。作为个人，他既没有特殊的所有权决定资本的使用，也不能根据特殊的所有权索取总收入中的任何一个特殊的份额。特别是资金已经转化成半成品的在建房或者其他固定资产，个人难以进行追索。因此，公共决策是否民主、科学，是否体现自己的偏好非常重要。否则，个人合资建房就失去了存在的意义。

2. 个人合资建房公共决策困境

在实践中，个人合资建房组织往往遇到公共决策困境：①决策人成分复杂。要想在一定时间内找到数百上千个合作者，并且说服这么多有着不

同居住需求的人来接受这种集资建房方式，其本身就会困难重重。例如，由温州市市场营销协会牵头组建一个名为"个人合作建房联盟"的临时组织。共有会员 400 人，分别为该协会单位的员工、郊县来市区生活工作的人及市区住房困难户[1]。由于个人合资建房成员来自于社会各阶层，对住房的质量、设计等存在较大的认知差异。此外，由于组织者与其他参与者出资数额相同，因此，在重大事情的决策上就容易出现议而难决，这种松散的合作方式引发的后续纠纷比较难解决。同时，参与建设的出资者出资相同，在建设过程中分担的任务却不同，容易造成利益分担不平等。②决策环节多。在建房的过程中，从规划、设计、选址、建造、竣工、办理产权证、物业管理等各个环节都需要进行公共决策。对住房分配、资金使用监督等都要进行公共决策。决策的程序不同，也会造成决策结果不一样，遇到所谓的"孔多塞"难题。

个人合资建房成员将在各个环节争论不休，严重影响了建房的进程，增加了交易成本。个人想要降低房价的初衷可能会落空。人们必须通过某种集体行动（集体协商、民主投票）来行使并实现共有权。但事无巨细，都要经过集体行动是不经济的。为了减少交易成本，便需要存在一个常设性机构，在日常各种经济事务中，如购地、立项、选择建筑商等经济活动中运作。因此，个人合资建房如果想要成功，必须建立各种章程，以应付会遇到的各种问题，并要把决策权交给一个代理机构集中决策，以便降低交易成本，这时常设性机构就应运而生了。

3. 激励监督机制的缺乏

对常设性机构的激励和监督也是一个难点。所谓常设性机构也是一个临时性的机构，之所以称它为常设性机构，是相对个人合资建房成员股东大会而言的。常设性机构不同于上市公司，一般上市公司依靠股票市场和经理人市场的竞争或者给予一定股权，对经理人阶层施加压力，引导他们

---

[1] 潘安平. 温州个人集资建房模式及其困境 [J]. 建筑经济，2007（2）.

努力提高管理水平。常设性机构也不同于一般公司，一般公司也有财务审核、税收制度以及与激励相关的薪酬制度。常设性机构属性不明确，如果是营利性的机构，这同初衷是相违背的；如果是非营利性的机构，也就是说常设性机构的法人代表没有剩余索取权，这样如何激励法人代表为了公共利益而提高管理水平、为公共利益而积极奔走四方就成了问题。再者，对常设性机构的资金应用和流转的有效性缺乏监管。诚然，通过技术可以解决资金的监督问题，例如，达到一定限额的款项需要动用需要全体合作建房者或者一定比例人员共同签字认可银行才会被允许支付该款项；向每位参与者寄银行对账单等以便参与者对资金的监督。但是由于缺乏剩余索取权等激励机制，加上资金运用的有效性难以评估和难以显化，资金运用的有效性监管便成了难题。这样，一个缺乏激励也缺乏监督的组织在实践中无疑是要遭受失败。

4. 个人合资建房信用环境的缺失

个人合资建房不同于单位合资建房。《经济适用房管理办法》对集资建房的规定是："住房困难户较多的工矿区和困难企业，经市、县人民政府批准，可以在符合土地利用总体规划的前提下，利用单位自有土地集资建房；参加对象必须限定在本单位的无房户和符合市、县政府规定条件的住房困难户。"这说明单位集资建房的主体是同一工矿区或单位。这种单位合资建房在组织上至少有两大好处：一是单位成员都互相认识，彼此比较信任，集资分房都是依赖于现存的一套组织体系。而个人合资建房的成员来自各处，建房是一次性，个人合资建房组织也是临时的，不具有权威性，属于一次性博弈，难免出现"逆向选择"和"道德风险"，因此，成员在交付购房款时犹豫不决[1]。二是单位合资建房有单位信用作保障，如果成员对住房不满意，可以向单位提出要求或换房，如果有人携款潜逃，单位必须为受损失者埋单，单位合资建房其实暗藏着精巧的风险规避机制，个人

---

[1] 周丽娜. 温州个人合作建房变质争议 [J]. 中国新闻周刊，2007（44）.

合资建房却没有这种机制，尤其是在我国信用体系严重缺失的状态下，个人合作建房首先面临信用上的严峻考验。

四、"建房"的委托代理问题

常设性机构成立后，就要为建房而努力。常设机构面临着三种选择：①自己生产并内部销售商品房；②和勘察设计院、建筑商、物业商分别签订契约；③和开发商签订契约，再由开发商组织烦琐的工作。我们把常设机构是否选择代理机构以及多大程度上选择代理机构看成一个谱系，以上三个只是具有典型意义上的事件。在这个谱系上，有的环节选择代理机构，特别是技术难度比较大的环节，有的环节则可以由自己操刀。具体的情况视常设性机构成员的构成和技术复杂程度。譬如，其成员恰好在房地产公司工作过，对购地的程序非常熟，则个人合资建房的购地投标书的制定等完全可以由常设性机构成员承担。这样便节约了购地上的代理成本。在其他环节也是一样，例如跑规划、立项、设计、施工等。如果该环节学习成本较低，代理成本较高，常设性机构选择去摸索。在这里，有这样的关系式：间接支出成本加学习成本和代理成本的比较关系。间接支出成本是指个人合资建房常设机构成员为之付出脑力成本、体力成本和关系成本。由于个人合资建房组织是非营利性机构，其成员的付出不被货币化。学习成本是对成员来说为熟悉某个环节需要支付的成本。如果间接支出成本加学习成本小于代理成本，则此环节的工作由常设性机构承担，否则委托给代理机构。这里变成产生了"个人建房低价幻觉"的现象。表面上看，个人建房的内部出售价可能比市场价还要低一点。其实，常设性机构个人付出的成本没有计算在内。

在常设性机构选择代理机构承担时，存在着代理成本。代理成本等同于监督成本，只是一个问题的两面，监督成本低则代理成本低，反之亦高。代理成本至少分为两块：第一是了解产品的信息费用。常设性机构对构成住宅每一种材料价格达成一致可能比整个住宅的价格达成协议的费用要昂贵得多。就住宅的瓷砖来说，不同的产地、不同的施工工艺、不同资质的施工队造成的每平方米瓷砖贴面价格不一致。这样需要了解的细节特别多，常设性机构难以应付。了解整个住宅的费用则低得多，通过市场比较法对产成品（住宅）和生产要素（材料、劳动力成本）的价格控制，特别是对重要建筑材料价格的了解以及住宅价格的了解，达到控制造价的目的。常设性机构知识储备越高、价格信息披露越透明则了解产品的信息费用越低。常设性机构则信任将有关事务直接委托代理机构，否则，常设性机构将深度介入代理机构活动，自己购买材料，仅仅将部分业务委托代理机构。第二是衡量成本。产品的信息费用是基础，常设性机构还必须经常对代理人的产品进行衡量。衡量成本依赖于常设性机构的知识储备以及技术水平。常设性机构根据衡量成本的不同，选择不同的代理方式。常设性机构不可能对建房的每个环节、每个分项工程的质量进行控制，最常见的是依靠一些宏观的控制指标对住房的造价以及质量进行把握。例如，每平方米造价、进度控制、质检站验收。更深入一点，如果常设性机构成员专业知识水平较好，可以兼任业余监理员。

总之，由于了解信息费用和衡量成本的不确定性，导致成本的波动比较大。如果管理不善，加上常设性机构法人代表缺乏激励约束机制，可能导致代理成本难以控制。

五、个人建房低价幻觉

舆论认为个人合资建房比市场价要便宜。例如，温州个人合资建房牵头人赵志强声称预计建成后成本价在5300元/平方米，比周边的住宅便宜30%左右。真的是这样？价格并非是绝对的价格，它具有多维的属性，例如质量、服务等。也可能很多成本尚未计算在内，造成表面价格比实际价格虚低的现象，我们不妨称之为"个人建房低价幻觉"。以下对造成"个人建房低价幻觉"的两项基本因素进行简要分析。

1. 隐性成本

个人集资虽然能够较其他方式的成本低，但其他的成本可能尚未计算在内，可能造成表面的成本较低。如果这些成本都一一纳入，个人集资建房成本反而可能超过从市场上购买商品房。这些成本有：第一是企业家才能。第二是常设机构人员的人力成本、时间成本等。常设机构人员为合资建房付出了大量的脑力劳动和体力劳动，但这些劳动是自愿付出的，并未以货币化的形式体现在房价上。第三是公共选择的交易成本较高，但交易成本并未反映在工程造价上。从时间上看，在交易成本可能延伸了工期，表面的工程造价可能不变，但是实际的工程造价提高了。第四是政府的优惠政策减低了成本。政府为了支持个人合资建房，可能制定了减免部分税费、简化批地建房手续、建行提供优惠贷款、允许开发公司兼营部分商品房等倾斜政策，这些成本并非是个人合资建房自身的节约，而是外来的优惠导致成本的降低。

2. 潜在风险

（1）资金风险。社会个人集资合作建房在资金的筹集、使用、续筹、监管等环节缺乏相应制度保障，存在较大的资金风险和道德风险。类似于个人非法集资，对发起人的信用缺乏有效证明。如果利用银行贷款，往往可能成为呆坏账，集聚大量的金融风险。

（2）产权风险。个人发起组织集资合作建房的产权存在难点，在报建手续上，由于所报建的名称与今后各户的产权办证关系极为密切，如果采用一个项目名称进行报建，今后只能用项目名称进行申报产权，如果要分户到个人名下，就必须视同交易，也就必须提供交易发票，但合作建房由于是要自用，因此，自然也就无法取得发票。假如直接以个人名义进行报建，即属个人建房，这一做法政府认可，但却必须逐户申报规划许可，实际操作起来难度极大。这蕴藏着产权风险。

（3）质量风险。房地产开发技术性强，管理工作繁杂，要求组织者必须有较强的管理能力和管理经验。合作者毕竟来自各行各业，只是一个松散的团体，各个环节都需要专业人士代理。但是，专业管理又变成了一个一个的公司模式，又必然产生利润追求，合作者为了降低成本，必然尽量压低工程造价，导致代理的专业机构可能偷工减料，降低工程质量。在工程质量监督上，合作者又缺乏对质量鉴定和评估的能力。这样一来，住宅的质量就难以保证了。

（4）社会风险。"社会个人集资合作建房"的主体是所有集资人，在方案设计、资金筹措、成本核算、住房分配等直接影响个人利益的环节时，往往协调难度较大，容易产生经济法律纠纷。如法律政策不明朗及土地取得不规范等可能导致房产两证办不下来；如资金不畅可能导致停工甚至烂尾楼的出现；如不同标准、样式偏好导致的房屋分配与选择纠纷问题等。由于个人如果处理不当，可能会引发群体性事件，影响社会稳定。

（5）代理成本控制风险。上面已经论述了个人合资建房的委托代理问题，代理成本是波动较大的成本，如果缺乏有效控制机制，将促进成本迅速上升。

总之，个人合资建房看似省下来成本，但还要是承担风险成本和隐性成本。很多成本尚未计算在内并承担了过多的风险，造成表面价格比实际价格虚低的现象。特别是风险控制一旦不力，风险叠在一起，将会导致成本大幅度的提高。一个完善的房地产公司一般有较为完整的风险防范机制，但合作建房组织较为缺乏，如果不能解决这个问题，降低房价的愿景只能变成泡沫。

六、小结

本节利用有关经济学的理论和理论实证分析方法，按照个人合资建房的流程，从个人合资建房的效用函数和两个约束条件出发，从中引出个人合资建房在组织上遇到的一系列的难题，如集资的产权性质、公共决策的困境、常设机构的激励约束机制缺失以及宏观环境（信用环境）缺失，初步回答了个人合资建房遇到的困境。接着分析了建房中遇到的"委托代理"

问题。本节认为了解产品信息费用和衡量费用波动较大，导致代理成本波动比较大。最后本节将个人合资建房遇到的问题化成不同的成本类型，在统一的框架下对"个人建房低价幻觉"的现象进行了分析，并认为个人合资建房很多成本尚未计算在内并承担了过多的风险，造成表面价格比实际价格虚低的现象。

第六节　以常州为例探讨收储社会房源
用于住房保障[1]

近年来，我国大力推进住房保障工作，一大批中低收入住房困难群体的住房条件得到改善。但是，一些困难和问题也逐步显示出来，主要表现在住房保障融资、申请家庭收入审核、保障房退出及保障房空置等方面。针对这些问题，一些城市如北京、上海、大连、贵阳、常州等地开展收储社会房源用于住房保障，取得一定的成效。这里以收储制度相对完善的常州为例，论述收储社会房源的优势以及适用范围。

一、解决审核难的问题

在我国个人诚信体系不发达的情况下，有关部门很难调查清楚家庭收入和财产状况。即使动用公检司法对一个贪官的财产进行彻查尚存在较大困难，更何况像房屋管理局作为一个专业部门，没有公检司法的手段，更加难以调查清楚普通家庭的住房和财产状况。因此可以说，保障性住房准入审核难的问题是全国普遍性问题。

第一，通过技术手段解决审核难的问题。常州市在准入审核方面，严

---

[1]　原题名为《收储社会房源解决保障房四大难题》，发表于《住宅与房地产》2014
　　年第 8 期。

格执行三级审核、两级公示制度，由街道、辖区、市三级住房保障有关部门重点对家庭收入、住房情况进行审核，然后在社区和常州日报等媒体上进行公示，调查核实群众投诉举报，取消弄虚作假的申请对象申请资格。这种形式只是形式上的审核，时有骗保现象发生。主要是由于个人收入和财产信息分布不同的部门如民政、房管、社保等多个部门，仅靠房管部门无法掌握申请对象真实收入。2013 年市政府成立申请救助家庭经济收入状况核对中心，实现了民政、房产、社会保障（养老）、公积金、公安（车辆管理）等部门的数据对接，此后该项工作将继续延伸到银行、证券等部门。逐步扩大信息比对的范围，确保有限的资源分配给真正需要保障的对象。

第二，收储社会房源解决审核难的问题。审核工作的难点在于保障性住房申请家庭观念的转变。对于政府为主体提供的保障性房源，如廉租住房、公共租赁住房，申请对象理所当然的观念是"分配到了"，而没有"轮候"、"退出"的观念。因此，在这种观念的支配下，廉租住房、公共租赁住房的保障对象，即使到了租赁期结束，也不愿意退出住房。这种政府投资的廉租住房、公共租赁住房，成了人人欲得而食之的唐僧肉。一部分群体并非真正的住房困难家庭，而是以占有政府住房产权为目的。如常州市建设了大量保障性住房，按理说住房保障申请数量会逐年减少，但是事实上从 2009 年实施公共租赁住房保障以来，每年申请量成倍增加，形成了越是保障，申请人越多的现象。如何实现名不副实的保障性住房申请家庭"事先主动退出"需要制度的创新，需要弱化申请对象的动机。

弱化申请对象动机的关键在于弱化房源对申请对象的吸引力。个人最清楚自己的住房信息和住房需求状况，但是这些信息并非能准确传导给审核机构，尤其是隐性信息更是如此。有些申请对象，并没有房产证，也就是说在房屋产权登记簿上查不到个人房产信息。但是耐人寻味的是，个人没有房产证，并不代表没有住房或者缺房住。因为房源的来源多样化，并非一定自己购买，也可能靠潜在的继承。譬如父母亲名下有两三套房，自己可以先用着。即使自己购买住房也可以先挂到关系紧密的亲戚朋友名下。房产部门的房产登记簿只是显性信息，而隐性信息却大量存在，且难以彻查。即使彻查，也难以处罚。因此，单靠收集不同部门（尤其房管部门）掌握的个人住房"显性信息"状况，很难把保障性房源配置到真正需要保障的家庭，从这个意义上说这种审核方法存在着致命的弱点。收储社会房源则在一定程度上有利于克服这些弱点，实现不符合条件家庭的"事先主动退出"。收储社会房源意味着两项变化：第一，政府不再是产权的主体，弱化了不符合申请条件对象的动机。社会房源的产权属于非政府的其他自然人，政府不再是产权主体。自然人把住房出租给政府，政府再将其转租给保障对象，这时政府仅仅充当了中介的作用。这些名不副实的保障对象看到产权不是政府所有，于是打消了申请的念头。如2011年常州中心城区有1000多户公租房家庭需要轮候，但是实施收储制度后，到2012年只有约500多户家庭继续申请。第二，社会房源多为中小户型的旧房。政府收储的对象是中小户型的旧房，在使用功能上不及新房，弱化了不符合条件家庭申请动机。

二、解决退出难的问题

退出和审核是相对应的。申请对象轮候到政府集中建设的保障性住房，即使是租赁性住房，也会认为"分配到了"，不肯退出来。为什么存在退出难呢？从根本上说，有两点原因：第一，租赁关系可能转变为"事实上的所有权"。法律上的所有权和事实上的所有权并不是一回事，但是法律上的使用权可能转变成事实上的所有权，却是有历史渊源。以前的直管公房、单位自管房也属于租赁型住房，在法律意义上居民只有永久性居住权利，没有所有权，但是在"事实上"就可能变成自己所有的产权住房。如1998年后房改尚未彻底的地区，以前遗留下尚未出售给个人的房改房，其使用权虽然在法律意义不能转让，但是实际上已经形成地下转让市场。这种单位房改房的"使用权价格"高达市场价格的70%～80%。结果政府只能发文规范，允许使用权的转让，这就相当于承认了承租者具有了"类产权人"的身份。购买者除了向使用权人（类产权人）缴纳同类住房市场价格的70%～80%之外，还需要向原产权单位缴纳管理费用。如大连、南京都出台过类似的规定规范这种转让行为。秘鲁经济学家德·索托在《另一条道路》一书中详细描述了秘鲁进城农民集体侵占公有地，最终变成个人所有的历程。历史经验也同样证明，侵占个人产权的情况很少发生，但是侵占公有地的情况却不绝如缕，这就是经济学上所谓"公地的悲剧"。永久性使用权可能变成了"事实上的所有权"的现象，使得租赁性保障房存在退出难的问题。第二，社会稳定的要求。根据国家民事诉讼法有关规定，法院在执行中需求保障被执行人及其所抚养家属最低生活标准所需要的居住房屋和普通生活必需品，这就意味着通过司法手段实现保障对象退出非常困难。

一旦转为收储社会房源，政府和保障对象的关系发生了变化，保障对象租赁的是他人住房。保障对象看到根本不可能占有其他人的住房，可能放弃了申请。保障房之所以退出难，也就是以上所述的原因：保障对象把房屋看作政府资产，视为社会福利，只要占有的，就尽可能永久占有，即使达到"退出条件"也不愿意主动退出。采取收储房源，许多家庭在申请住房保障时，就已经知道房屋产权不是政府所有的，一旦不符合条件就得退出。实践也证明，收储房源的退出相对容易。常州在2013年保障性住房年审时发现41户不符合条件的实物配租家庭需要退出，目前已经有36户实现退出，还有5户正办理退出手续，基本上能做到应退尽退。

三、解决入住难的问题

分配率高并不一定代表入住率高。入住是个人和家庭的主动和意愿，而分配则是政府行为。入住难的问题产生很大程度上是配套不全。由于土地财政依赖，保障性住房用地多为偏远、配套设施不全的地块。这类区域交通不便、各类配套设施欠缺，使得保障性住房入住率不容乐观。保障对象一般是中低收入家庭，昂贵的交通费用更给保障家庭雪上加霜。因此，即使保障性住房分配到个人和家庭，但是入住率仍然较低，这已经是全国通病。每一个申请家庭的住房需求是不一致的，而保障性住房建设就是将这种不一致的需求统一化、固定化，很容易造成入住难的问题。从住房需求的特性看，住房需求具有多样性和变化性的特征，而收储的社会房源恰好能满足这两类特征，使其能在一定程度上解决入住难的问题：第一，满足住房需求多样化。从不同家庭的现时需求看，住房不仅仅是使用功能，而且是承载教育功能、医疗功能以及社会服务功能。有的保障性住房申请家庭有老人，可能更希望靠近医院；有的保障性住房家庭有小孩，希望靠近学校的意愿更强烈些。收储社会房源可以事先根据保障性住房需求而选择收储房源的地点和数量；第二，满足住房需求的变化性。从同一家庭的不同时期住房需求看，随着时间的推移，一个家庭从新婚的两人世界（小户型房屋即可满足居住需要），到小孩出生（需要扩大居住面积或增加房间），到小孩长大（需要考虑学区房）、家庭成员工作变动（需要调整居住地）、到需要照顾父母（需要调整居住地或增加面积及房间）、年龄增大（需要调整楼层、朝向）等，需要根据家庭结构等因素的变化，不断对自己所需求的住房做出调整。收储的房源租赁时间仅仅是短短的数年，当保障对象在租赁期结束以后，可以根据自己的住房需求变化，再申请到其他的地区居住。

保障性住房申请家庭在填写保障住房申请表时，根据自己孩子上学需要以及工作上班需要，并结合其他需要，填写需要哪个新村的住房。常州市根据申请对象的需求，把需求汇集成表，根据需求进行社会性房源收储，制订了定向收储计划。这样就能根据申请对象的需求和实际供给衔接起来，使得申请对象得到有效的满足，同时也减少空置现象。住房需求满足程度关键在于房源的丰富程度。为了更加有效筹集房源，常州市制定了《常州市市区保障性住房社会化收储管理暂行办法》明确了一系列的优惠政策：首先，房屋所有人将房屋出租给政府，除了按照市场价计算租金外，在房屋租赁期满，还可以按每年 1000 元的标准享受房屋整修补贴。其次，房屋日常管理及小修小补由政府负责，房屋所有人可免去出租房屋的麻烦。对于租户自备一些家具，需要把原产权人的家具保存，有关部门租赁仓库，把暂时不用的原产权人家具进行编号保存。再次，为社会收储房源购买一份房屋财产保险，房屋所有人出租房屋时所产生的税费由政府承担。最后，不担心承租对象干违法事情，稳定收租。因此，老百姓非常有积极性向政府出租，也有利于政府更为容易挑选适宜的住房供给保障对象，更好满足保障对象的住房需求。

四、解决融资难的问题

常州市虽然是住房保障先进地区，但是由于政策性银行的缺位，同样遇到了融资难的问题。常州住房保障财政拨款较少，只能向商业银行借款。2011 年以来，由于国家银根紧缩，保障性住房融资工作面临很大困难，各商业银行受信贷规模限制，对住房保障投融资平台放款控制很严，除了要求担保外，还得要资产抵押，贷款利息上浮，融资成本上扬。按常州目前已经收储的 2500 套房源计算，如果通过集中建设，一套保障性住房从征地拆迁、建安工程到简装需要 35 万元，2500 套保障性住房总投入 8.75 亿元，按商业银行利率 10% 计算，每年每套房仅利息就需要支付 3.5 万元，2500 套保障性住房一年支付银行的利息高达 8750 万元。而公租房租金每月每平方米 3.5 元，廉租房租金每月每平方米 1 元，即使 2500 套保障住房全部按照公租房租金收取（按照每套 60 平方米计算），也仅仅收到 630 万元租金。收支巨大差异给地方政府带来沉重的经济负担。通过收储社会房源，则能大大缓解财政压力。按照常州市租赁市场价格，一套住房租赁一年只需要 8000 余元，不及一套保障性住房所付的银行贷款利息。这种收储社会房源模式的创新在一定程度可以说是被逼出来的，是政策性住房银行缺位、保障性住房任务问责的产物。

五、收储社会房源用于保障的适用地区

不同地区房地产市场发育程度不同，对收储社会房源用于保障的需求

不同。譬如在常州，保障对象一般是弱势群体，而房东并不愿意把住房出租给这些保障对象。如果采取货币补贴的方式，这些保障对象即使拿着货币到租赁市场上仍然会受到歧视。综合考虑，以下地区比较适合收储社会房源用于保障：

首先，供过于求、中小户型丰富地区。房源比较丰富，筹集房源比较容易。特别是在三四线城市，房租比较便宜，而建设成本和房价相对较高。这时可以通过筹集社会房源达到保障目的。如常州的房价收入比仅为 1:6.8，而北京高达 1:19。常州市房租相对便宜，80 平方米住房月租金 1000 元左右。常州市区登记在册 80 平方米以下的房屋约 16 万套，其中中小户型的房改房有 5 万多套，有利于开展社会房源收储工作。而贵阳、西安等地中小户型房源相对紧张，造成收储房源困难。

其次，财政认可这种模式。由于收储房屋大多数是毛坯房，要达到出租条件，需进行装修，资金需求量大，与自建性保障性住房相比，没有形成资产，难以得到财政部门的认同。如贵阳市对毛坯房装修花费高达 1500 万元。因此，争取财政认可这种模式，是这种模式顺利实施的关键。

最后，管理能力和管理水平较高的地区。分散房源好处在于分散社会风险，抑制逆向传染机制。而分散房源好处是否能发挥对政府管理部门的管理能力和管理水平提出了考验。像贵阳市、西安市等地，在收储配租房屋过程中遇到管理难度大、费用高等问题。常州市解决此类问题的关键是委托购买服务。筹集社会性房源涉及一系列复杂的程序，如对受理申请的房源实地勘察、筛选房源、签订《房屋委托租赁管理合同》、与房主现场交验房屋及屋内设施、查看房屋使用情况、租金走收等，需要丰富的二手房交易的经验。常州市采取政府购买服务的方式，通过房产中介机构来收储和管理房源，并建立了规范的收储工作流程，特别是在不同的阶段，如咨询登记、物业勘察、收储审批、收储签约、物业交付、房源分配、后续管理等阶段建立和中介商的合作关系。

表 1　常州市利用购买服务管理社会房源

	咨询登记	物业勘察	收储签约	物业交付	房源分配	后续管理
管理主体	房屋管理局	房产中介	保障房收储房源认定小组与房产中介	房产中介	房屋管理局房产中介	房屋管理局房产中介
管理内容	在报纸、电视、网络等介绍保障性住房社会化收储政策,公布房屋收储部门(房产中介机构)的联系电话和地址	对受理的房源实地勘察,留存影像资料,制作平面图等,以备筛选	会审房产中介机构提交的收储房源。双方签订合同,明确责任和义务	房产中介与房主现场交验房屋及设施,清点登记。并从交付之日起支付房租	按照三公开原则,将收储房源配租,同时将屋内设施以及水电气底数交付给承租家庭	加强日常巡查、实行租金走收制度,查看房屋使用情况

六、小结

　　收储社会房源用于住房保障是一项制度创新,具有阶段性补充房源不足的优势。在一定程度上,能解决传统保障性住房的四大难题:审核难、退出难、入住难和融资难。但是收储社会房源仅仅阶段性弥补房源不足,适用条件也有限,仅仅用于中小户型房源丰富、租金价格较低的地区、管理能力和管理水平较高的地区等。这在三四线城市更为适合,而一二线城市,租金比较高,如北京 60 平方米左右的住房租金可达 3000 ~ 4000 元,政府财力有限,因此,我们不难理解海淀区零散租赁社会存量房源仅仅200 余套。

第七节　黄石市的保障性住房体制试验[1]

　　我国"十二五"期间保障房将建设 3600 万套、覆盖面达 20%，但是目前我国成熟的公租房模式尚未形成，特别是具有普适意义的模式。在这个前提下进行大规模保障性住房建设，犹如瞎子在悬崖边走夜路，一旦不慎，将带来巨大的社会经济成本。因此，有必要借鉴和推广地方政府行之有效的经验，以减少可能的损失。黄石市保障性住房建设存在较多可取之处，笔者将其作为典型的案例加以介绍，难免有挂一漏万之处，以期起到抛砖引玉的作用。

一、何为保障性住房体制试验

　　各地保障性住房的核心问题不在于建多建少的问题，而是在于如何创新保障性住房投、融、管、退的机制，使得保障性住房运行具有持续性。笔者根据第六次全国人口普查数据计算，购买原公房、购买经济适用房以及租赁廉租房住户占总户数的比例，三者总计 19.45%。如果购买原公房，不允许购买商品房。或者购买商品房后，原公房需要退出。那么我们这么多年累积的用于保障性住房，其户数覆盖率已经接近总户数的 20%。但

---

[1]　原题名为《创新保障性住房机制试验的调研与思考》，发表于《经济要参》2012年第 38 期。

是由于政策设计出了问题，这些传统意义的保障性住房部分流向商品房市场，从而失去了保障性住房的含义。地方政府往往把棚户区改造、单位自建房、职工公寓等纳入保障性住房范围，无形中扩大了政绩。再者，即使我国完成了"十二五"保障性住房的目标，如果退出机制不严密，没有建立内循环的机制，那么建多少保障性住房也只是在走以前的老路。何为制度创新？就是在选择一条新路，对于一个地方政府来说，它无法改变中央政府制定的制度框架，只能在既定的制度框架灵活腾挪，有效利用、灵活嫁接各种现有制度而使得工作能顺利开展，此所谓制度创新，而非把以前的制度推倒重来。

现在我国保障性住房走什么样的路子，正在探索之中。很多地方政府进行了积极的探索，全国仿佛社会科学的大试验场。其共同特点就是在现有的制度框架内寻找降低成本的办法。但是还没有一种模式得到中央的认同，模式至少要经过时间检验，能够持续，否则不称其为"模式"。依据笔者的理解，保障性住房的持续性至少要满足收益成本基本平衡的要求。政府补贴过大，尤其是中央政府对地方政府的补贴不能过大。某一城市财政对保障性住房补贴过大或者中央政府对地方政府补贴过大，都说明保障性住房存在较为严重的资金缺口。大与不大，可以用占财政支出的比例来衡量。最好的方式是地方政府能通过综合性手段达到保障性住房的盈亏平衡。成本包括建设成本和运营成本，收益包括各方面的收益，如租金收益、商业配套收益等。由于各地保障性住房运营刚刚揭开帷幕，尤其是公租房，运营成本究竟会达到多少，尚处于迷雾中，黄石市也不例外。因此，称其为"试验"似乎更能表达出对现在保障性住房探索中的一种状态。模式，一定是一种普适性的东西，能够在较大范围内推广。有很多城市，仅仅建造了样板工程，或者尽其全力于保障性住房，当然也能把保障性住房搞得很好。但一旦领导人换了或者资金难以持续，样板工程最终偃旗息鼓。因此，在比较各地保障性住房的做法时，笔者特别注意到要提炼出普通因素和特殊因素。前者是可以由各个政府推广的，后者是该地方政府所独具的，难以复制的。

二、保障性住房框架设计

　　组织框架：黄石市建立了房产管理局、住房保障中心、专业的住房投资公司"三位一体"的住房保障实施体系，成立了专门的住房保障实施机构——众邦公司。简单而言，房产管理局作为公租房的行政主管部门，负责研究和制定相关政策及中长期供应计划；市住房保障中心负责承租众邦公司公租房的个人申请受理、资格审查、租赁补贴的审核和发放等政策性保障业务；承租人向众邦公司交纳租金；同时，通过政策引导，鼓励其他营运主体和个人参与公共租赁住房的建设和经营。由于众邦公司注册资本全部为有效经营性资产，公司资产除流动资产外，其他资产大部分为现有及在建的廉租房、公共租赁房和国有公房，再加上腾退的土地、配套的商业设施等，通过市场运作，具有极大的升值空间。为满足"十二五"期间的保障性住房建设资金需求，市政府还将 6000 亩建设用地收储和出让计划注入平台，并将棚户区改造安置后腾退的土地及整理改造后的增值收益打包注入公司，进一步提升公司的融资能力。这种做法是把市场和政府的职能分开，众邦公司专司市场的职能，按照市场租金收取房租，模拟企业运行；而住房保障中心专司政府的职能，审核租户资格，发放住房补贴。由于两者之间建立了良好的防火墙，避免了政企不分的现象。

　　保障思路：第一，以公租房为主。租赁性保障为主是国际社会通行的经验，也符合国家政策所确定"以公共租赁住房为主"的思路。廉租房基本已经解决了城市低保户的要求，现在国家把保障的重点转向夹心层。如今我国保障性住房问题之一是品种过于复杂，亟待统一到公共租赁住房大框架，以减少管理难度。所谓住房类型的不同，是人为为住房赋予不同的产权关系。管理者在不同的时期对保障性住房赋予不同的产权关系，根据不同的发展阶段。这样可以适应形势的需要，进行转化。租赁性住房包括廉租房、公租房，这之间转化比较容易。黄石市根据租户不同的收入水平，保障对象缴纳同样的市场租金，而对不同的保障对象，给予不同的补贴，这样实现廉租房和公租房的衔接。另外，黄石市在棚户区改造中通过共有产权的形式使得产权性住房和租赁性住房完美结合在一起。根据棚户区居民的支付能力，居民和政府分享不同的产权份额，政府产权部分收取租金，这样实现产权性住房和租赁性住房在同一住房上的统一。

第二，可租可售，以租为主，增租控售，租售结合。这是黄石市确定的保障思路。什么时候"增租控售"呢？在住房短缺的状态，譬如套户比不超过1，人均不超过1间，这时候需要增加租赁住房的数量，加快租赁住房的流动性，满足中低收入者的需求。租赁是一种滚动性保障，同一套住房在一定时间能保障更多家庭的住房需求，而出售仅仅能保障一户家庭的住房需求。"增租控售"意指强调保有量，没有一定的保有量，政府利用保障性住房进行调控则没有底气。如果中央政府没有钱补，那么地方政府只能以出售部分产权房实现资金平衡，但是在短缺阶段需要把"售"控制在一定比例内。因此，就是说在一定的历史阶段需要"增租控售"，但是又不能丢掉售。"可租可售"是指为了吸引社会力量投入资金参与保障性住房建设，为了达到资金的平衡，在中央财政资金拨付有限的条件下，售必然是弥补盈亏平衡的重要工具。如果没有出售，难以吸引社会资金、社会力量的投入。租售比例如何，是个动态过程。前期为短缺阶段，必须以租为主；后期可以租售并举。这是黄石市的保障性住房思路，实际上也是适合现阶段大多数城市保障性住房思路。

三、创新房源筹集机制

现在普遍的做法是新建。但是新建面临的问题是：土建成本高、配套成本高。黄石市就在利用存量上下足功夫。除了传统的新建、改建、配建、收购的传统方法之外，黄石市还创新了两种筹集公租房房源的办法：转化和吸纳。其基本理念是扩大政府手中的房源，政府手中掌握的房源越多，对房地产市场越具有控制力。第一种方式是转化国有公房。黄石市将现有国有直管公房、国有控股企业公房以及其他国有公房转化为公共租赁住房。这些历史上的住房在 1998 年改革后尚未转化成个人住房或者被不符合条件的租户租用。各地情况不一样。历史上的住房问题解决起来难度较大，国有公房有些租户是市委领导同志的亲戚，黄石市房产管理局通过一些手段把这些住房收回来，都将其纳入公租房的范畴。预计将有 4000 套闲置公房、3575 套在建廉租房和已配租的廉租房转为公租房，加上新建公租房 3720 套（含 200 套外来高级人才公租房），届时全市可筹集公租房 1 万余套[1]。第二种方式是吸纳社会闲置住房。主要是指闲置的商品房，在不同地区数量不一样，由于 1985 年以来全国都没有进行住房普查，对这部分住房数量底数尚不清楚。一个尖锐的问题是这部分空置住房是资源的浪费，由于保有税税负轻，使得这部分空置住房难以流通。根据黄石市统计，黄石市现在有 17000 套闲置商品房，房产管理局将采用一些配套措施将其纳入公租房的管理范畴。包括拟采用资源占用税以及租赁许可两种方式，把闲置用房给逼出来。租赁许可，就是政府对可供租赁的住宅颁发牌照，政府可以把符合条件的申请人派到此屋租住。

转化、吸纳住房产权类型，构成了公共租赁住房的外延。转化和吸纳方式扩大了政府所能控制的房源，降低了政府建造、管理成本。黄石市重新阐释了"公租房"的含义。所谓"公"，并非是政府所有，只是政府分配，政府有配给权；可以是集体所有的公房，可以是政府所有的公房，也可以是私人所有，也可以是企业所有。不在乎住宅的产权性质，而是在于促进闲置资源的充分利用。坚持"谁所有谁受益"的原则。政府所有归政府受益，单位所有归单位受益，私人所有归私人受益。我们定义公共租赁住房，不能把公共租赁住房等同丁政府所有，而是应该以住房的使用权来定义。"公房公用"、"私房公用"其实都属于"公租房"概念的范畴。

---

[1] 黄明葵，佘远明，曾志.保障房的黄石模式[J].新理财，2011（6）.

四、化解进入与退出难题

其实，保障性住房的进入机制和退出机制问题就是在现有技术条件下如何降低交易成本和交易费用的问题。如果政策执行成本低，那么该政策容易被执行。

一些国家，如新加坡之所以能在租屋轮候制度中实现较好地退出，主要是由于其建立了集合个人税收、房屋权属、个人信用、身份证管理的智能信息系统，能实现对居民资产变化的动态管理。我国只有上海于2009年成立了国内首家"居民经济状况核对中心"，用于查询家庭的银行存款、股市交易、纳税记录、房产拥有、公积金缴纳等信息，但该系统受地区性等局限，承租户在上海以外的资产无法核查，亟待与各地实现信息共享和联网。我国普遍面临的制度约束是没有较好的技术支撑条件。即使动员公检法要挖掘一个贪官的财产数量，也是非常不容易的事情。在这种制度环境如何了解居民的收入和资产情况，的确是一个很大的难题。我们通常借鉴的国外经验都是西方发达国家的经验，那些国家对个人信用、个人资产等状况都了如指掌。但是在发展中国家如何做到这一点，只能利用现有资源，灵活鉴别不同的收入者，这也是制度创新。

审核方式创新：黄石市在保障对象审核上改传统的住房条件、经济状况双重标准为住房条件单项审核，以扩大住房保障覆盖面。第一，初审时以形式审查为主辅助以部分实质审查，复核以实质审查为主。以前审核制度对每一个申请者进行严格的审核，由于传统的审核方式存在巨大的交易成本，难以为继。传统的审核方式暗含着把申请者当作坏人。黄石市的做法，是初审时把申请者都当作好人，具有较低交易成本，然后发动群众对其监督。申请者的收入是不断动态变化的过程，不可能时时刻刻监督申请者，那么把无限责任推给申请者（如申请材料有误，则后果自负）。这样就能把政府工作人员从繁重的审核任务中解脱出来。第二，三级动态，长期公示。包括网络公示、社区公示、保障中心公示。黄石市住房保障数字地图系统是以数字地图方式展示黄石市保障住房空间规划、项目建设、房源分布、保障对象、补贴统计、配租状况等信息。把所有申请者的资料进行公示，并与民政、公安、工商、税务、社保、银行等部门实现联网查询，打造"外网申请—内网审核—外网公示"的网络动态管理平台。由于透明性高，租户收入资产变动状态类似于处于全民监督中，造成骗购代价高。第三，投诉复查并公示。在保障对象从申请到退出的全过程，通过多种渠道接受居民的举报，并作出相应的处理。这种做法实际上是建立了诚信系统，使得骗租的租户在传统乡土社会中颜面尽失，客观上起到遏制骗租的目的。

综合手段化解退出难题：第一，通过经济手段实现退出。黄石市众邦公司收取市场租金，住房保障中心进行分类补贴。如果租户的资格不再符合要求，住房保障中心不再进行补贴，租户被迫缴纳市场租金，有利于租户的退出。第二，通过技术手段实现退出。黄石市实现了公租房数字化管理和智能化管理，公租房租户会领到一张卡，物业管理、家庭补贴、交钱都是这张卡。一卡控几卡（煤气卡、电卡）、第一个月公示、第二个月断煤气、第三个月断电等，这样能实现较顺利地退出。

五、适当化解资金难题

中国香港、新加坡住房保障管理机构都面临资金问题。特别是中国香港，房屋条例规定房委会必须自行实现财务预算平衡，给房委会运营带来较大压力。长期以来，香港房委会主要依靠建设出售型物业和经营商业设施弥补亏损。新加坡住房保障管理局则依靠政府补贴和低息贷款维持。

我国缺乏支持保障性住房建设的中长期低息贷款，仅有针对商品房的开发贷款。开发贷款周期短、利息高。在这么小的制度空间内如何腾挪？现状是国家开发银行部分承担起住房开发贷款金融的角色。黄石是如何做的呢？其一，通过中央拨付和地方财政配套资金，补充现金流；其二，通过市场租金充实现金流；其三，通过"可租可售"的运作模式，借助共有产权，加快建设资金回笼；其四，通过项目配套建设的服务设施租、售，增强盈利能力；其五，通过收储土地和棚户区腾退土地的市场运作，稳步拓展增值空间。

不可否认，黄石市保障性住房资金的获得具有一些特殊性：其一，利用城中村改造获得资金。通过容积率的提高、配套商业，实现对保障性住房的反哺，这是较为常见的做法。其二，利用国开行低息贷款。在黄石近60亿元公租房项目总投资中，国家开发银行将提供45亿元额度的项目贷款，国家开发银行该笔贷款期限长达30年，目前已获得银监会批准，利率为五年期基准利率，前五年每年偿还利息，第六年开始偿还本金，一年偿还两次，避免一次还本的压力。这是我国迄今为止支持保障房单笔规模最大、期限最长的商业银行贷款。并非所有的城市都能得到国家开发银行的眷顾。尤其做保障性住房的私营企业在申请贷款时，往往会遇到瓶颈。

此外，资金难题不仅在于融资的数量，而且在于资金使用效率。需要设计一整套机制，使得企业降低成本提高收益。当前普遍的现象是政府大操大办，大包大揽，很容易造成成本的上升（包括土建成本和管理成本上升）。新加坡建屋局就通过招拍挂形式，由政府选择优良开发商，控制成本，政府对质量把关，这种方式有利于筛选优秀的开发商。黄石试验的隐忧是：众邦公司实际上容易变成垄断性企业，如何监督众邦公司降低成本，是黄石市今后将会遇到另一个难题。如果所有保障性住房由众邦公司做的话，很容易导致 X 非效率。这就是规模经济与经济活力的两难命题（即经济学上著名的"马歇尔困境"），这也是黄石市公租房试验只能在一定程度适用的原因。

六、小结

笔者因为工作关系调研过很多城市的保障性住房，黄石市保障性住房是印象深刻的一个城市。它创新了保障性住房的组织形式，确定了"可租可售，以租为主，增租控售，租售结合"的保障思路，并创新了房源筹集形式。此外，黄石市还在保障性住房的进入和退出机制上，灵活应用数字化管理措施以及审核策略。黄石市保障性住房数量并不是全国最多，但是它在制度创新上却独树一帜。不可否认，黄石市公租房试验也存在较大缺陷，也仅仅是在探索之中，尚未进入了运营环节，而如何降低运营成本是影响租赁性住房持续性的重要因素。此外，黄石市的资金大多数也受惠于国家开发银行的照顾，其筹资方式并不具有推广意义。在筹资上，地方政府的确无能为力，无论地方政府如何腾挪，也大多数是在做租售比的文章，亟待中央政府组建全国保障性住房中长期贷款机构，为保障性住房的持续性发展奠定基石。同时，我们也将拭目以待，继续追踪黄石市保障性住房的后期试验。

第五章
研究方法

第一节 房地产政策学的学科范畴[1]

当前房地产行业叠加了国民经济各类矛盾，房价多年暴涨以及调控不力导致民怨沸腾，可能引发社会矛盾和冲突。如何处理房地产与其他行业之间的关系，如何客观评价引进以及创新的房地产制度，如何提高房地产宏观调控绩效，是摆在我们面前的现实问题。这些现实问题亟待建立一套科学的学科体系对房地产行业加以指导。建立一门学科需要众多学者的孜孜不懈的努力，此外方法论本身也需要经年的学术功底，非一朝一夕所能完成。但是时代迫切需要我们对房地产研究方法、研究内容作一反思，如有必要逐步建立一门逻辑一致的学科，出于一名学者的社会责任心，笔者不揣浅薄地针对这一命题加以阐述。

一、建立和完善房地产政策学的迫切性

房地产宏观调控的基础已经发生了很大的变化，亟待建立房地产政策学加以指导。1998 年之前房地产生产和分配关系非常简单，与 1978 年以前传统计划经济体制下福利分房相比，主要是量的扩大。房地产开发的前身是改革开放初期的城市房屋"统代建"，即需要建房的单位按国家批

---

[1] 原题名为《论房地产政策学的学科范畴及研究方法》，发表于《中国房地产研究》2011 年第 2 期。

准的建房计划委托由政府组织成立的"统建办公室"（政府事业单位）统一规划、统一建设、统一结算，建设资金来自各参建单位[1]，然后由单位根据学历、工龄、职级等综合计分按分数高低分配给个人。当时房地产生产和分配关系是非常简单的，基本是单位与统建办、单位与个人的关系，房地产开发商仅仅是一个代建的角色。但是1998年后，随着全面市场化改革的进行，单位集资建房停止，2004年土地8·31大限，银行按揭贷款等制度推行，房地产经济各个环节的关系高度密切化，使得房地产经济的研究领域扩大到一个极为广阔和复杂的经济行为空间，其涉及面极为广泛、内容极为丰富，房地产生产和分配关系包括利益诉求发生了重大变化。由于实施土地储备制度和土地招拍挂制度，促使地方政府日益依赖于土地财政；由于实施按揭制度和开发贷款，银行深度参与开发商和消费者之间，成为房地产宏观调控中的重要角色。个人也脱离单位的实物分配，脱离实物分配的标准，而靠货币投票和银行贷款进行市场选择。同时，房地产微观角色增多了，而且彼此关系发生了变化，如房地产中介、物业管理等兴起。此外，随着市场经济的深入和金融深化，房地产企业的融资渠道发生了很大改变；伴随着国有企业和国有银行公司化改革，国有企业逐步有了自身的利益诉求；地方政府也有了自己的利益取向。这些宏观调控的微观执行主体的利益分歧化日益加大，表现在各种各样抗拒宏观调控的行动上，以致国家的宏观调控难以达到成效。我们看到计划经济体制下的1994年房地产宏观调控与2004年房地产宏观调控政策手段几乎如出一辙，但是调控效果却大相径庭。这说明房地产宏观调控的微观基础已经发生了重大改变，屡次调控的过程也是试错的过程，需要建立房地产政策学对这些经验加以总结。

　　房地产行业叠加了国民经济的诸多矛盾，成为当前国民经济运行的主要矛盾，亟待建立科学学科体系，对此进行指导。第一，分税制之果。我国1993年实行的分税制，中央的财权大于事权，而地方政府的财权小于

---

[1] 谢家瑾.中国房地产这十年[M].北京：中国市场出版社，2009.

事权，造成地方政府对土地财政的依赖性，作为房地产宏观调控实施主体的地方政府难以有积极性建设保障性住房和稳定房价，作为地方政府替代性税源的物业税和资源税又迟迟得不到实施。第二，收入分配不公。我国目前尚缺乏公平合理的国民收入再分配体系，也没有开征遗产税，对高收入者的个人所得税也征收乏力，导致我国的基尼系数位于世界前列。这种收入上的不公平也造成对住房资源占有的不公平。第三，产业结构失衡。从产业结构来看，我国垄断性部门改革不力，对民间资本设置的进入壁垒越来越高，民间资本无处可去，表现在"做实业越来越难"。这些游资冲击各个领域，特别是房地产领域。第四，个人投资渠道缺乏和社会保障乏力。由于我国投资渠道缺乏，社会保障缺位，导致人们纷纷把房地产投资作为主要投资方向。正是由于房地产市场是各种社会矛盾的集聚点，也是各类利益矛盾的集合点。可以说，房地产业的矛盾已经成为国民经济运行的主要矛盾。如果不进行改革，任由其持续下去，那么日久必然形成庞大利益集团，形成科斯所谓的"路径依赖"，国家可能由此陷入长期停滞不前、贫富加剧、社会动荡的"拉美陷阱"。如果进行改革，由于房地产领域涉及地方政府、开发商、商业银行等核心利益，稍有不慎可能引发银行危机、金融危机，更有甚者可能导致政治分裂乃至政治危机。如何选择恰当的方式进行现有制度的改革，如何选择适合的改革时机和改革路径，如何协同推进各类经济体制改革，如何引入合适的制度，这些重大的理论命题都需要投入大量的人力、物力进行专门的研究，吸纳各类人才包括财政学专家、金融学家、政治学专家、转轨体制学者等，建立科学的房地产政策学，对房地产制度改革的步骤和措施进行宏观指导。

房地产行业本身决定了房地产政策学需要吸纳各类学科知识，充实自身学科体系。房地产领域涉及宏观、中观、微观等国民经济各层次，房地产学术研究需要从宏观经济学、中观经济学、微观经济学等理论经济学以及金融学、管理学等应用经济学广泛吸收营养。从宏观层面上看，资产价格如何带动消费者物价指数上涨，货币政策如何传导到房地产市场，都需要宏观经济学来解释；房地产业在国民经济中的地位如何，房地产业如何形成与国民经济其他部门良好的互动关系，房地产业如何促进国民经济产业结构升级都涉及中观经济学（产业组织和产业结构学）；房地产宏观调控微观执行主体如房地产企业、商业银行、地方政府如何进行反调控的策略行为属于微观经济学的研究范畴。此外，房地产业还是应用经济学应用最为广泛的领域，因为房地产联系了国民经济的诸多产业，成为最复杂的现象。房地产领域联系广泛，与国民经济很多部门存在密切联系。如规划、土地整理、工程施工、预售、竣工、办证、物业管理、拆迁等，从纵向和各学科领域发生了密切关系，需要求助于多学科知识，包括金融学、产业组织、土地经济学、规划学、公共经济学、农业经济学等。譬如分析我国新旧房地产制度变迁原因多应用新制度经济学；地方和中央的房地产调控关系，多利用行政学、公共经济学；研究房地产企业行为以及调控，多利用产业组织、企业融资、金融学等。应该根据不同的研究内容，相机选择不同的研究方法。此外，房地产领域涉及关系多，关系复杂，不像传统农业、工业那样关系简单，新鲜事物层出不穷。新出现的事物，更需要交叉学科知识来解释和说明，譬如在直接融资比例迅速增加的时代背景下，各类融资方式如房地产基金、房地产信托、银信联合理财等与房地产宏观调控关系是什么，社会总融资量调控目标又如何影响房地产宏观调控等，这些摆在决策层和研究者面前的新鲜课题，需要金融学、货币学、宏观经济、发展经济学等各方面的知识。正是因为房地产领域关系复杂，各种现象存在千丝万缕的联系，只能加强学习加强调研，把这种规律提炼出来，亟待建立房地产政策学。

庞大的房地产行业发展与宏观调控却没有相应的科学学科体系来支撑，房地产经济学（房地产政策学）却其他领域学者视为"学术水准不高的行业"[1]。与此对比，少有人对于农业经济学、工业经济学发出挑战，而房地产学术似乎无法用系统严密的学科体系赢得其应有的尊重和地位，特别是开发商的言论似乎引导着舆论，但这种非专业的分析往往是逻辑不严

[1] 金碚. 房地产政策需有科学的认识基础 [N]. 中国经营报，2007-03-05.

密的。正如英国经济学家约翰·内维尔·凯恩斯所说："人们以为他们自己不需要经过预先的科学训练就能够理性地认识经济问题，不论它是多么复杂；而在其他学科领域，预先的科学训练对于研究工作是十分关键的。不经过充分的科学准备而讨论经济问题的愿望非常强烈，是因为经济条件对于人们的物质利益有强大的影响。伴随着这种情形的是，对基本概念漏洞百出的分析，思维的混乱，以及把错误命题看作不证自明的公理。在这些场合，演绎推理就被派上用场，但不管推理发生效力所必要的条件是否存在，推理的结果被拿出来。"[1]因此，建立房地产分析的范式是非常必要的。

二、房地产政策学的学科特点以及研究内容

房地产政策学至少包括以下三个方面内容：房地产制度学，主要包括国外制度介绍、制度引进以及评价、地方创新性制度评价以及房地产制度改革步骤和时机等；房地产调控学，主要研究房地产宏观调控各个主体利益关系以及政策工具选择性；农村住房政策学，主要研究农房建设和管理、流转等日益突显的问题。三者其实具有内在的关系，我国现有房地产制度大多数近十年从国外借鉴和引进的，制度之间存在不适和紧张是必然现象。房地产宏观调控其实是属于短期调控，但同时起到不断调试房地产制度的作用，就是我们通常所说"短期调控和长效制度相结合"。

第一是房地产制度学。我国的房地产制度变迁具有非常突出的特色，从1978年到1998年房地产改革基本上处于停滞期，房地产研究探讨的是是否可以商品化的问题，各种改革措施如三三制补贴出售新房、提租补贴等局部改革最终流于失败，未能撼动福利实物分配制度的根基，可以说当时农业、工业领域改革如火如荼，但房地产领域改革却相对平静。1998年房地产迅速市场化，宏观调控的基础也发生了显著变化，最显著

---

[1]　[英]约翰·内维尔·凯恩斯.政治经济学的范围与方法[M].北京：华夏出版社，2001.

的是大量的制度引入和创新纷纷出现，这个阶段是房地产改革领先于国民经济其他部门。房地产制度变迁的强度和宽度远远超过其他领域。我国房地产制度创新同国内各领域相比，是独树一帜、甚至可谓"狂飙猛进"。我国的房地产制度在十年之内焕然一新，引进的房地产是否能适合我国国情，尚在观察阶段。可以肯定的是，制度之间的不适和紧张是必然现象。我国的宏观调控政策不断地出台，部分不断在调试偏离方向的房地产制度变异。譬如土地招拍挂制度，在"新国十条"中提出探索"综合性拍地"，"一次性定价"。在"新国八条"中又提出了"竞地价、限房价"的模式，这都说明我国的红头文件已经变成了不断进行制度调试的工具。在我国正在发生重大的房地产政策变革，许多制度正在创新和扬弃，正在寻找适合各地国情的道路，正在不断调试中央和地方、商业银行之间关系以及房地产行业的未来发展方向。不要想当然认为房地产制度的引进已经被一劳永逸地解决，剩下的仅仅进行修补工作。相反，房地产制度正处于深刻反思的阶段中，正如有的学者认为"目前我国还需要顶层的房地产制度设计"[1]。因此，特别需要建立一套学科体系，进行系统性的科学分析、比较、评价工作，并且结合我国体制改革整体情况协同好与其他制度改革的关系。

我国是一个发展中国家，面临着大规模的城市化和市场化。在如此的背景下，进行房地产宏观调控无疑是非常艰巨的任务。制度引进是我国的常态，特别是重要的制度引进对我国房地产市场影响非常强大。我们要对国外的房地产制度形态要有一个非常清楚的了解，便于我国进行制度引进时取舍。但是，我国目前学术界对国外房地产制度的引进是非常不够的。第一，国外房地产制度整体介绍和著作翻译。我们需要的是原汁原味的房地产制度介绍，特别是像国外的某些原著翻译是非常必要，可以通过它了解更详细的细节。但是，目前国外经验介绍通常是某些学者出国的考察报告，这些以国内主管部门的考察报告为主，短暂性的考察报告只能提供宏

---

[1] 李扬.当前中国宏观经济形势以及未来趋势[J].新金融，2011（12）.

观性粗略的反映，片段性介绍难以有细致细节刻画。一国的房地产制度为什么是这样的，而不是那样，必然有其社会政治的环境，它生长在特定的社会政治环境的土壤里。学者需要身处该国，对其有直观感受，才能归纳出某些房地产制度存在的原因，但是这些都需要时间、精力。从单纯的房地产著作翻译和阅读中，我们并不能得到这种现实的质感。特别是一项制度引进，影响到房地产发展的前景和格局，我们更应该了解某些房地产制度的具体情况，否则容易犯水土不服的毛病。但是目前来说，翻译国外房地产著作更能节约成本和人力，是目前最适宜的办法。第二，专项制度介绍和引进。例如，各国中央和地方关系如何，其在房地产投资和保障性住房分配的财权和事权关系如何；国外是如何控制房价过快上涨的，其调控基础（包括财税体制、社会信用状况）是否与我国有着截然不同的区别。这些需要专业研究人员投入大量的精力和物力，一方面翻译国外有关资料，另外结合中国具体国情加以细致地比较。其目的在于不断对国外制度进行比较，归纳出大多数国家的经验，便于我国实施。譬如，国际上公共住房保障以租为主的原则。但是，我国1998年确定了主要保障性住房形式经济适用房"以售为主"模式，长期实践说明这种"产权式保障"并不合时宜，现在重新回归到一条以租赁保障（公租房）为主的道路。这种曲折经历说明了大多数国家的经验对我国还是适用的[1]。第三，对引进的制度要建立评价和追踪机制。要分析房地产制度引进的适应性、建立房地产制度引进的评价机制、对偏离原旨的房地产制度予以纠正。譬如，土地储备制度和土地招拍挂制度在国外本来是为了平抑房价，而在我国和分税制、地方官员GDP政绩考核方式相结合，异化成地方政府土地牟利的工具，地方政府故意控制土地出让的数量和频率，人为造成土地饥渴，以获得土地上的最大收益，这就是众所周知的"土地财政"。再如我国在1998年全面市场化改革时设计的经济适用房和住房公积金相对应的制度集合，这本是借鉴新加坡的公共组屋和中央公积金模式，但是由于2003年发生了"非典"，

---

[1] 谢家瑾. 中国房地产这十年 [M]. 北京：中国市场出版社, 2009.

为了拉动国民经济，确定了商品房为主要供给模式，由此经济适用房的建设日益衰微，造成了引进的制度"瘸腿"现象。在制度引进和实施过程中，往往会遇到一些意外事件，如果没有宏观意识和整体意识，只是把一些应急性政策永久制度化，只能把制度引入歧途，使原本引进的制度原旨发生偏离，最终导致科斯所说的"路径锁定"状态。此外，还要对各地制度创新，特别是某些带着中国元素的制度创新，包含着内生的自然秩序的制度予以推广。

第二是房地产宏观调控学。当前研究房地产宏观调控，大多数是政策解读方式。房地产学术界要形成自己独特的分析范式，要力图从政策解读中解脱出来，形成具有内在一致性的学科体系。特别是我国在建立房地产市场经济制度不过十多年，对不完善的市场经济体制下如何有效调控尚缺乏经验，我国房地产宏观调控往往都是以试错的方式进行，这些试错的方式既有成功的经验，也有失败的教训，需要不断地分析、归纳和总结。其一，实施主体与中央政策的博弈论。调控论又是博弈论，社会科学不同于自然科学，调控工具方式和时机不同，其调控对象的反调控行为层出不穷，需要对这种行为进行不断归纳总结，以提出更有效的调控之道。房地产宏观调控论是需要深入解析房地产政策实施主体，如地方政府、商业银行、房地产企业以及个人的利益趋向和行为趋向，分析和探讨如何调动各类主体的积极性进而实现国家宏观调控目标，包括如何处理中央和地方的关系，实现中央和地方的利益相容；如何弱化地方的土地财政依赖，提高地方的积极性。再如房地产宏观调控的过程也是促进房地产融资方式不断变化的过程，融资方式的改变增强房地产企业对房地产宏观调控的抵抗力，需要我们懂得房地产会计和金融，深入分析房地产企业应对之道。其实房地产宏观调控本质含义就是对房地产宏观调控的实施主体包括地方政府、商业银行、房地产企业以及个人的一篮子激励控制措施的政策综合，就是如何应用各种政策工具组合调动各个实施主体积极性，促使他们完成国家设定的调控目标。其二，权力机构内部博弈论。在政府层面，各个地方政府层面有关房地产的部门权力架构如何，各个权力机构是如何互相影响的，房地产宏观调控关系到诸多的权力机构，如银行、税收、房管、土地、规划等。各地房地产宏观调控绩效如何都是由这些最基本的权力机构之间的博弈而成，不同的地方即使财政收入相同，但是房地产宏观调控绩效大相径庭，需要归纳和总结出不同的房地产调控模式以及适宜条件。这些实践层面的分析研究报告，应该以类似农村研究中"田野研究"模式，给我们展示具体的地方宏观调控细则制定过程以及种种因素的考虑，但是这类研究微乎其微，这些内部信息都必须由"内部人"来完成。其三，政策工具的相机选择。在不同的制度环境下，譬如在抑制通胀的背景下或者在拉动国民经济的背景下，如何综合利用政策工具，尽量减少政策工具的负面性，又能达到提高居住水平的目的。如何相机选择不同的政策工具组合，这些都是需要调研、总结和归纳的。

第三是农村住房政策学。众所周知，我国存在巨大城乡差距两元制结构，在房地产领域也存在城市房地产和农村房地产之别。城市住房制度从住房的产权、交易、规划、设计、施工、验收、物业管理等不同的阶段建立一整套完善的制度。而农村房地产政策学却处于空白阶段，农房往往"自建自管自用自灭"，即农房由农民自己筹集资金建设，自己维护，自己使用，乃至废弃重建。在农房安全之外，还存在农房的黑市交易市场，这些农房价格只能用"影子价格"的形式表现出来。城市的房地产是随着经济发展而上涨，而农村的房地产则是随着折旧而贬值。著名的秘鲁经济学家和改革家索托认为，发展中国家之所以难以进入发达国家行列，是因为大量的财产游离在国家所有权保护体系之外。我国农村房地产也是游离在国家住宅产权保护之外的，这也是和我国学术界长期缺乏对农村房地产的研究和关注有关。我国农村房地产研究缺位是有深刻的历史背景的。从新中国成立以来，为了服从重工业建设需要，对农地实行低补偿低征收的制度，主管部门管理触角亦没有深入到农村，农房亦没有得到国家的产权保护，农房确权发证至今仍举步维艰，更不用说农房流转。对农房规划、建设、管理以及流转的研究仍少之又少，理论上的瘸腿导致了实践的矛盾重重，如小产权房屡禁不绝、农房乱占地现象严重、农

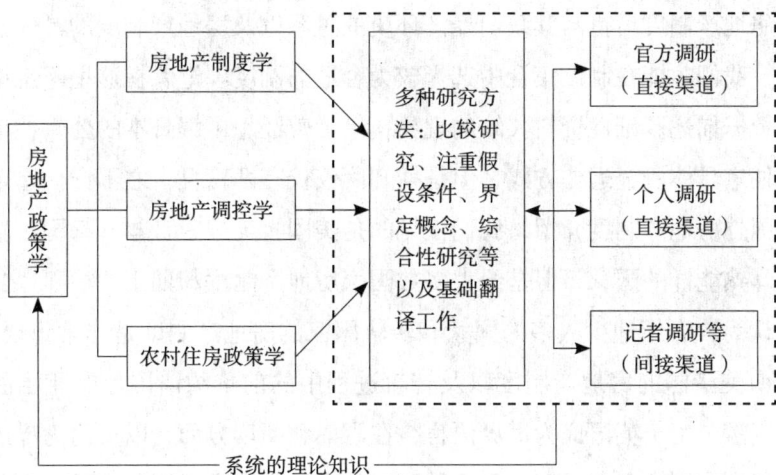

图 1 房地产政策学的学科结构

房荒废现象同时并存。这表明这类矛盾已经到了亟待解决的时候。因此，亟待加强对宅基地、农房的确权流转以及适宜条件等为主要内容的农村房地产政策研究。

三、房地产政策学的研究方法

有的学者已经把房地产研究方法分为概念界定法、案例研究法、比较制度法、系统的理论实证法等[1]。这些都可以作为房地产基础研究方法，但是作为一个学科的方法而言，还是不足的。对于亟待理论指导的房地产命题来说，亟待解决实际问题的房地产政策学来说，以下的方法可能更值得我国学者注意。

第一，大量翻译工作。目前的介绍国外的经验，一般是官方机构出国考察撰写的调研报告。这种调研报告虽然提供了部分的经验，但是由于调研城市或调研对象的有限性，不能完整反映该国的真实情况。对国外的经典著作的翻译构成了房地产政策学的"金字塔"基础，只有深入了解国

---

[1] 钟庭军.关于房地产研究方法的缺陷与不足 [J].城市问题，2010（2）.

外的房地产制度运行与其政治经济环境的关系以及房地产制度的具体技术环节，我们才能在制度集合中选择较为合适的制度。笔者在这里不想用过多的数据描述基础性资料欠缺的现象，笔者曾经想了解日本的公营住宅和公团住宅具体资金运作方式，但是期刊网仅仅有两篇且言之不详。迄今引进的国外房地产制度介绍，我们仅见的是美国、英国、日本、韩国、新加坡等耳熟能详的国家，但是绝大多数国家房地产制度却处于"黑箱"之中。笔者认为，介绍地少人多的国家和转轨国家的房地产制度是非常重要的，包括南美诸国的房地产制度以及转轨进程中的前华约诸国也有相当的意义。当然，由于英语成为世界语言，在翻译和阅读方面，以英语为母语的国家房地产制度介绍居多，小语种国家的房地产制度介绍受到了语言瓶颈限制。因此，引进原著时需要多国语言支持，需要多方面外语人才，选本应为该国最权威的房地产著作为主，翻译应为原著为主，不得已采用英语译本，尽量减少信息失真的现象，这是我们进行不同的国别之间比较的基础。大量翻译国外的英语以及非英语房地产著作，能为我国房地产制度提供可供参照的"公共品"和"公益品"，这些著作提供了充足的"养分"，具有很强的社会效益。应该更多获得国家财政资助，而不是仅仅依赖出版社的自身商业行为。

第二，比较研究。翻译和介绍是比较研究的基础，比较研究是为了更好地引进，在政策比较研究时，必须注意政治、经济、文化层面。当然不同国家的制度环境不一样，因此，任何政策引进都需要进行细致比较。国际比较，要特别选择国情和我国类似的国家相比较，这里的国情主要是指地少人多的国情。任何国家的国情都不是一样的，包括政治制度、经济体制、社会文化、民族风俗等，但是决定基本房地产制度的国情却是为数不多的。即使是人多地少的国家，其房地产制度形式也大为不同，必须筛选出这些国家的房地产制度精髓。其一，在政策出口国的进程是怎么样的，利用客观的政策，怎么样才能达到既定的政策目标，这些进程的关键是什么。其二，在政策引进国，这些同样的进程有多大程度和政策出口国是一致的。这些政策引进国是否有类似的政策环境，即政策引进国在关键环节上非常类似，这样才有可能确信，大多数政策在一国运行良好，移植到他国仍然运行良好。譬如对预售制度是否取消的分析，一定要建立在国际比较和历史比较的基础上。归纳出实施预售制度的国家之间的相同点以及不实施预售制度的国家之间的相同点，除此之外，还要比较研究预售制度实施相配套的其他制度，如土地制度、政治制度、收入分配制度，这样我们才能得到预售制度在该国房地产制度乃至整个经济体制中的地位。再者从当时我国实施预售制度的条件进行分析，这种条件到如今是否发生了变化，预售制度取消可能会造成的影响。此外，还可以找典型意义的不同城市进行取消预售制度试点，不断追踪取消预售制度的效果，这样得到推广的范围。推而广之，如果不对某项制度进行详尽引入、比较、分析（这些都需要学者长期艰苦翻译工作和分析工作，而不是简单一个课题便能解决的），如果不对某项制度进行试点、追踪、后评价，我们无从对某项制度或引进或取消做出准确、客观的分析。

第三，注意假设条件（配套制度）。这一点尤其值得强调。在进行制度比较，尤其要注意国外各种制度运行的假设条件和配套制度。譬如，在引进国外土地储备制度和招拍挂制度时，学者们论证其可行性，往往隐含着以下前提：地方行政长官有着长远的眼光和见识，为民着想。地方政府的行政执行系统有能力、有愿望、有效地执行土地政策。但是实际上我国地方行政长官的任期制和 GDP 考核制都使得土地储备制度和土地招拍挂制度发生了扭曲。西方土地储备制度的重要目标就是抑制土地投机和平抑土地价格，其手段是不管以出租方式还是出售方式供应储备土地，一般都不采用招标、拍卖方式，主要是在严格的成本测算后采取协议方式出让。而我国地方政府部分城市的土地储备机制运作过程中，为了追求土地高收益，统一采用"招拍挂"制度，甚至故意造成人为的短缺和"土地饥渴症"，制约了合理的土地价格机制的形成，偏离了引进国外土地储备制度的原旨。再如，在论证 REITS 的可行性时，学者们认为 REITS 有利于把筹集到的资金投入到生产环节，有利于增大了供给和抑制房价。这在逻辑链条上是有假设条件的，这假设条件是土地供给量相应增加。而实际情况是每年土地供给量不变（年初就被当地政府确定），如果现在有新增的资金进入土地市场，必然对已有的生产资金造成竞争，抬高了地价进而抬高了房价，显然是与以前的结论相悖。因此，在出台新政策时，必须要全面考虑其起作用的假设条件，否则造成严重的损失。再如 2009 年降低房地产资本金以及刺激住房消费的政策，有关学者认为促进开发商积极开发进而起到拉动国民经济的目的，但是最终结果亦非当时所料。开发商积极开发是一个假设条件，如果房价上涨过快，开发商没有资金压力，进而选择捂盘惜售，而不是加快开发。具体表现在 2009 年新开工面积同比增加极少，12 个月中有 9 个月新开工面积同比涨幅为负，新开工面积最能体现对国民经济增长的边际贡献。但是与此相比，销售额和销售量、房价却剧增。我们可以判断 2009 年房地产行业对国民经济的拉动效应没有想象得那么强。在政策制定中，不能想当然认为房地产商会怎么做。应该进行详尽的调研，掌握房地产商的行为规律，进而提出更好的政策。特别是要研究房地产企业、地方政府以及商业银行的反调控行为，有利于增加房地产宏观调控的有效性。

第四，细致观察和科学抽象。首先是细致观察和比较。在一门可以进行无限多次任意试验的科学中，通常可以得到"判决性试验"的方法，这是西方自然科学基础方法。由于能改变所有条件，因此总有能力采取有效手段确定哪些条件有影响力，哪些没有。假设把某一结果称为 B，我们的问题是：原因 A 是否在任何状况下都能产生 B？"我们可以尝试改变其他一切条件，只留下 A 不变，如果结论 B 仍然发生，那么 A 就是 B 的原因；或者不这么做，而让其他条件不变，只改变 A，如果在这种状况下 B 不再发生，那么 A 就是 B 存在的必要条件。如果这两个实验都能被准确地操作，那么就构成了一个'判决性实验'。它通过否定其他解释这一现象的假说，证明了我们先前对 A 和 B 之间的某种关系的预想"[1]。由于社会科学不同于自然科学，同样条件无法复制。但是我国国土广大，却提供了

[1] [英]巴克豪斯. 现代经济分析史 [M]. 成都：四川人民出版社，1992.

良好的试验场所，一些政策的实施效果就可以通过类似判决性试验比较出来。经济学的基本方法是在假设因素不变的前提下，分析某一项因素对其变化的影响。统计学的方法就是算出弹性系数，算出每个因变量前的系数，从而确定某因素对结果的贡献度，但是这是建立在长期的统计结果基础上的。对于某些初次实施的房地产政策，我们可以观察试点城市和非试点城市的效果，从而得出该项政策的效用范围。特别是基本经济状况类似、城市规模类似的城市更容易得出相同的结果。就如同 2010 年实施的限贷限购政策，客观上存在这样一种现象：实行限贷限购政策的城市房价涨幅低于没有实施此项政策的城市；周边房价涨幅高于实行限贷限购政策城市的房价涨幅。那么我们可以得出判断：实行限贷限购政策是具有一定效果的。这也是 2011 年强化限贷限购政策的实验基础。另一种是细致观察和科学抽象相结合。马克思说过："分析经济形式，既不能用显微镜，也不能用化学剂，两者都必须用抽象力来代替。"[1]。为了研究房价和地价关系，我们可以观察现实中的开盘定价和拍卖地价形成的特征，这点可以与实践操作中的楼盘操盘手交流而得：拍卖地价是根据未来预期的房价，扣除各项前期费用、各类税费以及销售费用和财务费用（对比同类项目可估算出），最后得出楼面地价和土地价格，开发商以资作为拍卖价的参考；而开盘定价，则根据该土地现在价格以及参考周边同类楼盘价格而定。这样土地现在价格，在经济学上对应的概念就是"机会成本"，我们就能得出地价和房价的关系。否则仅仅依赖于全国平均地价和平均房价的统计局数据，不对现实房价和地价进行细致观察和科学抽象，且不说是否能推导出彼此关系，即使推导出两者之间的关系，很容易陷入循环论证的陷阱。

　　第五，界定概念。在我国房地产学术界和政策界，概念不清的现象随处可见。概念不清无法在同一基础进行讨论进而促进认识的深化。譬如各地的公共租赁住房，既包括针对社会的租赁住房，也包括工业园区的职工

---

[1]　[德] 马克思. 资本论 [M]. 郭大力, 王亚南, 译. 北京：生活·读书·新知三联书店,
　　　2009.

宿舍。经济适用房，既包括旧城改造拆迁户、重点工程拆迁户，又包括单位集资建房。概念不清容易导致混乱，2011 年以及"十二五"期间国家非常重视保障性住房建设，建设量巨大。这些保障性住房的任务通过省级分解，再经过县市分解。地方为了完成任务，可能把旧城改造回迁房和单位自建房算入保障性住房。由于没有界定保障性住房的概念，这可能导致传统体制的回归和新的不公平现象的产生。国际比较也是一样，即使概念统一，但是内涵可能不一，如在进行国际预售制度比较时，根据时间点确定往往会得出错误的结论，譬如某国虽然实行预售，但开发商不能动用预售资金，等交付使用后，才能交给开发商，表面是预售，实际上是现售。在国际比较时，务必把握预售的实质，才能进行有效的比较。此外，概念和分类是结合在一起的。有的学者把房地产和建筑业混为一谈，应该把房地产和建筑业分开研究，否则夸大了房地产业的拉动效应。

第六，综合研究。综合研究，是不拘于学科局限，采用多种研究方法对同一房地产现象进行分析。分析房地产现象应该注意以下几点：其一，系统性。系统论告诉我们，各个组成部分有助于甚至决定着该单位整体的维持、正常运转和发展。反过来，各组成部分的一般性质和正常运转，又有赖于并受制于该单位整体的正常运转。我们在研究房地产制度时，不能就房地产制度而房地产制度，"一叶障目，不见泰山"。为了研究的需要，往往分部门、分行业进行研究，但是国民经济是个循环的整体，其他的部分循环不畅，往往影响房地产，我们要把房地产现象同我国收入分配制度、信贷政策、出口贸易制度等联系起来综合进行分析，由此得到正确客观的政策。否则只能是"头痛医头、脚痛医脚"。其二，演绎法。演绎的方法更适合于对未发生的现象进行分析。譬如个人合作建房，国际上没有先例（西欧的住房合作社不同于我国的个人集资合作建房），我国历史上也不存在个人合作建房，无法进行国际比较和历史分析，此外也不存在个人合作建房的成本数据供分析。因此，演绎法可以派上用场。演绎的特征是从某一事物的特征进行详尽的演绎，推断出某一事物发展的假设条件和可能结果。譬如可以从个人合作建房集资的产权性质、组织特征、信用环境等方面分析，得到个人合作建房存在发展的条件，只要有关方面能克服这些难点，个人合作建房就能存在和发展[1]。其三，逆向归纳。在研究房地产宏观调控效果，多数研究集中在政策解读上或正面分析。有时从实施主体包括地方政府、商业银行、房地产企业以及个人规避调控的措施角度进行研究，更能较好地理解房地产宏观调控的效力。在不同的调控中，不同实施主体的博弈行为处于不断地变化过程中，需要变化的行动进行相机决策，这些都需要不断归纳总结和分析。譬如，2010年房地产宏观调控号称"史上最严厉"的调控，但是收效未如所愿。我们不仅要问：开发商采取什么手段规避宏观调控，新出现的产业基金、私募基金、银信理财产品在反宏观处于什么角色等。这样不断归纳总结，不断出台措施修补漏洞，才有可能找到良方。其四，分类研究。有的学者论证城市化和高房价的关系，其实仅仅研究城市化总量和房价的关系，但是世界上的城市化的特征和进程都不相同，对房价影响亦不同。在分析我国城市化带来对房价影响时，应该结合我国城市化的国情，把我国城市化划分为通过求学、迁职等城市化、农民工候鸟性的城市化、小城市转移到大城市等，分类调研和测度其购买力，才能理解城市化的不同结构和房价之间的关系。以上的方法只是略举几例而已。房地产政策学应该兼容并包，吸纳各类学科知识，遵守学术规范，对同一现象进行研究，这样我们才能逐渐地逼近"真理"。

图2是经济学的方法论逻辑，演绎法是较为充分利用几个步骤，但是其他研究方法也要参考经济学经典分析的步骤。经济学是解释人类行为的科学。困难是，经济学者也是利益群体的一员，于是就难以避免地将自己的价值观连带在一起，甚至以主观的喜恶作为科学的结论[2]，"优秀的经济学家在分析时有忘我之能，这是一心二用的本领"，因此，特别需要科学的学术研究规范分析某一房地产现象。

---

[1] 钟庭军.论个人合资建房的组织困境 [J].兰州商学院学报，2008（4）.
[2] 张五常.新卖桔者言 [M].北京：中信出版社，2010.

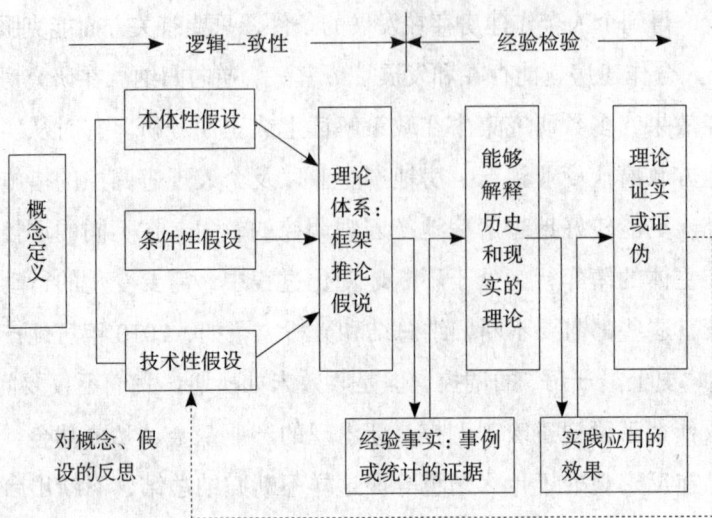

图 2　经济学的方法论逻辑

资料来源：金碚. 工业经济学新体系研究 [J]. 中国工业经济，2005（1）.

四、房地产政策学的调研方法

房地产政策是实用之学，首要之事是了解现实情况。英国著名经济学家约翰·内维尔·凯恩斯认为"现时代的特色之一是理论和实践的分离，书斋里的研究和书斋外的世俗商业活动的分离，这种分离导致学者和商人在思想和情感上的错误偏见。每一方都贬低思想素材之中所不熟悉的那部分"。在现实中，经常出现的情况是开发商和政府官员认为学者不懂实践，而学者又认为开发商仅仅知道局部的信息，不了解宏观大势，彼此看轻对方。与学者相比，开发商的确对房地产行业中的运作、流程等更为熟悉，但是学者更能从宏观上把握问题的实质，同时也应该逐步了解实际情况、完善自身的知识体系，用周其仁的话说"研究真实世界的经济学"。

房地产研究应该采用以下调研方法：首先是官方调研。房地产知识分布的特点决定了其特殊的调研方法，不同于田野调查，但是房地产研究有时利用田野调查，譬如对农民工住房调查，比较容易采用田野调研的方式。

需要强调的是，作为主流方式的调研方式不应该是这样。房地产政策学主要涉及政府职能部门、商业银行以及企业，必须强化对他们的调研。房地产学者可以借助官方力量进行调研，把规划、国土、税务、金融、财政、企业代表等召集在一起，了解房地产制度运行的具体情况以及各方利益冲突。借助官方力量进行官方调研有利于迅速了解信息，了解问题的症结以及各项制度和政策在基层执行时所遇到的问题，有利于收集归纳，重新对有关法规和政策进行修改。其次是个人调研。房地产宏观调控对象是既得利益者，包括房地产开发商、银行、地方政府。其抗拒房地产行为有的本身就属于违法或者不合规行为。他们容易采取隐藏对己不利的信息，透出对己有利的信息。譬如，国土部需要地方国土局上报土地出让计划，要求只报数字，并没有要求报具体地块、规划条件；这为地方政府留出灵活空间。当地政府以卖不出去为由推卸责任，上级亦没有后续的追踪机制来监督，这也是每年土地出让计划经常完不成的原因所在，这些都是业界的"默示知识"。调研时就需要通过私人渠道，才能更准确了解信息，并准确地评价某项制度的优劣。否则偏听偏信的信息只能误导实践。最后，间接渠道。通过《财经》等以及房地产论坛等多渠道了解真实信息。

特别值得强调是个人调研对掌握房地产知识的重要性。哈耶克认为"在人们持续不断使用的关于变动不居、千变万化的特定事实的知识当中，并不全都是适宜于被系统解释的知识；甚至其间的大多数知识也只是散存于无数个人手中的知识。这种情况也同样适用于专家知识，其间一些重要的知识并不是实质性的知识，而只是关于在何处以及如何去发现所需信息的知识"[1]。一般田野调研手段，如实地调查、抽样调查[2]，对于这些房地产业内既得利益者的官方调研，难以得出"真实情况"。应该和这些人员结成私人朋友，才能得到真实情况。像银行的房地产信贷人员、土地储备

[1] [英]哈耶克（F.A.Hayek）. 通往奴役之路 [M]. 王明毅，冯兴元，等，译. 北京：中国社会科学出版社，2013.
[2] 何雪峰. 地权的逻辑 [M]. 北京：中国政法大学出版社，2010.

中心、土地招投标办公室、建委各个职能处室、房地产开发公司等专业人士，有的专业人士甚至全部职业生涯就在房地产生产或行业管理的某一环节，因此对某一情况了如指掌。这些知识分布极广，而且处于变动不居的状态，必须时时对其追踪，才能了解其概貌。特别针对不同的调控措施，各个实施主体又采用不同的规避方法，这些方法有时秘不示人。作为训练有素并把获得房地产新知作为终身追求的学者来说，必须时时捕捉这些新鲜的实践信息，进行归纳总结，并提升到理论水平。房地产政策学作为实践之学和应用之学，要善于从微观主体和实施主体中广泛吸收经验，深入实践，从各个环节中获得新知。

五、力戒数学化趋向

数学模型本属于研究方法一种，但是近年来房地产学术研究的数学化趋向越来越严重，因此，有必要专门分析一下过分数学化的危害。在经济学研究究竟采取什么方法存在长期的争议，近半个世纪以来，在西方主流经济学中进行了一场以数学方法取代非数学方法的研究方法革命，几乎将数学方法当作经济学研究的唯一方法，结果导致经济学研究的高度数学化的结果和趋势[1]。在国内曾经长期排斥数学方法，但近年来逐渐出现了将数学方法当作经济学研究的唯一方法的倾向或者主张。自从西方经济学引入我国以来，纯粹追求经济分析技术的数学模型化趋势日益严重，我国房地产研究也似乎染上这种恶疾，蔓延之势越来越重。有些学者由于缺乏实践的机会，对中国的国情和现实了解得不多，加上职称评比又以权威期刊论英雄，这些权威期刊又以数学模型论高下。最简单出成果的方式就是利用国外现成的模型，套用中国现有的统计数据。一般都利用经济模型和数量分析的方法，很容易在权威期刊刊物发表。如果对国外房地产制度以及

---

[1] 曾国安. 不能从一个极端走向另一个极端——关于经济学研究方法多元化问题的思考 [J]. 经济评论，2005（2）.

这些制度背后的制度环境、政治体制、社会风俗等作一些细致的研究和分析，采用比较体制经济学、制度研究学的方法，这种研究在我国房地产制度建设中是会受到高度欢迎的，但是目前却很少见这方面的研究。盲目滥用和套用西方的数学模型，无疑是学术资源的极大浪费，这导致理论和实践是两张皮的现象。

房地产制度改革特点决定了研究和调研方法。比较十多年来我国各行业领域的改革，房地产领域可能是近年来制度变迁最为剧烈的行业。土地储备制度、土地招拍挂制度、商品预售制度、按揭制度、公积金制度等涉及土地、金融等众多领域，这些重大的改革在如此短暂的时间内完成，各项制度难免出现摩擦的不适现象。我国保障性住房种类（廉租房、公租房、经济适用住房和限价房）迥乎于国外的公共住房，还出现了可售性廉租房、共有产权经济适用住房等新鲜现象。这也说明国外引进的制度不适应，正处于消化阶段。西方房地产学术界通常是通过建模、采集数据进行房地产学术研究，这在一个发育完全少有创新的房地产市场的环境下无疑是合适的。在我国，房地产市场发展日新月异，房地产新现象层出不穷，模型限于自己的局限性难以容纳更多的事实，不能完全反映事物发展的动态。在这种情况下，房地产宏观调控又面临着众多亟须解决的理论命题和实践命题，应该采取比较研究、综合研究、案例研究法等各类方法，可以收到立竿见影的效果。

房地产政策学和房地产经济学有区别。房地产经济学具有高度抽象化、形式化，我国学术界对市场经济条件的房地产运行规律还难以达到彻底认清的高度，房地产经济学的建立和完善有待时日。而现实要求我们更好地利用政策工具达到调控目的，因此，最好是从房地产政策学入手，对丰富的房地产调控实践和现象进行归纳总结。笔者认为房地产政策学和房地产经济学具有很多共同性，是两个不同阶段，互相补充，互相支持，其间的边界是模糊的。房地产政策学更强调"学以致用"，强调以问题为导向，以解决实际问题和提高政策实效为目的。而房地产经济学更强调理论上的逻辑一致性，更强调抽象的思辨。房地产经济学可分为本体论、机制论和时空论，房地产政策学分为房地产制度学、房地产宏观调控学以及农村房地产政策学。房地产经济学类似于病理学，而房地产政策学更类似于临床医学。

六、小结

与 1998 年之前相比，我国房地产宏观调控基础已经发生了很大的变化，房地产行业逐步成为各类矛盾的积聚地，房地产行业本身决定了房地产政策学需要吸纳各类学科知识充实自身学科体系，但是却没有成型的逻辑一致的体系来指导房地产宏观制度改革和宏观调控，因此，亟待建立和完善房地产政策学。房地产政策学应该包括房地产制度学、房地产宏观调控学以及农村住房政策学三个层面的内容，研究方法除了概念界定法、案例研究法、比较制度法、系统性理论实证法等，还应该注意以下几点：首先，做好大量翻译原著等基础工作，其次综合性地把国外和我国国情进行比较，并注意国外制度的运行条件、配套制度以及假设条件。针对我国具体情况进行分析时，要界定好概念，并对现实进行细致观察和科学抽象以及进行综合性研究。房地产政策学的调研方法不同于一般调研方法，应该通过官方调研、个人调研以及通过间接渠道获得真实信息。

值得一提的是，现在由于推进事业单位社会化改革，部分从事房地产研究的研究机构被迫市场化，难以有稳定的研究经费来源。这些提供公共产品的研究机构有可能被利益集团俘获（西方规制经济学把规制者被规制者俘获，为被规制者说话的现象，称为"俘获理论"），成为其利益的代言人，可能对国民经济和房地产健康发展会带来无法估量的损失，这是值得决策层警惕的一件事。

第二节　房地产政策体系结构[1]

认识房地产现象需要有科学认识的基础，把不同的现象归于不同的理论范畴，并选择适当的政策工具来解决问题。当前的房地产理论界对房地产政策体系的构成和功能并没有一个清晰的认识，也未能认清政策工具之间的矛盾性和两面性，导致调控效果不如人意。因此，对房地产政策体系构成进行探索，分门别类分析不同的房地产现象，有利于采取正确的政策工具，保障房地产行业稳定持续健康地发展。

一、房地产宏观政策

在经济学意义上，宏观调控政策是专指维持国民经济正常健康运行的调整政策，宏观调控政策主要目的是熨平短期的经济波动，避免经济过度波动导致资源的浪费和闲置，因此也称为"相机决策"政策。其主要调控手段是货币政策和财政政策。这里有必要区别宏观调控政策和房地产宏观政策之间的区别和联系。

首先，房地产宏观政策与宏观调控政策是两种不同范畴的问题。我们通常所说的房地产宏观调控政策，是混淆了"房地产宏观政策"和"宏观

---

[1] 原题名为《积极探索建立科学决策的基础——房地产政策体系》，发表于《中国房地产金融》2008 年第 8 期。

调控政策"，误读了两个不同范畴的概念。宏观调控政策针对的是整个国民经济形势，而不是专门针对房地产。2007年流动性过剩通货膨胀具有加剧的趋势，中央银行十几次加息和提高准备金，其实是利用货币政策来对冲通货膨胀。当然，利率利息和房地产市场息息相关，房地产开发贷款利率和按揭贷款利率也随加息水涨船高，这必然影响房地产需求面和供给面，从而对房地产价格有一定影响。但这并不能称之为"房地产宏观调控政策"，而是由于经济部门之间的紧密联系，针对整个经济面的宏观调控政策效果逐渐波及房地产行业。为了更好理解这种效应，必须仔细研究利息利率对房地产市场的传导机制，以便对每一次宏观调控政策究竟能否影响房地产市场以及影响幅度有一个较为准确的判断。

其次，实体经济和虚拟经济之间相互作用机制是正确理解宏观调控政策和房地产宏观政策的基本起点。宏观调控政策比较注重研究"名义变量"，如货币、金融资本、信用、通货膨胀、汇率等，以及它们与真实变量的关系。而我们的房地产宏观政策往往片面注重对实体经济的调节，如结构调整、规划手段等。如果我们单纯把房地产行业看作实体经济，研究真实变量，我们不仅不能理解各地房地产共同趋热、房地产周期等现象，而且也不能达到调控房地产的目标。事实上，由于房地产市场无论是供给方还是需要方，都需要巨额的资金作支持，通过资本市场深深影响到名义变量。因此，房地产市场的不稳定往往会引起资本市场、货币市场以及整个金融体系的共振，形成相互作用下的反复放大。这种房地产名义变量和实际变量的作用机制也是值得研究的课题之一。

再次，在平衡房地产市场关系上，宏观调控政策的作用有限。譬如我国房地产投资投机性需求主要追求价格收益而非利差收益和租金收益，也就是房地产投机需求对利率调整不敏感。在我国投机性需求占较大比例的前提下，靠利率调整来限制房价、平衡供求关系无疑是痴人做梦。这几年来不断提高利率和贷款准备金，都没有根本改变房地产市场供求关系就是明证。不仅没有抑制投机性需求，反而抑制最基本的消费需求（居住需求）和改善性需求。再如宏观调控政策往往动用压缩基建规模，房地产业占较大比例，压缩基建规模，房地产首当其冲，但我国城市化过程产生的居住需求增量和改善性需求却是刚性需求，因此，宏观调控影响房地产供给面较大而影响需求面较小，在平衡供求关系方面也是捉襟见肘。

最后，房地产宏观政策目标应该是抑制房地产价格的短期异动，维持房地产市场平稳运行。为了达到这个目标，必须建立房地产价格的预警预报系统，以便把正常房地产价格增长和价格异动区别开来。房地产宏观政策关注点是房地产的整体价格，而不是个别的楼盘价格。房地产价格的异动，也就是说房地产宏观政策如果调控不好，就会吸引资源过度流入以及增加低收入群体的负担，给房地产产业政策以及房地产公共政策带来压力。

货币政策中的银行窗口指导政策和土地政策应该是房地产宏观政策的重要工具之一。房地产宏观政策工具不能直接控制房价，应用银行窗口指导有利于调节需求和供给，进而影响房价走势。譬如近年对第二套商品房提高按揭层数、禁止加按揭和转按揭等。特别是在投机性需求占较大比重的情况下，及时动用银行窗口指导能够较大程度上影响房价异动。土地政策应该是重要调控工具之一。尤其是在我国土地国有的前提下，国家对土地控制的能力相当强，研究土地宏观调控的特点，控制土地数量和结构有助于达到房地产宏观政策的目的。

二、房地产产业政策

房地产产业政策属于中观政策，用于衔接宏观政策和微观政策。产业政策包括促进企业大小合理构成的产业组织政策、防止垄断的反托拉斯政策、促进房地产支柱产业地位的产业扶植政策、提高工艺设备的技术政策、与国民经济部门和谐发展的产业结构政策、追求资源节约与可持续性发展的环境政策等。产业政策是为了构建房地产市场中长期健康发展的平台，也能达到影响房价的辅助效果，譬如，产业组织政策利用进入壁垒等手段优化大中小型企业的构成和比例，从根本上遏制了市场秩序混乱的局面，反托拉斯政策有利于消解房地产巨型企业的市场势力，削弱其定价能力。

促进企业大小合理构成的产业组织政策、防止垄断的反托拉斯政策是相当重要的产业政策，是决定房地产市场是否长期健康的关键因素。它为房地产市场竞争政策提供一个框架。产业组织政策研究怎样配置企业的大小关系，反托拉斯政策着重房地产企业的市场势力，对集中度过高、影响妨碍市场竞争的房地产企业进行分割。虽然我国房地产市场集中度还不够高，但是在某些区域市场上某家房地产企业市场份额可能占有 50% 以上的比重，也要必要采取反托拉斯政策。我国房地产行业还没有发展到成熟阶段，但反托拉斯政策还是不可或缺，也应未雨绸缪。

提高工艺设备的技术政策、追求资源节约与可持续性发展的环境政策应该考虑建立企业激励共容机制。现在所说的技术政策和环境政策，所称的节能减排，如果不能经济上建立约束机制，单靠标准等强制性的手段来实施，忽视了经济激励的作用，将难以达到理想的效果。不论是房地产技术政策还是环境政策都要从经济角度出发，从企业自身角度出发，把企业的利益和政策利益结合并统一起来，才能减少政策实施的阻力，达到双赢局面。我们平常所说的节能减排应该放在技术政策和环境政策中考量，形成完整的政策体系，而不能呈现支离破碎的特征。促进房地产支柱产业地位的产业扶植政策、与国民经济部门和谐发展的产业结构政策的前提是研究房地产行业在我国国民经济格局的地位和带动效果的特点，以便采用有针对性的措施。在实际中，这些基础性的问题还亟待有人研究。

正如我国学者所称"我国房地产产业政策残缺不全、产业定位飘忽不定、产业发展迷失战略导向"[1]。在房地产政策体系构成中，产业政策几乎处于空位状态。进一步加强和完善我国房地产业的产业政策研究，形成符合中国国情的产业政策体系，已经成为我国房地产业长期健康发展迫切之需。

---

[1] 陈淮，等.地产中国 [M].北京：企业出版社，2008.

三、房地产市场竞争政策

房地产市场竞争政策就是为房地产市场公平交易提供规则，并对违背者予以惩罚。在生产层面，制定公平竞争的规则，消除市场势力，消除垄断因素，尽量维持公平竞争局面。譬如土地进行招拍挂、惩罚价格共谋。在交易层面，整顿市场秩序，减少交易成本（包括降低税费成本，减少房产交易手续等），让市场运行效率更高，从而实现房地产供求的适时衔接。

我国的房地产市场秩序比较混乱主要是因为房地产市场机制还远未形成，市场交易主体之间无法根据市场信息调整各自的行为，无法形成合理的价格，各方主体利用主体优势谋取暴利（譬如雇人排队、捂盘惜售、囤积房源、哄抬房价、反复出售），造成房地产市场的市场失灵范围比西方发达国家更大。因此，我国整治房地产市场秩序的手段不仅仅要利用经济手段、税收手段，甚至要采用行政手段，譬如在房价暴涨时采用一价清制度。

房地产市场竞争政策属于短期政策，迅速校正各种偏离规范的行为，达到维护市场公平公正公开的目的，是一种行为规范。房地产市场竞争政策一定要和长期制度结合起来，和房地产产业政策结合起来，规范各类企业进入市场、合理配置企业组织结构。房地产市场竞争政策和房地产产业政策中的反托拉斯政策有密切的联系，前者主要从短期纠正房地产市场不规范的行为，后者主要是政府从长期角度对垄断性市场结构、行为和效果的一种法律制约和政策限制，如禁止私人垄断和卡特尔协议、禁止市场过度集中等。

四、房地产公共政策

首先，房地产公共政策是满足低收入人群的住房问题，在任何一个时代时期，都不可能消除低收入人群的住房问题。对他们的保障也是题中之义。房地产公共政策是以政府为主导的解决住房再分配维护社会公平、实现社会稳定的重要政策。以政府主导并非意指以政府为主要投资主体。当然针对不同的对象，政府担负的责任不同，譬如对于最低收入者，政府几乎全资提供廉租房保障；对于收入递增者，政府分别采取经济适用房、限价房等形式。在中国复杂国情下，试图建立以政府投资为主导覆盖面广大的公共住房体系几乎是不可能的，必须发挥各方面力量包括政府、个人和社会力量。因此，对于新生事物限价房的出现，我们应该持支持包容的态度。

我国房地产公共政策实施的难点首先在于整合中央政府和地方政府的利益偏差。地价高涨、保障房的缺位并非仅仅是地方政府的失职。在分税制的前提下，财权上移事权下移，公共住房职能没有相应的财权作基础。对地方行政官员的考核也是包括 GDP 等多重考核指标，不能片面地把事权压于地方政府，也不能把住房的保障职责单向推向地方政府，理清中央政府和地方政府在住房保障中的职能是非常重要的。因此，不仅要区别住房保障资金中的中央政府和地方政府的职责，还要积极创新住房保障资金来源的渠道和形式。

其次，房地产公共政策要重点防止政府失灵。房地产公共政策属于社会福利政策，是政府努力解决房地产市场失灵的结果，保障低收入人群也享有适当住房的权利。公共住房政策是以政府为主导解决市场所不能解决的低收入者住房问题，在政府官员握有重权进行公共住房的生产和分配的同时，要特别注意在公共住房的生产和分配中注意提高效率，避免寻租行为，提高公共住房分配的公开性、公平性、公正性。否则会导致"开着宝马买经济适用房"等现象，极易引致社会不满情绪。

最后，房地产公共政策的外延难以确定。在政策设计上，廉租房经济适用房适用于低收入群体，限价房经济租赁房针对中等收入群体，高收入者购买商品房。这似乎是个完美的方案，但是在实施中却遇到难题。中等收入者人群过大，有限的财政资金难以保障中等收入者的住房，其他如公务员住房问题、农民工住房问题、复员军人住房问题、高科技人才住房问题、干部异地调动住房问题等都需要解决，都具有迫切性。如何分类分阶段解决这些住房问题，减少社会的呼吁和噪声[1]，减少社会成本，不仅需要雄厚的资金保障，还需要高超的政治智慧。这也是公共选择难题之一。

五、注意政策之间的衔接

四大政策是不可或缺的部分，相互之间组成严密的政策体系，从宏观中观、微观三个层面构成了房地产政策体系。房地产宏观政策监控总体房地产价格短期异动现象，房地产产业政策着重从行业角度构建房地产行业长期健康发展的平台，房地产市场竞争政策打造微观主体平等竞争的市场环境，与前者相比更加注重于构架企业竞争秩序，提高商品房的供给效率。房地产公共政策在于解决市场失灵，为低收入者提供适当住房。四大政策各有自己的政策目标，同时也紧密联系。譬如，我们不能靠宏观政策降低房价来满足最低收入者的住房问题。但是宏观层面的房价异动往往会增加房地产公共政策的压力，价格过高也会导致资金过度流入，使房地产业过度膨胀。价格持续性上涨对优化产业结构并没有好处，这对房地产企业提高技术水平是相当不利的。再如，我国最近抑制房价过快上涨，是完善住房保障体系的公共政策、调整供给结构的产业政策和紧缩房贷提高二套房首付比例的宏观政策"三管齐下"。

本节在论述四大政策的过程中，也试图指出一些亟待解决的难题和研究方向。对于房地产学术界来说，任务还是非常繁重的。对于每一个有志于促进中国房地产健康发展的研究者来说，这些都是必须克服的难题，否则，我们认识房地产现象的视野就被大大地缩小了。

---

[1] [德] 阿尔伯特·赫希曼. 退出、呼吁与忠诚：对企业、组织和国家衰退的回应 [M]. 北京：经济科学出版社，2001.

第三节　客观观察房地产现象[1]

　　观察现象，是分析现象的第一步。观察现象有时是和分析现象同时发生的。但并不是每个人都能做出客观观察，观察者必须有一定的知识结构，才能把已有的经济现象纳入自己的知识结构，获得一定合适的位置。只有受过一定的专业训练的观察者才能较为客观地观察房地产现象。即便如此，一个受过正统经济学训练的学者，也可能观察失误。此所谓"失之毫厘，谬以千里"。作为一个观察者，我们姑且不探讨他所应该具备的各种门类的知识，仅仅探讨他应该从哪些方面获得新知以及研究立场。

一、房地产主体多元化和复杂性

　　一个房地产管理官员，即使从基层做起，熟悉房地产管理的各个环节。当然会有很多人认为他会很熟悉房地产情况，他自己本身亦会觉得如此。但是这种认识上的误区往往会误导实际政策。房地产世界是多元的，即便他熟悉某一环节，而仅仅熟悉某一环节而已。他想要熟悉其他的环节，会遇到各种各样的"玻璃门"，阻碍他对整个房地产世界产生整体的认识。房地产世界是多元化的世界，而管理工作仅是其中的一个小部分。如何获

---

[1]　原题名为《超越自身局限，客观观察房地产现象》，发表于《住宅与房地产》2012年第6期。

得对房地产世界的整体客观认识呢？我们首先必须了解房地产行业存在哪些主体以及管理主体、经济主体之间联系，房地产研究所涉及的主体多样性以及关系复杂性远甚于其他学科的研究对象。

研究对象的复杂性和多样性。第一，主体多样性。房地产研究涉及三类主体：政府管理部门、企业实体、个体购房者。广义上的政府管理部门包括规划、建委、国土、税务、银行等部门；企业实体包括房地产开发公司、中介公司等。房地产研究不像农业经济研究，对农民农村的田野调研相对容易，农民比较乐意地告诉调查者实际情况。但是房地产研究却涉及不同的购房者购房行为，特别是富有购房者、炒房者。这些投资者、投机者对外来的调查者通常抱有警惕、排斥甚至敌意的态度，这也是难以深入调查他们的购房行为与购房模式的主要原因之一。第二，主体关系复杂性。这是指不同主体之间的关系复杂性，譬如商业银行既为管理部门和国家宏观调控政策执行主体，又是谋取自身利益最大化的企业实体，这种身份双重性增加了宏观调控的难度。特别是在不同的激励目的之下，各主体行为容易变异。

为了从这种多元性和复杂性中看出事物发展的规律。第一，要善于判断各类现象之间的联系。现象是复杂的，纵横交错，要善于建立各种房地产现象之间的联系，否则我们出台的政策可能是"头痛医头，脚痛医脚"。譬如，限购令与商品房供给结构、市场秩序是否有着内生的联系。在逻辑上我们可以这样推理：如果对投机者进行限购，那么剩下的仅仅是刚性和改善性需求，开发商为了满足这为数不多的需求，必然要调整供给结构，这种供给结构的调整要到两三年后才能显现出来（由于房地产开发周期性导致）。其实"9070"政策难以推行下去，就是遇到了市场力量阻碍（当时是不限购），开发商为了迎合富有的消费者必然开发出大户型，造成"9070"政策在现实中碰壁。只有理解了这种逻辑关系，才能找到限购令这把钥匙。如果限购令实施两三年之后，我们仍然需要观察市场供给结构是否发生预期变化，逻辑推演的结果一定要在实践中得到验证。第二，尽量拓宽我们的观察视野。实践中的房地产现象丰富多彩，但是进入我们的研究视野也仅仅是极少一部分。大量的重要新鲜的房地产现象有待于去挖掘、去发现。譬如，关于中央和地方在房地产宏观调控中的权责关系；房地产各项制度的引进以及变异追踪；民间资本在房地产市场中的存在形式等。这些都是属于重要的房地产问题和房地产现象，但是仍未受到重视，有待于学者将其提炼出来，利用科学的分析框架进行解析。有的现象难以用经济学来解释，必须要借助诸如心理学等更多的门类学科。譬如房价预期如何管理、如何引导消费者的房价预期等。

二、研究者有限经历难以避免认知局限

首先，研究者经历是有限的。每一个学者认识经济现象，都是受其出身、经历、教育、视角等各方面的限制，难以客观地观察房地产现象。现在的经济学者，包括房地产学者，一般都受过大学、硕士乃至博士的正规经济学教程训练，而后进入高校或政府研究机构进行学术研究。偶尔有的学者在房地产企业就职过，对房地产企业运行的一套较为熟悉。但是也仅仅是对房地产运行的某环节较为熟悉而已，譬如该学者如果在某企业基建处工作过，那么他对房地产预决算、工程质量管理比较熟悉；如果在房地产开发部门待过，他对如何跑四证、如何处理和地方政府关系比较熟悉。但是对于绝大多数学者来说，都相对缺乏在房地产企业、相关政府机构就职的机会，其认识房地产现象的能力则大受约束。从房地产相联系的行业可以分为房地产开发、房地产中介、物业管理、建委系统、国土系统、银行住房按揭部门等，只有熟悉这些部门和环节，我们才可以真正了解房地产是如何在国民经济中循环的。但是每个人在这个世界里，认知能力都是有限的，除了他所处的某一个行业某一个细节他了解得比较详细之外，其他的就是"无知的黑色海洋"。就拿笔者而言，笔者大学毕业后曾经在一家房地产公司工作，这家房地产公司为母公司做基建，因此，笔者对房地产预决算比较熟悉。当然房地产行业相关岗位很多，譬如开发的、销售的、跟政府前期接触的，就政府管理来说，有规划、开发、保障、房籍、交易、

物业等各个处室，其他还有土地管理部门、银行系统审批房地产贷款部门，不可能每个人都会经历这些职业。这样做既不可能也没必要。笔者意指一个人精力是有限的，而各类知识是无穷的，且处于不断变化之中。为了加深对房地产世界的认识，多接触、多调研、保持谦虚的态度是首要的和必须的。

其次，每一个学者出身不同，对不同的购房行为认知的差异很大。譬如，有的学者在政府研究机构就业，有的在高校教书。这两种学者都有共同的认知基础，因为他们的生活经历和工作经历以及购房经历都是类似的。从收入角度来说，他们的收入差异几乎不大。从出身来看，这些学者几乎都是平民之家，或父母赞助一点或全靠自己努力，那么他们购买住房的模式几乎如出一辙。要知道我们其实生活在"平行的世界"里，在几乎隔离的另几层世界里，还存在差异甚大的购房行为。如果仅仅从我们自身的经历出发去判断事物的是非，往往会得出错误的结论。特别是现阶段社会阶层分化较大。如果我们出生之地不是温州，也没有较为熟悉的温州朋友，我们就难以理解温州人抱团炒房的行为；如果家族世代都是靠工薪生活，我们同样难以理解房价暴涨的原因。一个年轻的学者在参加工作后，会发现他的同学也处于收入较高速度增长的阶段，那么他很容易得出房价上涨很大程度是由收入增加造成的。这种错误，很多学者有意无意都会犯着，未来也将继续犯下去。个人出身、经历难以概括全社会的概貌，这种片面以个人经历作为观察世界的方法必然导致一些偏见。因此，房地产学者为了更客观认识世界，必须和不同阶层的人接触，更多地了解他们的购房行为和购买动机。笔者供职的房地产研究机构，有较多机会和一线的建设系统管理官员、开发商、高收入者接触，不同的调研对象带来调研者不同的信息，应该广泛进行调研。刚开始参加工作时，笔者调研一线的建设系统官员，受到较大的启发。他们比较熟悉保障性住房存在的问题，对当地的住房情况较为了解，他们的思考通常闪烁着具有中国特色的智慧之光。后来笔者通过与某房地产私募基金公司接触，发现了另一类人群购房的特征。这家公司的主营业务就是以有限合伙人的形式把一个商业楼盘购买下来，然后把这个商业楼盘以"资产精装修"的方式销售给山西、鄂尔多斯、温州等地的客户。为了更好销售他们的产品，这时行销能力则大有用武之处。销售员是他们的核心竞争力，这些销售员常年对高收入阶层进行电话营销，常年积累高收入阶层的人脉关系，因此，他们对高收入阶层的购房行为非常了解。笔者正是同这些销售员大量访谈，从而对高收入阶层的购房行为有了感性认识。正是和这些销售员的接触，较为便捷地打开了另一个世界的大门。因为高收入者的收入来源并不一定具有合法性，他们那个圈子游戏规则（包括购房行为）也往往是外人无法了解的，像一道隐形的玻璃门把学者们都挡在了外面，因而想从正规渠道认识这批人，了解他们的想法，不仅要耗费大量的时间，且难以取得预期效果。如果我们仅仅从网络上、媒体上得来的片面信息来源，往往"隔鞋搔痒，过眼云烟"。只有和这些销售员接触，详尽了解富裕阶层购房行为，得出的细节才那么震撼！如果政府决策者不深入实际调研不同阶层的购房行为，如果高校学者不通过各种渠道进行这些田野调研，仅仅根据自身的经历来论断是非曲直，很可能得出的结论是错误的，用之实践则是贻害无穷。

同样地，如果我们不抱着谦虚谨慎的态度去调研外来流动人口，就不能了解外来流动人口对于住房问题的看法和态度。学者对低收入住房问题看法以及低收入者对自身住房看法可能大不一样，不能以主观臆断替代低收入者自身考虑。笔者曾经调研北京东平庄等城郊结合部外来流动人口的住房问题。相当多的外来流动人口到北京，仅仅是为了孩子教育或者更高一点的收入，他们根本没有在北京购房的打算，也没有想到在北京享受保障性住房。如果孩子读书不理想，他们马上回到家乡，这种候鸟式的迁徙不能构成我国的"城镇化"，也不能由此得出城市化推高房价的结论。如果我们想当然认为这些外来流动人口成为北京购房人群的重要组成部分；或者为一定比例（譬如年限在 5 年以上）的外来流动人口，提供保障性住房。这不仅不必要，而且可能给当地政府带来较大压力。因为这些外来流动人口本身都是由雇主提供住房、城中村、住房津贴等社会化保障措施来保障的。盲目地把社会性保障转嫁成单一的政府保障，无疑会给政府带来巨大负担。

三、研究者要尽量保持立场中立

对于研究者，要尽量保持中立立场，协调各利益集团关系。对于低收入家庭来说，恨不得"打土豪、分田地"，把国家的住房都平均分配；对于富有家庭来说，"想买多少，就买多少"。学者如果完全站在低收入者立场，仿佛比较公平正义，但是不可持续，必然鼓励懒人行为，进而导致全社会效率低下，传统计划经济体制的低效率就是这种公平主义的体现。如果学者完全站在富有家庭立场，却只顾"效率"不顾"公平"，必然使社会产生"失衡感"，加剧社会的不稳定因素。可以说，房地产政策研究就是研究怎么样的政策才能协调社会利益达到平衡。

房地产政策研究不可避免牵扯到个人利益，很多学者往往看重个人利益而忽视国家利益。譬如，某一对夫妻，丈夫是公务员，妻子是房地产学者。作为公务员的丈夫分了一套住房，两个人在父母支持下又购买了一套商品房。按照限购政策，这对夫妻是不能购买第三套住房的。但是在通货膨胀的背景下，这对夫妻又想改善住房条件，显然作为妻子的房地产学者出于自身利益的考虑，不赞同第三套禁购政策。但是作为一个房地产学者，其研究房地产政策的目的是为了增进国民福祉，改善每个居民的住房条件，又必须超越自己利益的束缚，主动抑制利益诉求，去客观分析和评价房地产政策。这样的学者才能做到中立。中立的学者不能让某一阶层的利益最大化，而是让社会各阶层利益最大化。

再如我们身边有三种人：一个是下岗失业工人某甲，所居住棚户区破败不堪，亟须改善；一个是刚毕业准备结婚的学生某乙，着急买房结婚，经常上网，在网上发表不当言论，是社会不稳定因素；一个是旧体制改革的利益受损者某丙，1998年后才上班没有分房的机会，他对同单位早上班早分到住房者愤愤不平，日益攀升的房价弱化其支付能力使他很痛苦。对于社会而言，保障性住房是有限的，究竟去救助谁呢？棚户区改造是地方政府热衷的行为，但是某甲属于低保人群，他可能更需要一些资金改善家庭的生活，而不是改善家庭的住房条件；对于某乙来说，没房意味着婚姻不稳定，政府也得给予一定的扶助；而某丙是体制改革受损者，对现实最为失落，政府是否也要给予一定的帮助。保障性住房究竟分配给谁，体现了决策者的政治经济上考虑。如果学者对此进行客观研究，从社会学角度或从政治学角度，确定这几类人群分配保障性住房的数量及先后顺序，都是有助于社会稳定，有助于缩小贫富分化。

简而言之，住房分配牵扯到个人利益，各利益集团代表各自利益，政策其实是利益调和的结果。但是作为一个中立的学者，无论他处于何种利益集团，都需要把握一些基本标准和尺度作为其分析问题的出发点：提高居民居住水平。西方国家的住房政策目标大多是以提高本国居民的居住水平为主要目标。在资源约束条件下满足社会各阶层的住房需求，既体现效率，又兼顾公平。譬如，高收入者可以买大点住房，但是不能无限制地购买住房；政府可以给低收入无房户以一定的保障，但绝非无限制地保障。如何使得社会福利最大化，如何协调好各层次的利益诉求是房地产政策最需要解决的问题。作为学者来说，尽量做到立场中立是非常必要的。

四、基本信息系统亟待公开完善

张五常认为，"如果不能在一些基础事实面前达到一致的认识，则无法开展学术讨论。"这在房地产研究上亦是如此。譬如对住房供求关系的判断，有的学者认为供过于求，而有的学者认为供不应求。这种不必要的争论来源于信息系统的不公开。像某些部门房地产交易情况简报、商业银行个人按揭贷款、结构、个人贷款次数等数据还是内部使用资料，从不对外公开。由于信息不公开、不透明导致对形势的误判。譬如，我们只有根据商业银行的个人贷款次数才能了解该业主购房情况；根据建委系统二手房换手频率，我们才能判断多少住房处于炒作之中等。再者整体的供求尚不清楚，如北京住房总量是多少套、户籍家庭拥有多少套、住房在不同人群的分布如何。这些最基础的情况，我们如果不了解，没有统一的认识，便很难在政策上达成一致意见。

五、小结

笔者以自身的一些经历说明了通过不同渠道掌握房地产真实信息的重要性。笔者认为，作为一个努力追求提高房地产宏观调控绩效的学者来说，要打破各种显性隐性的玻璃门，通过不断调研努力寻求新知。同时注重多维度观察房地产现象，把一些已经存在但未纳入研究视野的房地产现象纳入我们的研究范畴，通过经济学分析工具以及其他社会学科工具去解析它，加深对它的认识。此外，努力把自己摆在中立的立场，力图客观观察和分析房地产现象，这样我们才能对房地产现象把握得更加透彻，才能逐渐形成具有中国特色的房地产宏观调控体系和住房保障体系。

第四节　若干研究方法建议[1]

从全面启动房地产市场到如今，我国房地产市场真正发育也仅仅十多年的时间。与此同时，房地产学术起步也比较晚，分析工具较为落后，对我国房地产市场的规律认识不清便是意料之中的事情。特别近年来房地产宏观调控的效果差强人意，也从侧面反映了房地产学术研究的贫乏和不足。正如有些学者一针见血批评指出："房地产已经成为情绪化影响很大、学术研究水平很低、政策手段很矛盾、调控效果很不确定的产业。"房地产学术研究不仅要有科学的认识基础，更要有科学的研究方法，才能对房地产现象有更深入的认识。因此，对房地产学术研究方法进行辨析和归纳，具有非常重要的意义。

一、界定概念法

界定概念在学术研究领域非常重要。正如内维尔·凯恩斯所说："如果没有概念，我们就无法获得与概念有关的事实本身的精确的知识。在经济学中，模糊和歪曲的概念导致了大量的错误，要获得清晰的知识无疑会遇到特殊的困难。"

房地产学术界和实践领域都存在许多混乱的概念，这些混乱概念的大

---

[1]　原题名为《论房地产研究方法的不足与缺陷》，发表于《城市问题》2010年第2期。

量存在可能是我国房地产学术水平在低水平重复状态下徘徊的主要原因之一。以"限价房"的概念为例，各地实践中出现了许多与"限价房"相关联但不同的概念，如宁波提出的以"四限定、两公开"为核心的"限价房"政策，福州提出包含"限价房"的"三限房"概念，广州提出"双限双竞"、"两竞一限"、"三限双竞"等操作模式，北京也提出"两限房"等。这些概念都围绕着"限价房"政策，但实践中有着许多的不同之处。这些限价房都披上了"限价"的外衣，然而可能不是同一类型的事物。譬如，福州市的限价房表面上具有"限价"的形式，其实是回迁房的变种。原因有二：首先，福州限价房销售对象是针对中心城区市政建设、土地收储和旧城区改造等建设项目的被拆迁户，拆迁户并非是住房困难户。其次，在上市规定上，福州的限价房可以随时转手，没有政府优先回购的规定。这两点就决定了福州市的限价房名为"限价房"，其实质为"回迁房"。再如，南通市向具有一定购房能力的住房困难家庭提供限对象、限套型、限房价、限转让的保障性商品住房，虽然表面上是"限价房"的形式，其实质是经济适用房。这些混乱的概念在房地产学术界和房地产实践中比比皆是，学者们在不停地争论，但争论的可能并非同一个问题。

概念混乱的根源还是出在房地产学术领域和中央主管房地产有关部门，这些学术研究机构特别是中央主管部门应该提供对不同事物的判断标准。内维尔·凯恩斯认为，"讨论和构建有关概念的主要目的是尽可能使这门学科的定义精确和严格，此外还有利于对主要经济现象作出严格的分类"。[1]很多概念产生于各地实践，都是地方建设主管部门根据本地实践提出的，难免对同一概念的属性产生不同的认识。因为这些滋生于民间活生生实践中的普通术语，"没有任何精确规定的内涵，它们的使用总是具有模糊的和前后矛盾的性质"。因此，房地产学者和中央主管部门重要任务之一就是对这些出于民间的现象进行归纳和定义，以便为政策出台提供

[1] [英]约翰·内维尔·凯恩斯.政治经济学的范围与方法[M].党国英,刘惠,译.北京：华夏出版社，2001.

准确的判断标准。在这个意义上，千万不要忽视了对基本概念的界定，否则房地产学术研究很难在同一问题上得到深入研究，并可能影响到今后房地产宏观调控的政策效果。

二、比较制度法

比较制度分析法应该成为转轨时期我国房地产学术研究领域的主要方法之一。西方的房地产学术界较少采用这种方法。原因在于：西方的房地产市场已经发育了数百年的时间，难以出现新的现象和新的制度，因而西方的房地产学术研究往往仅仅在假设基本制度不变的前提下对房地产数量关系进行研究。我们从西方房地产学术界主要研究领域可窥一斑。譬如，西方房地产学术研究重点主要包括：公共政策与城市规划分析；城市经济学分析，包括地价及其决定因素，各种物业在城市中的空间分析和决定因素等；房地产市场分析，包括房地产周期循环，各个物业子市场的建模，各类物业的供给和需求分析、房地产金融与投资分析，例如各种投资工具的绩效比较、投资组合收益分析，房地产投资抵御通货膨胀的能力等。研究的内容决定了研究方法，其学术论文常常是首先建立一个新模型（Model），然后再用数据进行论证。这种模型往往是静态的，假设基本房地产制度和宏观制度不会变化。通过建模、采集数据进行房地产学术研究，这在一个发育完全少有创新的房地产市场的环境下无疑是合适的。但在我国，房地产市场发展日新月异，房地产新现象层出不穷，模型限于自己的局限性难以容纳更多的事实，不能完全反映事物发展的动态。在这种情况下，房地产宏观调控又面临着众多亟须解决的理论命题和实践命题，比较制度分析应该是一种较为适宜的方法，可以收到立竿见影的效果。在具体分析过程中，也可以利用经济体制分析方法和交易成本分析方法，这样就能清楚地了解我国和发达国家之间的差距。

在这种背景下，我国房地产学术研究重点可能有别于西方发达国家的房地产学术研究领域。首先，要对国外的房地产制度进行分析和比较，积极引入促进我国房地产市场健康发展的基本制度以及配套制度。特别是这种房地产制度有何种抑制其反面作用的配套制度，这样引入的制度才能发挥更大的效果。我们常常观察到一些基本制度在国外运行良好，却在中国发生了扭曲变形，譬如，西方的土地储备制度本来是用于政府平抑房价、合理配置土地资源的有效工具，在我国却被地方政府扭曲为经营城市、谋取土地收入的重要手段。在修改这些异化的制度时，比较分析方法非常有用。其次，要分析其制度运行环境。以西方国家住房保障为例，我们常常看到介绍某西方国家住房保障体系的论文，却常常感觉到不解渴。因为这些论文通常仅仅介绍了是怎么样的，而缺乏为什么是这样的分析。西方各国住房保障体系的形成与其政治经济制度分不开的，诸如工资制度、社会福利制度、文化风俗等，住房保障体系作为一个子系统，嵌入这些制度群中才能发挥正常的制度绩效，如果单纯将其移植过来，必然难以适应我国国情或者产生扭曲变形的现象。应该充分利用比较制度研究方法，应该更加深入分析和探讨其背后的社会经济制度。

进行比较制度分析，定量比较也显得非常必要。譬如，研究和比较西方发达国家在不同时期房地产投资在国民经济中所占的比重，得出一定的参照系并与我国房地产投资在国民经济中所占的比重相比较，才确定何种投资水平可能是合适我国现阶段的合理房地产投资水平，而不是盲目夸大房地产行业的支柱地位。再如，分析和比较西方发达国家的收入差距和住房保障之间的比例关系，有利于我国各城市根据各自的发展阶段确定其财政负担的合理比例。此外，分析和比较西方发达国家的不同历史时期房价收入比变动状况以确定符合我国适宜于现阶段消费者购买能力的合理房价水平等诸如此类的命题，都需要房地产学术界扎扎实实做好基础性的研究工作，积极对国外研究成果加以引进和评介，而不是陷于故步自封、自说自话的境地。

三、案例研究法

案例研究是一种关注某个具体的组织、制度、事件、决定或者团体的研究策略。案例研究法是社会科学中最重要、最普遍的研究方法。它非常适合于研究问题是"如何"或者"为何"的研究。当研究者对于所研究的事件没法控制，或者当经验性调查被用于研究一个正在发生的现象时，案例研究法是首选的研究方法。

案例研究法特别适用于对某些实际问题的调研，凸现出整个事件发展完整的脉络，以便为找到合适的答案提供了基础。经济解释的法门，与任何其他的实证科学一样，那就是：一方面，我们以有一般性的行为假设、公理或定律来约束行为。另一方面，我们又指出一些限制行为的局限条件或情况。这两方面的"双管齐下"，使我们能推断在怎样的情况下，人的行为必然会怎么样的。而情况若有所变，行为也就一定发生变化。政策的制定一定首先较能准确预测到当事人的行为，政策的绩效就在于通过政策的制定是否能约束当事人的行为，如果当事人的行为模式不符合政策制定者预先的估计，那么案例研究法非常有利于搞清楚当事人的约束条件。只有在这些约束条件下，当事人的行为才有可能发生变异，案例研究法就把当事人行为的约束条件形象地展现出来。随之在明确约束条件的基础上，才有可能对政策进行有效的修改。在这个意义上，政策制定或修订过程就是不断探索当事人行为模式的约束条件的过程，有些政策更适合地方政府出台，是因为地方区情和约束条件千差万别，便于因地制宜。譬如，某市根据入户调查数据建造了一批经济适用房，仅仅根据现实住房状况上来看，满足经济适用房条件的住户还不少，因为经济适用房的体量就是根据住户实际居住情况制定的，但是申请者寥寥。经过一番调查研究，发现住户之所以不愿申请，是因为其孩子入学问题。经济适用房小区位于新区，周边没有较好的学校，住户现住房条件虽然差，但是其孩子可以就近进入较好的学校学习，"划片入学"。因此，该市建设局联合教育局补充出台一条规定，申请经济适用房的住户孩子仍然可以在原住所附近入学。这样解决了申请者的后顾之忧，经济适用房很快销售一空。符合经济适用房申请条件的住户，不愿意申请经济适用房。这看似非理性的行为其实存在诸多的约束条件，只有通过案例研究，才能发现约束条件，才能制定符合实际情况的政策。

案例研究法还适用于对自发性制度创新的归纳。不仅国家与国家之间差异巨大，就连省情和区情也各不相同。因此，各地根据自身的情况包括风俗习惯、住房状况、收入状况等出台了不少颇具实效的房地产制度创新的地方经验。这些实际经验都是植根于本地的文化土壤，也不能被其他地区全部照搬和盲目引进。案例研究法有利于展示该地区具体的情况、约束条件、出台的过程以及实施的效果，以便于其他类似的地区加以取舍。天则经济研究所出版的若干制度变迁案例集就提供了一些较好的案例研究蓝本，值得房地产学术界学习和借鉴。

四、系统性理论实证法

系统性理论实证法并非不重要，而可能是最重要的方法，但是应用这种方法难度较大，不仅仅需要若干年房地产学术界的积累，更需要经济学家的素养和天分，这样才可能形成对房地产现象的系统性认识，从而为我国房地产宏观调控提供符合国情的基本理论框架。

理论实证研究的一个基本特征，就在于它不是想告诉人们经济"应该是怎样的"，人们"应该怎样行为"或者不应该怎样行为，经济"应该按照怎样的方式运行"等，而是在于实事求是地说明现实中的经济关系本身是怎样的，人们事实上如何行为，各种经济变量实际上是以怎样的方式相互联系的，各种经济问题和经济现象发生的实际原因是什么等。理论实证是现实中概括抽象出基本关系或基本假设的阶段和以此为起点进行理论逻辑演绎的阶段。系统性的理论实证分析是由一系列的理论假说构成的，理论假说与假说之间具有内在的一致性。譬如亚诺什·科尔内的《短缺经济学》、樊纲主笔的《公有制宏观经济理论大纲》就是系统性理论实证分析的代表之作。房地产行业本身属于国民经济运行的一个专业经济行业，与国民经济其他行业形成复杂的投入产出关系，因此，观察房地产现象的时候，不能仅仅就房地产而房地产，而是把有关房地产现象放到一个宏观背景下，与国民经济其他现象联系在一起，这样就有新的发现。这种研究最适合采用理论实证研究法。

现阶段，我国房地产学术非常需要系统性的理论实证研究。系统性的理论实证研究本身就是对房地产经济运行过程进行系统分析的过程，它虽然提供了仅仅是一个个"假说体系"，还需要得到严格的经验实证，但是它可以把房地产绝大部分现象归到同一框架体系下，得到逻辑一致的证明。因此，我们就能推论出一系列的房地产宏观调控政策的建议，这些政策本身具有内在的一致性，而不用担心其矛盾之处。经验实证也比较重要，它是对理论实证所得出的假说进行经验检验的过程。任何理论结论只有被实践所证明，才能算作正确的科学结论。我们常常可以阅读到诸如房价和货币供应量、房价和股市关系等，这些作者可能会满足于确定关于一两个问题的假说，然后对它们进行彻底的检验。但是更重要的是系统性的理论实证。而在我国房地产学术界最缺乏的就是对各种房地产现象相互关系的一般性理论分析，这些一系列的理论实证或者理论假说应构成完整的理论体系。这种理论体系不在于如何详尽检验一两个假说，而是在共同的假设前提下论述各种房地产现象相互关系，如实刻画房地产经济是如何运行的，如何与国民经济其他部分相联系以及各种房地产现象之间的因果关系，以期得到对房地产经济的整体认识。这种理论体系包含着大量的命题，也许有些命题只是尝试性、假说性的阐述，但是各种各样的房地产现象都能在理论体系中能够找到恰如其分的位置，而且有一定的解释力。

在我国房地产学术研究领域，各种现象的分析正在零碎地进行。同一个作者可能针对不同的房地产现象都能提出看似合理的解释，但是如果把几种解释放在一起就可能出现相互矛盾的地方，这反映了作者逻辑的不一致性。在这个意义上，房地产学术界尚缺乏对房地产各种现象进行统一解释的典范之作。这除了作者个人天分之外，还需要若干年甚至若干代房地产学术界的积累和延续。因此，系统性的理论实证分析不可能一蹴而就，但是我国房地产学术界应该努力做这方面的尝试。

五、小结

房地产研究方法还有试验研究法、投入产出法等，不一而足。这里限于篇幅，不再赘述。总之，房地产学术界应该从各种门类的学科吸取知识和养分，采取合适的研究方法和研究工具，对发生在我国各地的房地产制度创新进行归纳和总结，对房地产宏观调控以及房地产与其他宏观现象之间关系进行理性的思辨。对于不同研究的对象，采用不同的研究方法，这样才能取得较客观较准确的分析效果。长此以往，对复杂的房地产现象必然形成正确的认识，中国有效的房地产宏观调控模式必然在一代代学者的努力下最终成型。

第五节　房地产市场的假象、事实与规律[1]

房地产市场犹如弥漫硝烟和迷雾的战场，假象和事实纠合在一起，使人难辨真伪。假象以某种形式进入我们的头脑中，但是它实际存在的状态并非如它所呈现的模样。因此，常常需要专业人士明辨是非，还以事物的真相，告诉人们事物"本来应该是怎样的"。有些假象是自然产生的，有些假象是人为制造的，甚至某些别有用心的人利用假象来达到谋利的目的。因此，一个理论工作者的职业道德是去伪存真，明辨秋毫，告诉人们事实是什么，规律是什么。

一、房价假象

直观感觉的价格假象。房价是房地产市场供求关系最直接的指标，其实房价并不是表面呈现的"房价"。我们常常感受的降价和统计局所公布的房价信息似乎是两张皮上的问题。直观感受到的房价只是局部的、片面的信息状况，可能对某一区域来说是准确的感受，但是对于更大范围的房价水平可能是错觉。譬如燕郊的几个楼盘价格下跌给人感觉是房价在下降了，但是燕郊区整体房价水平或者海淀区、朝阳区等乃至北京市的房价水

---

[1]　原题名为《闲说房地产市场的假象、事实与规律》，发表于《住宅与房地产》2008年第11期。

平很可能还在上升。显然,不同区域的消费者对房价的感受是各不相同的。

价格并非是绝对的价格,它具有多维的属性,例如质量、服务等。也可能很多成本尚未计算在内,造成表面价格比实际价格虚低的现象。譬如拿近年来炒得很热的个人合资建房来说。个人集资虽然能够较其他方式的成本低,但其他的成本可能尚未计算在内,可能造成表面的成本较低。如果这些成本都一一纳入,个人集资建房成本反而可能超过从市场上购买商品房。首先是组织者的劳动,其次常设机构人员的人力成本、时间成本等,这些成本都没有考虑在内。此外,个人合资建房还承担过多的风险,包括资金风险、产权风险、质量风险、社会风险等。很多成本尚未计算在内并承担了过多的风险,可能造成表面价格比实际价格虚低的现象。特别是一旦风险控制不力,风险叠在一起,将会导致成本大幅度的提高。

房价走势也容易产生假象。房价涨涨落落是市场经济的正常现象,如果一个市场价格长期在高位徘徊,就会吸引其他行业的资源进入,造成过度进入的现象。如果不依靠价格竞争,将一部分管理不善、成本较高的企业排出市场之外,这个市场就难以达到优胜劣汰、优化产业组织的目的。永远上行的价格现象是根本不可能存在的。一般老百姓不懂得什么是名义价格和实际价格的区别,因此往往被一些利益集团所欺骗。从 20 世纪 90 年代初到现在看,房价也有过起起落落,特别在 1997 年左右。但是房价下降的表现形式,除了直接下调价格之外,还可能以打折、送阳台等销售方式出现,因此,在统计口径并不表现为房价的直接下降。此外,即使房价上涨,如果上涨幅度没有超过消费者物价指数,即实际房价是下跌的,但是从曲线图上看,名义价格还是上涨的。因此,给人的感觉是住房是保值品,只可能上涨不可能下跌,加上某些利益集团的炒作和鼓吹,诸如"中国房价还要大涨二十年"之类言论,导致大量的投资者和炒房团进入房地产领域。

统计上造成的价格假象。为了避免个人感受差异以及区域差距,必须有个官方数据,以权威的形式对各区域的房价水平进行处理后发布房价的信息。在我国官方数据有两个,一个是建设系统的房价统计数据,一个是国家发展改革委员会和国家统计局的房价统计数据。国家建设系统房价统计数据，是按合同登记备案的总额和总面积来计算平均房价。而国家发展改革委员会和国家统计局公布的住房价格指数属于抽样统计，主要是按类别抽样房价进行加权平均计算房价涨跌。这两组数据由于统计时段较短，受成交个案影响较大，容易受成交结构特殊变动情况的影响而产生上下波动，均不能全面反映某地区全年房价变动情况。因此，只凭单月或某个时段的房价数据来判断房价的长期趋势是不科学的。例如，某月某高价大型楼盘上市可能造成该月均价陡升，而某低价大型楼盘上市又可能造成当月均价大幅下降。

如果在同比价格指数中不能区别"翘尾因素"和"新涨价因素"，则很容易错误判断价格形势。举例来说，假设某一商品2005年6月的价格为500元，12月份起上涨到750元，此后一直维持这个价格到2006年6月。虽然2006年1—6月价格没有上涨，但计算2006年6月的同比价格指数时是以当期价格与2005年6月的价格相比较，即2006年6月的同比价格指数为：（750/500）/100=150%。表明价格同比上涨了50%。事实上，2006年1—6月某商品的价格没有涨，所表现出的价格上涨是由于2005年12月的价格上涨引起的，这种现象被形象地称为"翘尾"。

需要指出的是，我国房价统计制度还存在一些问题。例如，随着城市范围的扩张，不断有郊区房屋进入城市房价的统计体系，导致城市总体房价指数降低。如果还按基年老地域统计的话，房价涨幅应比公布的统计数据高出很多。此外，房地产是一个高度地区性和高度差异化的产业，把各地区的房地产统计数据（譬如全国平均房价）进行加总或者直接比较，往往是没有多少理论意义和实际政策意义的。

二、需求假象

无效需求和有效需求经常被有意无意地混淆。假设有一个有效需求池，这是房价上涨的基础，四周分布着好几个入水口。其中主入水口应该是收入、财富等。在一个正常发展的房地产市场中，随着收入、财富的增长，对住宅的需求越来越大。因此，这些入水口应该是导致有效需求越来越大的主渠道。从理论上说，房价的上涨速度应该小于收入增长速度，因为新增的收入部分不仅要买房，还要购买消费弹性更小的生活必需品。但现实却是，某些一线城市房价飞涨的速度远远超过了收入增长的速度。一些不良的学者和戴着学者面纱的开发商显然难以自圆其说。幸好附近还有几根理论上的救命稻草。在主入水口处不远还有几个较大的入水口，一些带有社会经济自然特征的入水口，譬如城镇化、婴儿潮等。因此，这些利益集团经常把这些救命稻草紧紧攥在手中，把城市化、婴儿潮说成导致房价上涨的主因。甚至大声疾呼"城镇化多少年，房价就要上涨多少年"。不可否认，城镇化是农村人口源源不断变成城市人口的过程，的确为房价上涨提供了动力。但是，难道新增城市人口就一定具有购房能力吗？显然，很大部分的进城农村人口，其工资水平难以购买城市商品住房，就连跳出农门的大学生在激烈竞争面前对购房也力不从心。具有实力购房的新增城市人口仅仅是少数诸如农民企业家等新富阶层。因此，这部分无力购买商品住宅的群体需求只是无效需求。就像入水口的流水遇到阻碍，飞溅开来，纷纷扬扬，落到有效需求池之外。况且，入水口的水流速度也逐渐在放慢减缓。譬如尽管城镇化率上升较快，但是后续乏力。城镇化率从 2000 年的 36.22% 增长到 2005 年的 42.99%，增长了 6.77 个百分点。从 2005 年的 42.99% 增长到 2010 年的 49.68%，又增长了 6.69%。由于全国总人口增长缓慢，2000—2010 年间年均人口增长率下降至 0.57%，仅为 1990—2000 年间年均人口增长率的一半。城镇人口增长迅速，仅仅是人口在城乡之间的调配，因此，城镇化率后续乏力。从 1996 年到 2003 年我国城镇新增人口在 2140 万人左右，从 2004 年到 2007 年时高时低，但基本处于递减趋势[1]。此外，出水口也逐渐在扩大。譬如就城市家庭结构而言，两对夫妻各生一个孩子，孩子结为夫妻，两对夫妻各有一套房子，加上孩子

---

[1] 中华人民共和国国家统计局. 中国统计摘要 [M]. 北京：中国统计出版社，2012.

的房子，六口人共有三套住房，随着我国社会逐渐步入老龄化，随着双方父母的过世，这对孩子将继承两套住房。这种存量的住宅将逐渐流向市场，未来住房的有效需求并不是很强烈。新增的需求可能将被存量市场的供给（二手房）所吸收，从长期来看，房价也将低下其高昂的头颅。可是一些既得利益的辩护人士往往片面扩大某方面的影响，把副渠道说成主渠道，把城市化带来的需求统统说成是有效需求，或者对有效需求的消减因素视而不见，任意左右社会舆论，为其牟取暴利文饰其词。

消费需求、投资需求和投机需求经常被颠倒。我们看到"供需两旺"的局面也许是虚幻的现象，因为里面可能带有过多的投机成分。我们在有效需求池里看到厚厚的泡沫，看不清水的深浅。一旦泡沫破灭下去，真实的有效需求便水落石出了。真正的有效需求就是消费需求，浮在其上则是投资性需求和投机性需求。消费需求是自住性需求，在我国地少人多的情况下，必须保障每个公民的基本住房需求。"9070"政策就是考虑我国国情，鼓励发展节地性小户型住宅的具体体现。政策与政策之间必须协调一致，具有内在的逻辑性。但是如果默许甚至鼓励投机性需求的话，则是与"9070"政策相违背的。换个角度看，投机性需求无疑是少数人挤占了多数人的住房要求权，占有更多的土地，与节约性社会宗旨相违背。我国数年来都在出台各种政策调控房地产市场，但大都是功败垂成，其主要原因可能没有重视各种需求的特性以及混同了消费需求、投资需求和投机需求。央行第二套房贷首付提高到40%的政策出台，房地产调控立显成效，诸多城市房价应声而落，一下把握住了房地产的"七寸"。此政策如此神效的含义是什么？具有雄厚资金实力的炒房团，譬如山西煤老板炒房团，往往全款付清房款，第二套房贷政策对抑制这种投机性需求根本不起作用。第二套房贷政策遏制的只是具有较弱资金实力利用银行贷款炒房的群体，此政策效果较大说明炒房的主体可能是刚刚富起来的消费者。一旦社会群体都被吸引到炒房行为中，那激发出的泡沫膨胀和破灭将是极其可怕的，将造成大量的银行坏账甚至引起金融危机。我们今后的政策取向一定要注意遏制投机需求，适当发展投资需求，保护消费性需求。譬如，物业税也是抑制投机需求抑制过度消费的良好政策，应该加紧出台。

需求的放大与虚假传导。如果开发商或中介机构发布虚假信息，如雇人排队、捂盘惜售、囤积房源，就会人为造成房源稀缺的局面，并将此假信息传导给购房者，引起更大的恐慌。导致购房者纷纷进行强制性替代，去购买不太合适的住房或者提前消费，有的家庭甚至为孩子也购买了住房。

三、房地产的事实与规律

我们如果承认了事实，也只有在对事实达成共识的基础上，才可能对其中规律进行探索，否则将难以为继。譬如，你凭着直觉认为房价跌了，我依据某种统计数据认为房价涨了。这种最基本的事实都达不成一致，就谈不上探索房价涨跌的原因了。两个事实如果反复出现，我们不禁猜度两者之间可能存在某种联系。这种联系可能是相关关系，即某些事实的产生可能同时会引起这两种事实。譬如，城市化的过程可能引起人们生活质量的提高和房价的飞涨，但是生活质量提高和房价的飞涨并没有必然的联系，只是一种相关关系。另一种联系是因果关系，就是某一现象必然引起另一类现象，我们把这种因果关系的联系称为规律，需要我们用"抽象力"去挖掘，去论证。这就是胡适先生提倡的"大胆的想象，小心的求证"。两种简单的事实之间可能存在复杂的逻辑联系，经济学家的任务就是把这种规律揭示出来。规律的本质是可重复性，如果某一事实发生，通过哪些媒介最终影响另一事实。只有理解这些基本的传导路径才能分析出影响程度的范围和大小。譬如，美国次级债危机以及雷曼兄弟事件等究竟通过什么样的传导机制影响国内的货币市场和资本市场，最终影响国内房地产市场。只有在理解我国外贸体制、外汇制度以及产业结构、房地产企业资金来源等一系列基本国情之后，才可能分析出美国次级债危机如何影响我国房地产市场以及影响程度是多大，否则会陷入无知的恐慌。

事实不能解释事实。张五常在《经济解释》认为解释现象是需要非事实的抽象理论的。譬如城市化和房价上涨是两种事实，如果认为"城市化一定引起房价高涨"，这种理论就是非常粗糙的理论。随便举一例，在房地产周期处于低谷时，就是房价逐渐下跌的过程中，城市化仍然在进行，新增城市人口并未推高房价。简单的一反例即可以驳倒这种粗糙的理论。要在两者之间建立逻辑联系，必须加上一定的约束条件。譬如什么阶段的城市化能解释房价的高涨。在房价的上涨中，有诸多的因素起了作用，譬如人口、收入、家庭结构、家庭财富等。因此，要把其他因素剥离开，才能分析出城市化究竟在什么程度上促进房价的高涨。即使假设其他因素不变的前提下，也不是"凡是城市化都能促进房价高涨"，因此，我们又要加上约束条件"在其他因素不变的前提下某个阶段的城市化能促进房价高涨"。城市化的过程其实是从指农村人口转为城市人口的过程，或是农业人口转化为非农业人口的过程。源源不断的新增城市人口提供了潜在住房需求的基础。但是城市化的过程是具有区域特色的，不同地区的城市化进程不一样。东部区域的城市化进程远远超过西部区域，因此，对房价上涨的边际贡献是不一致的。显然，我们不能说"北京的城市化进程加快能促进石家庄的房价上涨"。因此，我们还要加上约束条件"在其他因素不变的前提下某个阶段的城市化能促进某个区域的房价上涨"。约束条件越多，被推翻的可能性越大。如果该命题具有被证伪的可能性，就说明这是具有一定解释力的理论。举一例，如果武汉市附近郊区城市化进程很快，而没有影响到房价，这就证伪了这命题。

　　房地产学术研究的大山中埋藏了很多璀璨宝石，绝不要把房地产学术研究理解为建房子卖房子那么简单的技术活。只要打点好行装，备好工具，努力挖掘，丰富的宝藏在等待着你，房地产市场的迷雾最终会被明媚的阳光替代，混乱的理论以及似是而非的言论将无处藏身，中国房地产市场的健康发展也将得益于那些做基础研究的学者。相反，那些将学术娱乐化的"夹生学者"以及诸如"俯卧撑、猪坚强"的名词也将随风而逝，最终不留痕迹。

后　记

完成本书稿时，北京已是十月金秋。在灯下，怀着安宁的心情，静静等待"新生命"的来临。回忆自己1993年入华中师范大学学习房地产，屈指算来已经20多年的光阴。这一路，有父母的期望，有亲人的寄托。这一路，在学术道路上磕磕碰碰，有时寂寞，有时无聊，有时想放弃，有时却执着。世界是躁动的，又是充满诱惑的，即使在做学术过程中，心也不甘于平静，恍然出界。在躁动、平静的反复循坏之中，找到心灵的归宿，静下心来思考一些问题，静静体会读书时的安宁，亦是人生的一大幸事。

首先感谢父母。父母是湖北江汉平原千千万万普通渔民之一，考研、考博、就业，人生每一步都凝聚着父母的期望，父母的期待目光鼓励着我不断去努力。想着父母头发斑白，难得一年回去看望一两次，觉得于心有愧。也感谢岳父和岳母以及夫人，他们在我身边，解决我的后顾之忧，让我能全心全意专注于学术。感谢我的亲人们，你们温暖的鼓励和关心是我永远的动力。

感谢秦主任等住房和城乡建设部政策研究中心领导和同事。在秦主任带领下，中心走过了风风雨雨，慢慢发展壮大。特别在秦主任领导下，通过这么多年来各类调研，笔者已经对住房问题已经有了一种"现实感"。在大量的官方调研以及对民间资本的调研中，自己也受益颇多，写文章也更加脚踏实地。中心就是一个团结的大家庭，经过这么多年的协作和努力，中心的名声越来越大，越来越受部领导重视，这和中心紧密团结、奋勇向上的氛围是分不开的。身处其间，自我也有不断发展的空间，感觉幸甚！

感谢把我引到房地产的老师以及同窗共习的师兄弟们，感谢中南财大投资系和中国社会科学院工业经济研究所把我引进学术神圣的殿堂。我的硕士生导师刘鹤林老师、张东老师、陈柏东老师对我关怀备至。如今刘老师已经仙逝，我只能以加倍努力多出成绩来缅怀导师。中国社会科学院学科交融，同学意气风发，或用餐间隙，或公园漫步，畅谈历史、文化，无疑是人生快事，短短四年在我人生中打下深深烙印。尤其是我的博士生导师李海舰老师，金碚老师等在我们身上倾注了大量的心血。每当秉笔写作，不敢敷衍了之，因为背后站着各位老师、导师的身影。

感谢编辑们的督促。编辑们不断催稿，迫使懒于动笔的我不断奋笔疾书。尤其要感谢《住宅与房地产》前后数位编辑以及《经济要参》的尤玉乔编辑。心头有一个想法，那仅仅是个主意，要把它发展成一篇逻辑严密的文章，还得做大量的工作。正是在这些编辑们的督促下，我才完成一篇篇文章。本书的许多章节，都来源于已经发表过的文章。因此，特别表示感谢。

最后，感谢中国城市出版社的欧阳东总编辑，感谢住房和城乡建设部政策研究中心战略研究处刘波处长。没有他们，本书难以按时出版。